职业教育教师专业发展丛书

ZHIYE JIAOYU
YANJIU
FANGFA

职业教育
研究方法

王　屹／主编

北京师范大学出版集团
BEIJING NORMAL UNIVERSITY PUBLISHING GROUP
北京师范大学出版社

图书在版编目（CIP）数据

职业教育研究方法　王屹主编.—北京：北京师范大学出版社，2010.7（2022.8重印）
（职业教育教师专业发展丛书）
ISBN 978-7-303-11163-3

Ⅰ．①职…　Ⅱ．①王…　Ⅲ．①职业教育研究方法
Ⅳ．① G71-3

中国版本图书馆 CIP 数据核字（2010）第 126650 号

营 销 中 心 电 话　010-58802755 58800035
北师大出版社职业教育分社网　http://zjfs.bnup.com.cn
电 子 信 箱　bsdzyjy@126.com

出版发行：北京师范大学出版社 www.bnup.com.cn
　　　　　北京新街口外大街 19 号
　　　　　邮政编码：100875
印　　刷：北京虎彩文化传播有限公司
装　　订：三河京奇装订厂
经　　销：全国新华书店
开　　本：730 mm × 980 mm　1/16
印　　张：17.25
字　　数：278 千字
版　　次：2010 年 7 月第 1 版
印　　次：2022 年 8 月第 3 次印刷
定　　价：29.50 元

策划编辑：周光明　　　　责任编辑：周光明
美术编辑：高　霞　　　　装帧设计：弓禾碧工作室
责任校对：李　菌　　　　责任印制：孙文凯

丛·书·编·委·会

《职业教育教师专业发展丛书》编委会

主　任：高　枫

副主任：黄　宇　杨伟嘉　贺祖斌

委　员：何锡光　张建虹　刘　冰　王　屹

　　　　黄艳芳　李　强　曾玲娟

《职业教育研究方法》编写组

主　　编：王　屹

副 主 编：曾茂林

编写人员：王　屹　曾茂林　李志萍　叶桂中

　　　　　苏福业　方绪军

序

　　进入新世纪以来，国家把大力发展职业教育作为经济社会的重要基础和教育工作的战略重点，职业教育的快速发展推动了我国由人口大国向人力资源大国转变的历史进程。我国职业教育已经发生了重大的变化，也实现了历史性的突破。随着《国家中长期教育改革和发展规划纲要》的制定与实施，深化职业教育改革创新、加快提高职业教育人才培养质量、实现职业教育教学水平全面提高的历史重任，摆到广大职业教育工作者面前。

　　面对职业教育发展的新机遇、新挑战，努力造就一支师德高尚、业务精湛、结构合理、充满活力的高素质专业化教师队伍，为职业教育改革与发展提供强有力的人力资源支持尤为关键。我国一直重视教师队伍建设，2006年教育部、财政部印发了《关于实施中等职业学校教师素质提高计划的意见》，2007年教育部在《关于"十一五"期间加强中等职业学校教师队伍建设的意见》中明确提出了中等职业学校教师队伍建设的指导思想、工作目标和任务，随后实施了专业骨干教师国家级培训、专业骨干教师省级培训，开发重点专业师资培养培训方案、课程和教材以及中等职业学校紧缺专业特聘兼职教师资助计划等一系列项目，对职业教育师资队伍建设起到了巨大的促进作用。

　　与全国一样，广西的职业教育师资队伍建设，在严格教师资质、提升教师素质、提高教师业务水平、完善培养培训体系等方面进行了积极的探索。在此基础上，我们组织编写了《职业教育教师专业发展丛书》。这套丛书从职业科学角度来诠释职业教育管理、职业教育学、职业教育课程与教学论、职业教育研究方法和职业教育心理学的基本理论，在职业教育学科建设方面进行了有益探索。全套丛书从不同侧面展示了职业教育学科的概貌且各具特色。

　　《职业教育管理》一书，针对职业教育的改革与发展，阐述了现代职业教育管理理论，职业教育管理的职能和方法，职业教育管理体制，职业教育政策与法规，职业教育人力资源管理，职业教育德育管理，职业教育教学管理，职业教育科研管理，职业教育评价等内容，编写过程中注重职业教育管理的前瞻性、现实性和科学性，将职业教育管理的理论与实践相结合，并为职业学校的教育管理工作者提供了很好的管理案例。

《职业教育学》一书，吸取职业教育学学科建设的积极成果，立足中国职业教育实践的实际，以行动导向理念为指导，建构有区域特色和实践应用性的职业教育学。在此基础上，本书在职业教育学学科发展史、职业教育发展历史介绍的基础上，讨论职业教育学的学科性质、研究对象、职业教育的本质、目标、体系等基本问题，辨析、澄清一些理论和实践问题，并对职业教育人才培养过程中的专业设置、教学、德育、职业指导和教师专业成长等基本环节、要素进行介绍和探索，试图为职业教育人才培养、师资培训等工作给予可能的导向。

《职业教育课程与教学论》一书，着眼于对职业教育发展中亟待解决的现实问题的研究，如课程开发、教学设计与实施等，阐述了从职业科学角度将职业知识融入职业教学的思路和流程，强调了在熟悉相关职业领域里工作过程知识基础上，将职业知识融入课程开发之中并通过行动导向的教学实现职业能力培养目标的职业教育课程观与教学观，使本书既具有对职业教育课程与教学理论的思考，又具有实际运用的职业教育课程与教学的实践参照。

《职业教育研究方法》一书，借鉴普通教育研究方法，结合职业教育研究的特殊性，按照研究者完成课题可能涉及的主要研究方法，逐层展开研究思路。全书从职业教育研究选题与设计入手，对职业教育观察法、文献法，调查研究、实验研究、行动研究、叙事研究方法进行深入探讨，并从定量分析、研究成果表述与评价方面为读者提供了提炼研究成果的思路与方法。同时，本书每一章都附有相关案例剖析，设身处地为读者活学活用本书的研究方法提供了蓝本。

《职业教育心理学》一书，以先进的教育教学理论为指导，以职业院校学生学习活动为主线，聚焦于职业院校教与学过程中的心理学基本规律，着重阐述了职业院校的学生心理特点和学习规律，分析了影响职业院校学生和教师心理问题的因素，提出了师生心理健康的维护策略，围绕学生的学习动机、课堂管理与教学等主题进行了有益的探讨，此外还介绍了职业态度的培养、职业素质测评与职业指导的相关内容。本书既具有对职业院校学生与教师心理规律的理论探索与思考，又具有运用心理学规律来实施职业教育教学的参考指导作用。

本套丛书的编写团队，由专门研究职业教育的学者、一线的职业院校教师、教育管理人员、教师教育研究人员等共同组成。这套丛书可以作为职业教育教师资格培训考试、职业教育教师职前培养和职后培训的教材，也可以作为各级教育行政部门、职教科研单位、职教师资基地进行职业教育学科研究和交流的材料。

职业教育学科建设直接影响职业教育教师专业化发展。现代职业教育客观上要求职业教育教师既具备一般性专业科学的知识，还必须掌握与工作过程、技术和职业发展相关的知识，职业教育教师的教学实践必须与不断变化的专业技术人员的职业实践相适应。虽然，在职业教育学科建设、职业教育教师专业发展方面我们取得了可喜的成绩，但是必须清醒地认识到，职业教育研究领域还有许多亟待研究解决的问题。可以说，我们还任重而道远。

广西壮族自治区　高校工委　书记　高　枫
　　　　　　　　教　育　厅　厅长
2010 年 3 月

目　录

第一章
职业教育研究概述

　　所谓教育科研是以教育科学理论为武器，以教育领域中发生的现象为对象、以探索教育规律为目的的创造性的认识活动。职业教育科研则是指职业教育工作者借助教育理论，以有价值的教育现象为研究对象，运用相应的科研方法进行有目的、有计划地探索职业教育规律的创造性认识活动。教育科学研究不仅是教师持续发展的动力，也是中等职业学校持续发展的动力。正如世界著名的教育家苏霍姆林斯基所说："教师不仅在把自己的知识传授给儿童，而且也是儿童的精神世界的研究者。"他还指出"只有善于分析自己工作的教师，才能成为得力的、有经验的教师。"①古今中外的教育实践均已表明，教师致力于教育研究对于提高自身的专业水平具有重要意义，这也正是中职师资建设取得突破性进展的关键，更是职业教育从粗放型发展向内涵型发展转变的关键。

第一节　职业教育研究的意义

　　职业教育是我国教育体系中的重要组成部分，在经济与社会发展中发挥着重要作用。近年来，我国职业教育发展取得了巨大成就，为了巩固已有成果，促进其持续、协调、健康发展，迫切需要进行教育改革。而教育改革需要以教育研究为先导，需要教育研究提供充分的理论准备。因此，许多学校提出"科研兴教""科研兴校""科研兴师"响亮的口号，以此作为学校的发展理念和发展策略。教育科研是对教育实践的科学研究和开发，是对教育规律的探索和把握，其目的是要指导和推动教育实践，促进教育改革和发展。它有一种凝聚力、开发力、引导力和提升力，是学校可持续发展的力量，是职业教育又好又快发展

---

　　① ［前苏联］瓦·阿·苏霍姆林斯基. 给教师的建议［M］. 杜殿坤编译. 北京：教育科学出版社，1984，506

的助推器。

一、推动职业教育教学改革

作为知识经济时代国际竞争的基础，各国纷纷加速教育现代化的步伐，突出职业教育的重要作用。社会需要具备创新开拓能力的人才，职业教育在培养人才方面肩负着不可推卸的历史重任。但现阶段，从整个教育体系看，我国普通教育的发展已基本趋向完善，而职业教育的发展却刚刚起步，它是我国教育中的一个薄弱环节。因此，大力发展职业教育是我国战略发展的基本国策。要想全面提升职业教育的质量，必须通过进行职业教育科学研究，探索职业教育本质、教育规律、教育内容、教育方法改革的途径手段，提高职业教育办学质量与效益。

职业教育改革，一方面需要政策保证，另一方面更需要教育科学研究指导。职业教育改革不能光靠行政命令。要研究怎样改革才能有效，把职业教育改革建立在教育科学理论指导的基础上。职业教育改革牵涉的问题和方面十分广泛，诸如教育思想、教育体制、教育质量评估、教育质量保障体系等，这些都急需从理论与实践的结合上给予正确的回答并提出有效的解决措施。又如，职业教育应面向市场需求，专业设置、专业改造要紧跟经济发展的步伐，与经济结构和产业结构调整相适应，特别要与经济发展速度和支柱产业、优势产业、重点产业的发展相适应。但是，在职教实际中，如何面向市场？如何设置职业教育专业才能紧跟经济发展的步伐？如何落实当前职业教育教学改革的新理念？这些都需要进行科学研究，否则只能是一句空话。正因为如此，我们要坚持实施"科研兴教"战略，充分发挥教育科学研究在职业教育改革发展中的关键作用。

二、全面提高职业教育教学质量

如何提高职业教育的教学质量，使职业学校培养的学生毕业后快速有效的适应工作岗位的要求，成为当下一项紧迫的任务。

教育是一种十分复杂的社会现象和社会活动，其目的不是创造某种物质产品或精神产品，而是根据社会的需要培养人、塑造人。我们的学校要把学生培养成为德智体美全面发展、具有创新精神和实践能力的建设者与接班人。做好这项工作，必须讲究科学性。教育科研的目的是提高教育教学质量和办学效益，教育科学研究的对象是教育现象、教育对象，出发点是提高教育教学质量，着力点是教师素质的提升，落脚点是促进学生学习和发展，实现学生的生命意义。广大教育工作者在教育教学实践中，必然会遇到各种各样的矛盾和问题，通过教育研究，促使人们自觉地钻研教育理论，并运用理论去了解、分析、研究各种教育现象和问题，逐步探索、揭示和掌握教育规律。通过解决各种教育矛盾和问题，促进和提高教育效益与教育质量。许多有经验的教师，在教育工作中积累了丰富的教育教学经验，但由于未能进行科学的总结和提炼，这种带有一定局限性的个人经验，只能为少数人所接受。只有通过开展教育研究，进行科学的总结，使之升华为理性认识，这样才具有比较普遍的指导意义。因此，只有通过教育科研来带动教学研究，从而全面提高教育质量。教育科研成果一旦为广大教育工作者所掌握，就可以成为全面提高教育质量的巨大力量。

三、指导职业院校科学管理

教育管理和教育科研是促进职业教育发展的两大要素，相互促进，缺一不可。学校的工作千头万绪，有近期的，也有长远的，有对人、财、物的调动、管理和使用，更有对教育产品的时时关注。因此，只有采取科学、规范的管理，才能创造出良好规范的秩序，学校才会稳定，教育教学质量才能得到保证；而开展教育科研，既可以使中职学校各项工作增强活力，促进管理，又可使学校健康、有序的发展。

教育科研可促使教育决策科学化。决策科学化就是运用科学的方法和手段，遵循科学的程序进行决策。现代社会，经济、政治、教育、信息日益社会化。中职学校在逐渐适应和满足社会需求的过程中，出现许许多多新的问题，要解决这些问题，往往牵涉很多因素，而且各因素间的关系又十分复杂。只凭老经验，按"老皇历"，是难以奏效的。通过开展教育科研活动，可以提高领导者的科学管理意识和教师的研究能力，增强教育者观察各种教育现象，分析复杂多变的教育问题，锻炼和提升全体成员的综合素质。从而促进领导职能的转变，推进教育决策的科学化、民主化的实施进程。

教育科研为学校管理注入活力。学校要实现可持续发展，通常会采取一系列措施，如加强制度建设，优化教师队伍，强化硬件建设等。通过不断发现问题，解决问题，借助科研的力量来进一步完善各项管理工作，从而实现学校的健康发展。首先，通过科研解决学校实际问题。学校教育科研在研究中要有问题意识，明确地认识到借助于研究，想去解决哪些问题，采用什么样的研究活动才能解决这些问题。许多学校能跳出自我，换位思考，准确地找出自身存在的问题，研究对策，寻求办法，在提高研究能力的同时，完善了学校的管理。其次，通过科研可提高教师的积极性。广泛开展学校教育科研活动，可以解决教师想解决但又难以解决的问题，既有针对性，又能激起教师研究的积极性，而有研究积极性，就能产生持续性的研究行动。

四、提高教师队伍的素质

实施素质教育，需要建设一支高素质的师资队伍。高素质的职业教育教师应是全面、综合、创新型的，不仅要有较深的专业基础理论水平和实践操作能力，而且也必须要有从事新技术、新方法、新理论的研究能力，这就要求职业教育教师跟上改革发展形势，满足素质教育的需要，不断提高科研素养。

提高教师素质的途径是多方面的，有在职进修、脱产培训、师徒结对等，实践证明，教育科学研究过程是提高教师素质的一条最直接、最有效的途径。职业教育研究的突出特点是反思性和研究性，它是有效促进教师发展的必经之路。因为通过职业教育研究，有助于提高教师的教育理论水平，提升教师教育教学能力，极大的激发教师的自主意识和创造精神。尤其是进入 21 世纪以后，教育科研能力已成为衡量教师教学质量与水平的重要标志，教育界对教育科研的重视程度与日俱增。那么，教育研究又是如何促进教师专业发展的呢？主要表现在以下三个方面：第一，教育科研有助于教师调整其已有的知识结构。研究的过程实质是教师重新学习的过程。为了研究的需要，教师需要学习大量的理论知识，以更新自己的知识结构，实现自身知识结构的合理发展。因此，研究的过程就是教师不断自主学习与合作学习的过程。第二，掌握正确的研究方法，有助于提升教师自己的科学研究素养。在具体的教育研究中，教师的问题意识、专业意识、反思意识、钻研精神，对前沿问题的把握与领悟能力，问题的提出与解决能力，反思与合作能力等都得到了有效提升。第三，吸取已有的经验教训，有助于提升教师的教育教学实践能力。通过教育研究，教师能够避免前人已经犯下的错误，吸收前人研究出来的优秀经验与成果；通过教育研究，教师能够不断反思自己的教育教学实践，及时总结经验教训，提高自己的教育教学实践能力，调整教育教学实践活动。

五、推进我国教育事业与经济社会的发展

职业教育涉及的人员广，与经济社会发展最接近。它能直接提高劳动者的生产技能与劳动素质，把智力转化为现实的生产力。职业教育涉及的范围广，

采取的方式较为灵活，应对社会需要与吸呐外来观念最快捷。通过职业教育，实现了知识与现代生产、服务过程的结合，提升了劳动者的生产能力，推动我国从人口大国向人力资源大国，进而向人力资源强国的转变。因此，职业教育不仅仅是提高人的工作能力与生活水平，它能直接影响到我国整个教育事业乃至社会的发展。因此，开展职业教育科学研究，应以整个社会作背景，以大教育观为导向，把职业教育科研与社会发展紧密联系起来，以探求适于我国经济与社会发展的职业教育发展之路。正因为职业教育对社会发展的影响如此重大，更需要有越来越多的有识之士加入到职业教育的科研队伍中来，以尽快促进我国职业教育科学研究的蓬勃发展。

第二节　职业教育研究的类型与基本过程

职业教育研究中，明确其研究类型和过程特征，有利于研究者根据不同的类型采取不同的研究方法；根据研究过程中不同的阶段目标要求，提高研究的针对性和操作的程序性。

一、职业教育研究的类型

从不同侧重点出发，职业教育研究可分为各种不同的类型。而明确职业教育研究类型，也有助于从不同角度、不同水平去全面认识其研究方法。

(一)依据研究目的分类

依据研究目的，可将职业教育研究分为基础研究和应用研究。

基础研究是指以揭示职业教育规律，发展和完善职业教育理论为主要目的的科学研究。它主要是通过理论或实验的探讨，以寻找新的职教事实，发现新的职教现象，揭示未知的职教规律，从而重新评价或修改旧的职教理论和发展或重新构建职教理论。有价值的基础研究可以直接完善职教学科知识的体系，丰富、完善理论宝库。有重大突破性的基础研究，往往能引起职教学科的根本性转折，产生突飞猛进的变化。这类研究虽然不指向特殊的实际问题，并不一定会产生具有直接价值的实际成果，但基础研究对职教工作具有较强的指导意义，对于学科发展至关重要，往往对职教改革起巨大的引领作用。随着科技的进展，基础研究已越来越倾向于多门学科共同参与，进行协作攻关的研究。

应用研究就是运用职教基础理论研究成果，解决职业教育工作中的具体问题的研究。它着重研究如何在职教理论的指导下，针对某一具体问题，深入考察其特殊规律，提出比基础理论研究更加具体的对策与方法。应用研究关心的是解决职教具体问题，是基础研究成果的具体化、操作化。应用研究可分为开拓性研究和扩展性研究两种。开拓性应用研究是在前人没有工作过的研究领域从事具有实用目的的研究活动；扩展性应用研究是在已经开拓的领域从事创新性研究活动。应用研究有两个特点。一是具体化。对基础理论进行分解，截取某个单项问题，联系实际目标，在理论上、方法上酝酿新的突破，使基础理论得以扩散。二是实用化。以基础理论为指导进行调查研究，对教学实际中的经验体会加以总结，探讨新的方法与途径并应用到实际工作中去。例如，探讨在职业教育中加强工学结合、校企合作、顶岗实习的人才培养模式研究；加强和完善学生实习、实训制度的研究；加强"双师型"教师队伍建设研究等，这类研究显然是应用研究成果，具有很大的可应用性和实践价值，是研究中的重要领域。

基础研究和应用研究对于职教学科的发展和提高研究水平的作用是相辅相成的。一方面，应用研究的设计、构想的形成，以及对研究结果的分析和评价，都要依靠基础理论的指导。可以说，基础研究指导着应用研究。另一方面，应用研究中发现的问题或某些规律，以及对结果上升到理论高度的分析，又会丰富理论研究或成为理论研究的素材，成为推动理论研究的动力。

(二)依据研究资料的性质分类

依据研究资料的性质，可将职教研究分为定性研究与定量研究。

定性研究就是对研究结果的"质"进行分析，主要是运用分析和综合、比较和归类、归纳和演绎等逻辑分析方法，对研究所获资料进行思维加工，从而认识研究对象的本质特征，揭示其发生、发展的规律。具体地说，定性研究具有以下特点：定性研究主要是描述性的。即在搜集、解释资料时，通常不采用数据的形式，而更多地用文字或图片的形式说明和论证研究的结果。定性研究倾向于对资料进行归纳分析。定性研究通常是对已经收集到的资料或事实进行加工提炼，抽象、归纳出一般规律或一般情况。定性研究关心的是研究对象在自然情景中，对事物已经发生或已经存在的意义的理解、看法和体验，而不注重对象的操作行为和反应。定性研究强调分析研究的过程，而不仅仅是结果。例如，通过观察法、访谈法，对在企业进行顶岗实习的学生状况进行观察，向顶岗学生提出一系列问题，了解他们对顶岗实习的体验与收获，从而抽象、概括出中职学生顶岗实习的一般状况与规律，就是定性研究。

定量研究是从"量"的方面分析事物。定量研究是一种对事物可以量化的部分进行测量和分析，以检验研究者自己关于该事物的某些理论假设的研究方法。量的研究有一套完备的操作技术，包括抽样方法、资料收集方法和数字统计方法等。[①] 定量研究基本上是采取逻辑实证主义的看法，认为无论自然或社会现象，其背后的原理均可简化为单一的客观实在，不因个人的情感或信念有所不同。定量研究具有如下特性：研究的目的主要是检验理论，证明假设，对变量之间的关系进行统计描述，以寻求共识和提供预测等。研究关注的焦点是事件发生的过程与意义。研究者在研究开始前就具有明确的问题和研究假设，其研究计划是结构性的、预先确定好的、阶段明确的。对于研究情境，研究者宁愿选择在实验室条件下进行研究，以便把研究目标以外的种种影响排斥在研究之外。研究采取随机抽样、分层抽样方法进行，且样本较大。研究者选用相对客观的手段（如各种量表、问卷、实验）作为收集资料的主要工具，其使用的资料是可测量、可统计的硬资料，对资料多用测量与统计方法进行分析，结论带有概括性、普适性；运用演绎法、自上而下地形成理论。

总之，定量研究比定性研究更强调标准化和研究的程序性，强调事先的设计。研究更倾向于结构化和规范化，结果用数据表示，定性研究更注重研究的过程。二者的明显区别在于资料的呈现形式，定量研究主要通过数据的展现说明结果，而定性研究主要是描述性的说明。有关二者的研究特点见表 1-1。

表 1-1 定量研究与定性研究的区别

	定量研究	定性研究
研究层面	宏观	微观
研究目的	证实普遍情况，预测，寻求共识	解释性理解，提出新问题
研究问题	预设的	在过程中产生
研究情境	在操纵和控制下	自然
研究手段	数字，计算，统计分析	语言，图像，描述分析
收集资料的方法	封闭式问卷，统计表，实验	开放式访谈，参与观察，实物分析
研究结论	概括性，普适性，确定性	主观性，独特性，地域性

---

① 陈向明. 质的研究方法与社会科学研究[M]. 北京：教育科学出版社，2000，9—10

(三)依据对资料的分析方式分类

依据对资料的分析方式,可分为描述性研究、相关研究和因果研究。

描述性研究指对自然呈现的现象、事实、案例的描述与总结。它是教育研究方法中最基本的方法,主要确定"是什么"的问题。按描述研究的对象,又可以将其分为以下几类:第一,现象型描述研究,重在描述教育事件或问题发生发展的现象。第二,案例型描述研究,即重在描述教育教学中的案例。例如,对东盟经济贸易区下广西中等职业教育发展的个案调查。第三,统计型描述研究,即重在描述现成的数据型研究资料,主要采用统计图表的方式来进行。例如,广西中等职业学校教改立项统计表。

相关研究指对两个或多个变量或现象之间的相互关系作出解释。相关研究采用各种相关统计,探讨变量之间相互关联和相互变化的程度,在教育研究中应用相关研究相当普遍。例如,"职业教育与区域经济发展的相关性研究",就是对区域经济发展与职业教育二者相互关系,进而为职业教育与区域经济的协调发展提出建议。

因果关系研究是结论性研究中的一种,其目的是要获取有关起因和结果之间联系的证据。因果关系研究的目的包括下述内容:了解哪些变量是起因(独立变量或自变量),哪些变量是结果(响应变量或因变量)。确定起因变量与要预测的结果变量间的相互关系的性质。和描述性研究一样,因果关系研究也需要有方案和结构的设计。描述性研究虽然也可以确定变量间联系的紧密程度,但是并不能确定因果关系。要考察因果关系必须将有些可能影响结果的变量控制起来,这样,起因变量对结果变量的影响才能测量出来。研究因果关系的主要方法是实验法。当然还有些高级的统计方法可以用于检验因果关系的模型。例如,对农村职业教育发展受阻,职业学校生源不足的形成原因进行考察、分析就属这类研究,这一般是通过调查研究来完成。为了检验顶岗实习(自变量)对就业率(因变量)的影响,可将学生随机地分为两组,将进行顶岗实习的学生与没有顶岗的学生的就业率进行对比分析。这类研究是通过操纵某一个或几个因子,以考察随着因子操纵而产生的变化或结果。

(四)依据研究内容分类

以教育研究的内容为依据,可将职教研究分为宏观研究、中观研究和微观研究。[①]

宏观研究是指对宏观层面的职教活动所进行的研究。在宏观层面，职教活动作为国家或社会的事业，是社会这个大系统中的一个子系统，就像社会的经济系统、政治系统一样。对这一层面上的职教活动的研究就是宏观研究。宏观研究重在研究职教系统与社会其他系统之间的联系。例如，职业教育与文化、职业教育与区域经济、职业教育与人口之间的关系。

中观研究是指对中观层面的职教活动所进行的研究。在中观层面上，职教作为一种机构的活动，在各级各类职业学校或其他职教机构中进行着。对这一层面的职教活动的研究就是中观研究。中观研究重在研究职教机构内，尤其是职业技术学校内部有关教育、教学、管理方面的活动，如"工作过程导向"课程改革的实践探索、校内实训基地的建设研究。

微观研究是指对微观层面的职教活动所进行的研究。在微观层面上，职教作为人与人之间的一种特殊交往形式存在着。交往的一方为教育者，另一方为受教育者，他们借助于一定的信息媒介进行交往，这一活动的直接结果就是受教育者身心的变化和发展。对这一层面的教育活动的研究就是微观研究。微观研究重在研究人与人之间的交往活动，如中职护理专业学生心理品质培养的实践探索；课堂教学中的师生交往等研究。

二、职业教育研究的过程

职业教育研究的基本过程是科学认识客观事物的过程，属于科学思维的过程。职业教育研究从整体上看是一个循环往复、螺旋式上升的过程，是一个连续的活动过程。职业教育研究由一连串有因果关系的步骤构成，整个研究过程有五个阶段：确定课题、研究设计、收集资料、分析资料、推导结论。

五个阶段可用图 1-1 表示：

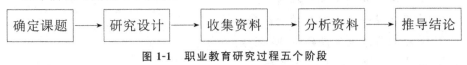

| 确定课题 | → | 研究设计 | → | 收集资料 | → | 分析资料 | → | 推导结论 |

图 1-1 职业教育研究过程五个阶段

(一)确定课题

确定课题实际上就是确定一个研究目标。课题的选择是职业教育科学研究

① 叶澜．教育研究及其方法[M]．北京：中国科学技术出版社，1990，4—7

的起始，也是准备阶段的核心环节，是研究的关键，选题的好坏直接影响研究的效果，因此必须慎重。首先，应选取有正确的理论依据和客观的事实依据、符合科学发展规律的课题。其次，应选取具有前瞻性、创新性、新颖性以及学科前沿或亟待解决的课题。最后，应选取符合客观条件、切实可行的课题，反对选取深不可测、缺乏必备条件、难度过大的课题。

职业教育科研课题的来源是十分广泛的，但也并不是凭空想象得来的。研究课题有长期的、有短期的；有全面的、有局部的；有侧重于理论研究的、有侧重于实践研究的、有两者兼而有之的，一般可概括出来自于以下三个方面：

1. 来源于理论研究的课题

随着社会的不断发展，许多职业教育中的理论问题不断被解决，但是也不断涌现出许多新的亟待解决的理论问题。这是社会发展、职业教育发展而导致的，需要从理论上来认识、探讨、解决的理论研究方面的课题。

2. 来源于实践研究的课题

职业教育实践中会面临许多错综复杂的问题，亟待教育工作者去研究解决或验证。新时期的教育，更会遇到前所未有的新问题，如当前中等职业学校招生难、就业难的问题等。

3. 来源于各级规划的课题

国家教育行政部门、科研机构、学术团体对教育科研的发展定期作出科研规划。各级教育机构、各种教育研究团体及教育学术期刊、各级各类学校据此也制定出各自的选题范围或课题指南，引导研究方向，推动教育改革与发展，促进教育科学发展。

例1：《全国教育科学"十一五"规划2010年度课题指南》(摘录)

一、国家重点招标课题(10项)

1. 义务教育均衡发展标准研究

2. 农民工子女流入地升学问题研究

3. 基础教育未来发展的新特征研究

4. 高素质创新人才培养模式研究

5. 青少年网络生活状况的调查研究

6. 主要国家高中数学教材比较研究

7. 农村教师发展状况和保障机制研究

8. 职业教育校企联合办学的实证研究

9. 大学生学习情况调查研究

10. 主要国家民族教育政策比较研究

二、一般课题（领域和方向）：职业教育

职业教育办学体系和发展模式研究；工学结合、顶岗实习的职业教育人才培养模式研究；职业院校学制改革研究；职业院校基础能力建设研究；职业院校专业教学研究；职业教育实训基地教学模式研究；职业院校学生学习能力评价研究；职业院校"双师型"教师专业化发展研究；职业教育区域合作发展模式研究；中职和高职教育有效衔接研究；农村中等职业教育发展研究等。

例2：《广西教育科学"十一五"规划课题指南》（摘录）

职业教育研究

广西职业教育办学体制的研究；建立具有广西特色的职业学校、专业的研究；广西职业教育办学质量的研究；广西职业学校招生考试制度的研究；广西职业学校就业指导和咨询的研究；广西普通教育与职业教育沟通、衔接的研究；广西职业学校管理制度的研究；广西职业学校内部结构与资源整合的研究；广西职业学校评估体系的研究；广西职业教育的教学与课程的研究；广西职业教育经费投入机制的研究；广西职业教育师资队伍建设的研究；广西职业教育实训基地的研究；广西职业学校与社区关系的研究；广西县级职业教育中心的研究；广西农村职业教育的研究；广西贫困地区职业教育的研究。

广西教育厅从2001年开始，每年举行一次自治区级中等职业教育教学改革项目申请、立项确认工作；每两年举行一次全区中等职业教育优秀教改成果评审工作。这对深化广西中等职业教育教学改革，全面推进素质教育，提高教育教学质量，引导、鼓励教师积极进行教改实践产生了积极的影响和推动作用，取得了显著成效。

例3：《2010年度广西中等职业教育教学改革重点立项指南》

一、德育工作、就业和创业教育工作

创新德育形式，丰富德育内容，不断提高德育工作的吸引力和感染力，增强德育工作的针对性和实效性的研究与实践；完善中等职业学校学生就业服务体系，为学生就业创业提供更加有效的指导和服务的研究与实践；加强中等职业学校班主任队伍建设，提升班主任工作水平的研究与实践。

二、学习制度改革

深入推行工学结合、校企一体、顶岗实习，探索人才培养与行业、区域产业、职业岗位和企业用人实际紧密结合的方式方法的研究与实践。

三、专业建设改革

根据区域产业需求，调整专业设置、优化专业结构的研究与实践；建设贴近区域产业、民族艺术、民间工艺等领域特色专业的研究与实践。

四、课程改革

以专业设置与职业岗位对接、教材内容与职业标准对接、教学过程与企业生产过程对接为目标，职业学校与行业企业共同制定人才培养方案，开展教学环境、课程体系、教材、教学方法改革，增强人才培养与产业发展的针对性和适应性的研究与实践。

五、教学手段和方法改革

采取项目教学、案例教学、场景教学和模拟教学等多种教学方式，增强教育教学的针对性和实效性的研究与实践。强化实践教学方式的工作过程导向的研究与实践；更新教学手段，构建网络学习平台，创设生产服务模拟场景的研究与实践。

六、教育教学质量评价制度改革

建立以能力为核心的学生评价模式的研究与实践；专业职业技能竞赛机制的构建与实践。

七、产教结合改革

推进教产合作、学校与企业一体共同推动中等职业教育改革创新的机制的研究与实践；创新多样化的校企一体合作办学模式的研究与实践；实行工学结合，扎实稳妥地开展学生顶岗实习、工学交替和订单培养，学校和企业共同培养技能型人才的研究与实践。

八、师资队伍建设

中等职业学校教师到企业实践，提升教师实践教学能力的研究与实践。

九、其他

服务社会主义新农村建设，开展职业培训，促进农民增收、改善民生，促进县域经济发展的研究与实践。

(二)职教研究设计

研究问题一旦确定，紧接着的工作就是进行研究设计。研究设计主要解决的问题是"要怎样研究"，即对本课题研究内容和研究方法的基本设想和全面规划。

1. 制定研究方案

研究方案的制定，是为了整个研究过程中严格按照方案开展研究，以保证顺利地完成课题。其内容应包括：阐明课题意义与目的，确定收集资料的方法和工具，制定抽取与分配研究对象的方法，规定研究实施步骤与过程，确定研究人员及工作时间进度等。在制定方案后，也可根据研究的进展随时加以补充、修正和调整，但一般不宜变动太大。研究方案编制得越精细越好，可参照有关申请表的项目来编制。

2. 查阅文献

任何研究都是在前人研究的基础上进行的，因此文献的查阅是课题研究的必经步骤。查阅文献资料，可以全面准确地了解课题研究的历史背景、研究现状、最新成果和学术发展前沿动态，可以最大限度地利用前人的研究成果，不走弯路，少走弯路，有利于对研究方向的正确定位。

(三)收集资料

收集资料是指获取研究项目最终结论所需要的事实材料或数据，即按照研究设计的规定，有组织、有系统地收集研究所需的资料和信息。可以说收集资料的工作贯穿于教育研究的整个过程中。收集资料要严格遵守操作规定，要做到客观、准确、规范。而且在收集研究资料时要选用多种方法，比如观察法、调查法、实验法、测验法，等等。资料的收集主要围绕以下三个问题展开：第一，收集什么样的资料；第二，在哪里收集资料；第三，怎样搜集资料，包括搜集资料的方法与过程。

(四)分析资料

收集到的资料往往只是一些具体的研究事实或数据，难以说明问题的实质。为获得更深刻的认识，研究者必须对所获取的资料进行整理和处理分析。其方法主要有定性分析和定量分析。就基础理论研究法而言，多采用概念、判断、推理、归纳、演绎等定性方法进行分析；而应用研究则尽可能采用定量分析。分析必须伴随解释并提出明确的结论。内容主要包括：首先，对获得的资料归类；其次，根据材料，选择适当的方法进行统计检验，作出简明的检验结果；最后，对结论进行一定的解释和讨论。

(五)撰写研究报告

撰写研究论文或研究报告是教育研究的最后一个环节，也是非常关键的一个环节。因为，它是对整个研究过程及结果进行系统分析、全面总结的阶段。

同时，也是交流推广教育研究成果的展示平台，更是获得社会和同行鉴定、评价与承认的有效渠道。在经过了研究的准备阶段、实施阶段，取得了所需资料并加以分析处理，有了结果就可以撰写研究报告。研究报告可以因研究目的要求的不同、研究形式的不同、研究内容的不同、研究方法的不同，而撰写成专著、学术论文、实验报告、经验总结、观察报告、调查研究报告、文献综述、述评等不同形式。

教育研究过程是有系统的，任何一项研究在大的框架中基本上都遵循以上五个阶段。但是研究过程不是机械的、呆板的，有些步骤可以跳跃、交叉，有的步骤可以能被省略或合并。因此，在实际操作中，这些步骤的实施存在一定的灵活性，需要依据实际情况而定。

第三节　职业教育研究的基本原则

职业教育研究原则，是职业教育研究规律的反映，也是职业教育科学研究实践经验的概括，是职业教育研究中必须遵循的行为准则。根据职业教育的特殊性，笔者归纳出以下六条基本原则。

一、客观性原则

任何真正"好"的教育研究，都必须既是教育理论发展或教育实践改善之过程的"真实的"组成部分，也是研究者自身生命运动的"真实的"组成部分。[①] 研究者对职业教育过程中所出现的千变万化的教育现象，必须遵循客观规律去研究它，而不能随心所欲地去改造它。所以，职业教育科研的一个很重要的特点就是客观性。即研究的对象是客观存在的，搜集的材料是真实的，研究的方法是科学可行的，得出的结论是准确的。

(一)研究问题的客观性

研究者所要研究的教育问题是在职业教育理论或职业教育实践当中客观存在的问题，而不是研究者主观臆断、猜测或虚构的问题。也就是说，在进行选题或在开始形成初步假设之前，就必须从客观事实出发，详尽地占有原始材料。

---

① 吴康宁．教育研究应研究什么样的问题——兼谈真问题的判断标准[J]．教育研究，2002，(11)

(二)研究过程的客观性

整个职业教育研究过程都遵从实事求是的原则展开。对所研究的问题或对象不抱任何偏见和成见，对观察和搜集到的材料要如实记录。处理材料和概括成结论时要严格根据客观实际。不唯上，不唯书，坚持实践是检验真理的唯一标准，遵循客观规律办事，这是进行教育科研的基本科学态度。

(三)研究数据资料的客观性

采用科学、合理的方法严格搜集和筛选数据资料，不随意篡改数据。职业教育调查研究往往是人与人的活动，在进行研究的时候往往易受被调查者的主观因素影响。这就需要研究者尽量采用能反映事物本质情况的客观方法，认真筛选，细心鉴别，以反映事物的本来面目。同时也要排除研究者本身的主观态度、立场、观点和情绪对材料可靠性与准确性的影响，坚决克服主观随意性。

(四)研究结果的真实性

严格依据研究数据资料得出研究结果。

总之，在整个职业教育研究过程中都必须遵循客观性原则，否则研究所得结论的有效性就值得怀疑，其理论价值与现实意义也就无从实现。

二、继承性原则

继承性原则是指职业教育研究应建立在前人研究的基础之上。这主要体现在以下四个方面：

(一)选题中的继承性

即研究者在选择研究课题时，要充分考虑到前人已经研究了哪些问题？哪些问题还没有得到深入有效地研究？对于前人已经研究过的问题，目前研究到哪个程度了，如果要研究这一问题，应该着重研究哪一方面。脱离前人的已有研究而随意的选择研究课题往往会陷入重复性研究。

(二)研究设计中的继承性

即在进行研究设计时，充分吸取前人在这一研究领域中的设计经验。找出前人研究中的不足，结合本课题的实际情况展开有效的研究设计。

(三)研究方法选择中的继承性

即选用研究方法时，充分考虑已有研究方法的优势与不足，前人在这一研究领域中采用了哪些研究方法，这些研究方法为研究效果带来了什么贡献，还有哪些研究方法可以为我所用。

(四)资料分析中的继承性

即研究者在对已有研究资料进行分析与讨论时，要充分利用已有研究成果来解释本研究中出现的现象，要将本研究的现象和结果与已有同类或相似研究的结果进行比较研究，从而得出研究结论。

三、创新性原则

人类文明的历史就是一部创新的历史，创新性是教育研究最突出的特征，可以说创新是打开未来教育大门的"金钥匙"。科学研究贵在创新。研究要做前人所未做的，道前人所未道的，简单地重复别人的研究是一种资源的浪费。理论和实践的创新是教育研究的灵魂，也是衡量、评价教育研究的重要标准。朱小曼教授在《教育研究要为教育创新做出更大贡献》一文中充分说明了教育研究的创新是教育发展的需要，是教育研究追求的最大价值。要用创新精神激活教育研究的活力，将教育科研创新作为改革与发展的目标，并明确指出创新精神主要表现为：对教育实践有经验的敏感性，对教育问题有强烈的问题意识和人文关怀，能够捕捉并抓住最重要的课题，并通过一定的超前性的调查、实证与分析研究，通过在基层艰苦细致的扎根研究，为从中央到地方的教育政策以及教育实践提供基础的、基本的、先期的行动依据和思想理论指导。教育研究的创新主要表现在研究问题、研究设计、研究方法、研究手段和研究结果等方面的创新。

四、实践性原则

真正有生命力的理论是扎根于实践的，职教研究的生命源泉也在于实践。职业教育不同于以掌握知识为目标的普通教育，它是为学生工作做准备的教育，他培养的学生必须能够有效的完成工作任务。对于职业教育我们往往问得更多的是学生学会了什么，而不是知道了什么，因为工作中所依赖的知识大部分是实践知识。因此，职业教育研究更应当密切结合我国职业教育事业中提出的实际问题来进行。研究的重心也只能是职业教育工作者迫切需要解决的最大问题、根本问题。例如，近年来，职业教育界加快了探索"中国特色"人才培养模式的步伐，其中较为认可的一种是"校企合作"模式，许多地方的学校，与企业积极开展合作，工学结合，创新并积累了一些经验及做法。在此背景下就有了工学结合、顶岗实习等教育模式的创新研究。此外，职业学校实训基地建设与教学管理模式研究；区域合作发展办学模式研究；职业学校实践类教材改革研究，等等。这些研究，都是紧扣职业教育实际，通过职教工作者的研究探索，寻找出的科学结论，因而能有效地指导实践。这样从职教实践中产生的科研成果，才会有其无限的生命力。

五、时代性原则

与普通教育不同，职业教育是为了适应特定时代和特定职业的需要而开发和实施的。这种需要不是臆想的，而是紧跟时代的变化，尤其是根据市场需要的变化及时调整专业设置和人才培养模式。所以，职业教育研究的时代性非常重要，主要表现在以下几个方面：

（一）研究重点有所不同

2005 年，国务院颁发了《关于大力发展职业教育的决定》，进一步提出了坚持"以服务为宗旨、以就业为导向"的职业教育办学方针，提出了大力推行工学结合、校企合作的人才培养模式，要求职业教育要与企业紧密联系，加强学生的生产实习和社会实践。这一富有时代特征的战略重点指向，为职业教育研究关注社会变化指出了方向，即需要在全球化视野下，按照国际先进的模式培养职业人才。

（二）研究方法有所不同

当前的教育研究主张定量研究与定性研究相结合，注重行动研究、叙事研究等，这也是研究方法的时代潮流。

（三）研究手段有所不同

当前的职业教育研究充分利用现代化的手段来为其服务，例如，定量研究中用到的许多现代化设备，如摄像机、照相机等；数据统计中用到的统计软件、网络调查问卷等，更是 e 时代特有的研究现象。

(四)研究视野有所不同

当前的职业教育研究尤其注重国际化视野，强调引进国外职业教育教学理论。比如德国的"双元制"、美国的"工读交替型"、英国的"三明治"、日本的"产、学、研"合作模式。当然在强调国际化视野的同时，绝不能忽视本土化的视野，要将国际化视野与本土化视野结合起来，以探讨出适合中国国情的职业教育发展之路。

职业教育的目标是发展学生的技术实践能力，应选择实践导向课程模式；学术教育以发展人的符号理解能力为目标，宜选择学问导向课程模式。

表 1-2　职业教育与普通教育的不同特点

课程模式 比较维度	学问导向课程模式	实践导向课程模式
课程目标	认识能力、理解能力	技术实践能力、会做
课程门类划分标准	学科分类	工作任务划分
课程结构展开的起点	理论知识和认识过程	实践知识和实践过程
课程内容	以理论知识为主体	以实践知识为主体
课程内容组织	知识本身的逻辑	工作中知识的逻辑
课程实施	记忆、理解	实践性学习
学习结果评价	书面形式	工作样本测验

六、生态性原则

在职业教育研究的实践中，人们越来越深刻地认识到，许多职业教育问题和现象，如职业学校职能、学校效能、教师专业发展、素质教育等，很难用一元的、单向度的主客两分的思维方式进行满意的解释，也难以用单一的因果关系或矛盾关系的原则进行恰当的解决。为此，必须从生态观上寻找出路，生态方法论之精髓在于"整体关联"和"动态平衡"。应用这些观念，笔者认为，职业教育研究的生态性是指在进行职业教育研究中，要强调研究的自然性与现实性。职业教育研究的生态性主要表现在以下几个方面：第一，职业教育研究对象的完整性与系统性。即在进行职业教育研究时，要充分考虑研究对象内部以及内部各系统、各要素之间的相互作用，不能孤立的对待一个系统或一个因素。第二，职业教育研究情境的自然性。即研究者回归现实的教育实践情境，在职业教育实践中发现问题，在职业教育实践中来解决问题，而不是在书斋中发现问题和解决问题。第三，是要从生态观上，考虑各种研究方法的族类共生性和交错组合的层次性，以便从立体的、动态发展的生存处境上予以和谐地构建整个研究方法的生态位，形成完整的研究方法生态体系。

第二章
职业教育研究的选题与设计

开展职业教育研究，首先要做的是恰当地选择和确定研究课题。俗话说"良好的开端等于成功的一半"。选择和确定研究课题是一项完整研究工作的开端，它决定着研究工作的方向和性质，对职业教育研究工作起着举足轻重的作用。

第一节　研究课题的来源与选题

选择研究课题简称选题，它是指根据选择原则，综合多种因素最终确定所要研究的中心问题。选题一般包括两个方面的含义，一是确定研究的方向；二是选择进行研究的问题。选题的恰当与否，将直接影响到研究过程能否顺利进行，关系到能否得出科学结论。因此，选定课题在所要研究的课题中起着至关重要的作用。而要恰当地选择和确定研究课题，必须明确从何处寻找研究课题，并通过何种途径才能找到所需要的研究课题。

一、研究课题的来源

为了更好的选题，需明确以下几个概念的含义。

（一）课题及职业教育研究课题的含义

"科学研究始于问题"，问题是课题的来源和基础，但问题不等同于课题。问题是客观事物之间的矛盾在人们头脑中的反映。只有不断地产生新问题，解决新问题，人们的认识才能不断地向前发展。科学研究就是一个不断提出问题、解决问题、认识客观规律的过程。

所谓问题，是指要求回答或解释的题目，尚待解决或弄不明白的事，是客观事物之间的矛盾在人脑中的反映。

所谓课题，是指人们在认识和改造客观世界过程中，需要研究或回答的重要问题或尚待解决的重大事项，是从一定的理论高度来观察、分析、研究、提炼出来的，带有普遍意义和一定价值的问题。

所谓职业教育研究课题，就是针对职业教育领域中重大理论问题和我国职教发展中亟待解决的重大现实问题，有明确的研究范围、研究目的和任务的研究题目。

（二）职业教育研究课题的类型

职业教育研究课题的类型不同，对研究过程中收集材料、整理材料将有不同的要求。为了正确选择研究课题，就需要研究者从整体角度去把握研究课题的类型。就职业教育研究课题而言，一般包括理论性、应用性和开发性三类课题。

1. 理论性研究课题

此类课题主要侧重于对职业教育基础理论和基本规律的研究，强调研究的深度，它回答的是"为什么"的问题。如根据职业教育科学本身发展的需要，检验、修正、创新和发展职业教育理论，完善、发展科学的职业教育理论体系等，就属于这类课题。其研究虽不直接解决当前职业教育教学急需解决的问题，但对职业教育的专业建设和职业教育的发展具有重要意义。如"关于职业教育功能的研究""职业院校教学中学生主体性问题的研究"等。这类课题对研究者的理论素养、知识结构和思维能力要求较高。从事理论性课题研究的一般是专业理论工作者。

2. 应用性研究课题

此类课题具有直接的实践意义，它主要是针对和解决职业教育中具体的教育教学问题，它回答的是"是什么"的问题。这种研究，一方面将基础理论研究成果用于指导职业教育教学实践，探索职业教育教学实践的变化发展规律；另一方面通过研究将实践经验上升为科学理论，以利于进一步指导职业教育的教学实践。如"职业院校学生创业能力培养的研究""现代物流管理专业基于工作过程的专业建设改革与实践研究"等。

3. 开发性研究课题

此类课题主要是把已有的研究成果或经验加以推广普及，解决职业教育教学实践中存在的实际问题，促进职业教育实践的发展和深化，形成对职业教育规律的认识。如"以就业为导向的中职物流专业课程体系改革实践研究""农村职业学校经营性实训基地的建设与实践"等。

这三类课题的划分是相对的，常常互为补充，在实际研究中要尽量达到优化组合效应的最大发挥。在职业教育研究中，理论性研究、应用性研究、开发性研究都是很重要的，不应以价值判断的等级来区分它们的高低。就职业学校教师和管理人员而言，可以借助应用性和开发性课题的综合研究，来解决教育、教学中的实际问题。此外，职业教育研究课题按研究方法的性质来划分，还可分为定性研究和定量研究；按研究对象的时态来划分也可分为历史研究、现状研究、未来研究；按研究范围来划分又可以分为宏观研究和微观研究。

（三）职业教育研究课题的来源

概括地说，职业教育研究课题来自职业教育的问题。职业教育问题大致可分为两类：一类是职业教育实践中的问题，如教育部重点课题《行为导向教学法在高职实践课教学中的实践与研究》，以天津中德职业技术学院"电气工程自动化"和"计算机控制技术"两个高职专业的实训课为教学实验案例，探索"行为导向教学法"在高职实践课教学中的效果。另一类是职业教育基础理论方面的问题，如"职业教育的心理学基础研究"。两类问题之间存在着紧密的联系：根据职业教育实践急需解决的问题所提出的课题，常常是职业教育基础理论所没有解决或没有完全解决的问题；根据职业教育专业和基础理论建设需要而提出的课题，或多或少会直接或间接影响职业教育实践。

因此，职业教育研究课题的选题可以从以下两个方面进行：一是从职业教育实践中选题；二是从教育文献中选题。

1. 从职业教育实践中选题

在职业教育实践中，存在着许多当前社会实践中迫切需要研究和解决的重大问题，对这些问题进行适当的筛选、提炼，就可能成为很好的研究课题。就职业院校教师和管理人员而言，由于工作在教育教学第一线，最有价值、最可行的是从职业教育实践中选题。在我国，职业教育发展历史短，职业教育实践中存在着许多问题尚待解决，迫切需要教师们进行理论思考，或通过理论研究寻找答案。

根据人们在职业教育实践中所遇到问题的性质及类型，可将职业教育实践中的选题归纳为三类：从职业教育改革和发展的需要中选题；从职业教育实践的成功经验中选题；从职业教育有争议的问题中选题。

2. 从教育文献中选题

从教育文献中选题，即是指从理论学习和研究中发现问题或从别人的研究成果中提出问题，把职业教育理论上还无人研究过的问题，或是有人研究过但还在争论中的问题，或有人研究并已有结论，但自己有不同的观点和新见解的问题作为研究课题。这些问题归纳起来主要有三类：一是填补职业教育的理论空白，如教育部规划课题《增强农村职业学校生机与活力的理论研究与实践探索》。依据区域职业教育学的理论，首次对"三类地区农村职业教育"和"农村职业教育中的政府"等内容进行研究，构建了政府支持农村职业教育的七大理论和八个具体措施，构建了"一个平台、三个基础、多个模块"的农村职教课程体系，丰富完善了农村职业教育的研究内容。二是学术界有争议的热点问题，如关于职业教育产业化问题的研究。三是职业教育历史遗产问题，如黄炎培的职业教育思想问题等。

课题来源，除以上两个主要途径外，还有纵向与横向来源的课题。纵向课题，主要是指从国家、省（自治区）、市、县"教育科学规划领导小组"所规划的科研课题中选题，申报立项。横向课题，主要是由一些教育行政部门、教育科研部门或相关高校委托或协同进行研究的课题，一般为一个大课题下设若干子课题，学校或教师可申报某个子课题，参与研究。

二、研究课题的选定

职业教育研究课题的来源十分广泛，但真正发现和选择一个好的课题又非易事，需要遵循一定的原则和运用一些有效的方法。

（一）选题的基本原则

1. 实用性原则

衡量选题是否有意义和意义的大小，主要看研究课题有没有理论价值和应用价值。服务决策、指导实践，是职业教育科学研究工作的主要职能和重要方向。职业教育与生产劳动关系密切，实践性强，职业教育又处于重大的改革和发展的关键时期，因此职业教育研究必须密切结合改革的实践，探讨和解决改革中遇到的重大问题，为行政决策提供依据，推动职教事业的迅速发展。为此，《国务院关于大力发展职业教育的决定》明确提出："加强职业教育科学研究工作，""为职业教育宏观管理和职业院校改革与发展服务。"如"双师型"师资的培养问题、职业学校实行弹性学制和学分制问题、中职生综合职业能力的培养问题、创业教育问题等，这些课题都体现了职业教育研究、服务于教育实践、服务于宏观管理的要求。

与普通教育相比，职业教育发展历史短，且有许多特殊性，许多规律有待揭示，迫切需要理论的先行和指导。因此，职业教育研究必须对职业教育未来实践中可能遇到的问题进行超前研究，这就需要选择课题有一定的前瞻性。如"职业教育发展与和谐社会构建关系研究""以人为本指导下特殊群体职业教育发展研究"等课题，均具有较强的前瞻性。

2. 创新性原则

职业教育研究的目的就是要揭示前人未曾认识或尚未完全认识的教育规律，因此职业教育的科研课题必然要求有一定程度的独创性和新颖性，要争取在理论研究方面有新发现、新观点、新见解；在应用研究领域有新内容、新途径、新方法。一是理论或观点上的创新。科学研究贵在创新，"见人所未见，发人所未发"，往往这样的课题是填补理论的空白，发展、充实原有的研究，形成独一无二的创造性成果。如构建了"一个平台、三个基础、多个模块"的农村职教课程体系研究等。二是移植先进的经验和方法的创新。例如，叙事研究最早应用于文学领域，后来这种方法应用于职教研究，使职教研究有了新的研究范式。三是应用上的创新。将一种理论或方法首次应用到教育实践中去是创新，把别人研究的理论、方法应用到新的领域之中同样也是创新。最后，要做到选题新颖，一方面需广泛查阅国内外资料，核查他人已有的研究成果，避免重复研究；另一方面需要扎根职业教育实践，从中不断发现新问题。

3. 可行性原则

可行性是指所选的研究课题能被研究，存在着研究的可能性。具体来讲，即指对所确定的研究课题要从主、客观条件，时机是否成熟出发，量力而行。主观条件包括研究者本人原有的阅历、知识、能力、专长、经验、兴趣、精力，前期研究的基础，课题研究的组织和协调能力是否适合课题研究的要求。例如，"西部人力资源开发战略研究"这样的课题，一般普通职业院校的教师就难以完成。因此，选题时不但要注意所选课题是否有理论或应用的意义，而且还要考虑研究者的能力和所在单位的实际条件，能否支撑研究者完成课题研究。客观条件涉及研究的物质条件，包括时间是否允许，经费是否有保障，研究的技术和手段是否具备，资料收集是否充分，人员是否合理，领导是否支持等。时机条件涉及与研究有关的理论、研究工具、技术手段等发展成熟程度等。

职业教育研究者在选题时可从如下几个方面去考虑。一是深入职业教育第一线，树立问题意识，了解和掌握选题的有关知识和方法，不断地提高自己选题的能力。二是从实际出发，尽量选择本人熟悉，有基础、有兴趣、有特色的课题。三是结合自己的工作实际，侧重选择研究范围较小、内容较具体、方法易于掌握、研究周期短的研究课题。

(二)选题的步骤与方法

1.选题的步骤

从产生想法到确定课题是一个比较复杂的过程，一般要经过以下几个步骤：

(1)提出问题。每个研究者由于知识、阅历和所处的工作环境不同，提出问题的途径也不一样。有的研究者可能在职业教育教学实践中遇到问题，产生想法；有的研究者可能通过阅读相关文献得到启示而提出问题；或对他人的研究有不同的观点，提出新的问题。

(2)查阅资料。问题提出后，就要查阅相关资料，了解该课题的研究情况（包括研究的涉及面、深度以及采用的研究方法等）。这样做，一是避免重复劳动，提高科学研究的效益；二是较好地选准研究课题，使研究更具理论价值和实践价值；三是较好地收集到研究所需的相关资料，提供科学的论证依据和恰当的研究方法。

(3)确定课题。查阅相关资料，作进一步分析研究，初步选定课题后，还要根据选题原则进行分析和筛选，综合各方面情况，最后确定研究课题。如研究职业学校学生的学习问题，涉及多方面因素，既有学生心理方面的，又有策略、教材、教法和学法方面的问题，要对这些问题进行分析、梳理和筛选，最后确定将某个问题作为课题进行研究。

2.选题的方法

在选择职业教育研究课题的过程中，常用的方法有：

(1)问题筛选法。这是职业学校教师和管理人员常用的方法。在实际教育教学工作中，职业学校教师和管理人员常常遇到或者产生大量的问题，根据自己以往的教育教学、管理工作经验或研究经验，通过对这些问题的归类整理，再分析其重要程度和研究这些问题意义的大小，确定其研究价值，从中选取价值明显且适合自己研究水平和能力的问题作为课题。

(2)经验提炼法。职业学校教师和管理人员可以利用这种方法发现和选择课题。职业学校教师和管理人员一般在自己的实践中都摸索了不少经验，如何把经验总结出来，把经验上升到理论高度，其中必然要回答一系列的问题，这样一个个研究的课题就出现了。

(3)资料寻疑法。古人云："尽信书不如无书，"资料中往往隐含着大量的科研课题。资料寻疑，即通过对有关资料的分析，比较不同观点，探寻前人的结论，揭示理论与现实的差异等，从中产生研究课题。

（4）现状分析法。即通过对职业教育现状的分析，发现或揭示职业教育中存在的问题，从而选择适当的研究课题。

（5）课题指南法。各级教育行政部门以年度教育科研课题指南、五年规划课题指南、委托课题等形式提供的一系列教育科学研究课题，这类课题都可以通过申请立项来获得。

（6）参加学术活动中获得启发。学术性的活动和论坛，往往讨论一些最新的问题和理论，在进行学术讨论中，从与别人的思想交流、碰撞迸发出思想的火花中得到启示，发现新的研究课题。

（7）向专家请教。由于专家对某一教育领域的发展历史、现状、未来发展趋势及存在的问题有着比较全面的了解。因此，向专家请教无疑是获得研究课题比较快捷的途径。

第二节　研究课题的设计论证

课题论证是对选定的问题进行分析、预测和评价[①]，目的在于避免选题中的盲目性。这种课题论证，本身也是一种研究，它必须依据翔实的资料，用齐全的参考文献和精细的分析来支持自己关于课题的主张。通过课题论证，可以进一步完善课题方案，创设落实的条件。

一、课题论证的基本内容

为了确保所研究方向的正确性，研究人员有必要对课题的设计进行论证。它是研究人员为完成课题研究任务而进行的前期工作，是对开展该课题研究的必要性和充分性的说明。

研究课题的设计论证主要回答以下几个问题：第一，为什么要研究这个课题；第二，所研究的课题，主要解决什么问题；第三，解决主要问题的难点是什么，怎样解决，如何突破。

我们可以把以上内容用图 2-1 来表示。

---

① 裴娣娜. 教育研究方法导论[M]. 合肥：安徽教育出版社，1995，85

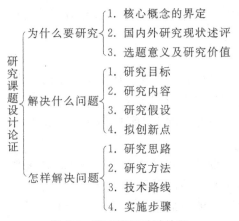

图 2-1　研究课题设计论证

(一)为什么要开展课题研究

1. 核心概念的界定

由于课题研究的类型、对象、范围的不同，研究过程中很容易产生专业术语、概念上的混淆。为了课题研究的指向更明确，就必须对核心概念加以界定。这里包含两个方面的含义：其一，对有关名词术语的内涵和外延做出说明或解释。其二，对本课题提出的新名词、新概念做出界定。

2. 国内外研究现状述评

要开展课题研究，研究者必须对该课题的研究现状有清醒的了解。对国内外研究现状的述评，主要说明本课题有没有人研究，研究达到什么水平，研究的广度、深度如何，已取得了什么成果，还有什么问题没有研究，需进一步解决什么问题或正在向什么方向发展等。这不仅可以论证本课题研究的地位和价值，另外，也说明课题研究人员对本课题研究有较好的把握。

3. 选题意义及研究价值

任何一个课题研究都应该是有意义和有价值的。可以根据课题的预期成果和重要观点阐明本课题的创新程度、理论意义和应用价值。

(二)课题研究解决什么问题

1. 研究目标

课题研究的目标也就是课题最后要达到的具体目的，即本课题研究的目标定位。只有明确而具体的研究目标，才能保证研究人员清楚研究的具体方向，才能科学合理地确定重点和难点。因此，研究目标应具体、明了、简练，并具有可评价性(可鉴定性)。

2. 研究内容

课题研究要通过研究内容来体现，如果提不出研究内容，研究就无从做起。因此，要将课题研究的基本内容和重难点清晰地表述出来。研究课题大，研究内容一般就多；反之，研究课题小，研究内容一般就少。

3. 研究假设

提出合适的研究假设是研究成功的基本条件。研究假设是研究者根据经验事实和科学理论，对所研究的问题预先赋予的有待验证的暂时性答案，是对研究结果的预测，是对课题涉及的主要变量之间相互关系的设想。研究假设在整个研究过程中起定向和统领的作用。研究假设可以帮助研究者确定研究的重点，提示收集资料的方向与范围，并能提供研究结论的框架，指导研究深入发展。

4. 拟创新点

课题的创新点，是对课题研究必要性的有力补充。因此，有必要对课题研究的创新点进行阐述。

(三)课题研究怎样解决问题

1. 研究思路

研究思路是研究者构想研究的内在思维流程，最好能以图示方式加以形象表征，给评审专家一目了然的感觉，凸显研究思路的清晰性。

2. 研究方法

不同内容和类型的研究，应借助于不同的研究方法。职业教育的研究方法有很多，只有正确、适当的选择研究方法，才能保证研究结果的科学性和真实性。确定研究方法时要叙述清楚采用什么方法？怎样做？

3. 技术路线

主要阐述课题研究采取的手段、技术、方法等。通常采用简明扼要的形式呈现。形成技术路线其目的是为课题研究指出明确的行动路线，使课题研究思路更明确，操作更科学，成功率更高。

4. 实施步骤

实施步骤也就是课题研究在时间和顺序上的安排。其内容包括：整个研究拟分为哪几个阶段；各阶段的起止时间；各阶段要完成的研究目标、任务；各阶段的主要研究步骤等。

二、完成课题的可行性分析

所谓可行性，指的是问题是能被研究的，存在现实可能性①。完成课题的可行性分析通常应包括如下三方面的内容：

第一，课题是否具有前期研究基础；第二，研究人员是否具备研究的能力和水平；第三，是否有足够的时间和物质上的保障。

我们可以把以上内容用图 2-2 来表示。

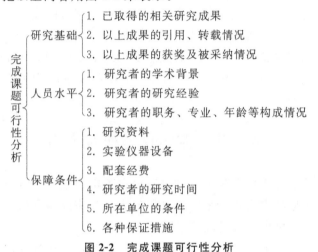

图 2-2　完成课题可行性分析

(一)课题前期的研究基础

课题组成员已取得相关研究成果的社会评价，是对课题组研究能力的一种认可。因此，应对课题组成员的研究成果被引用、转载、获奖及被采纳情况进行描述。主要参考文献的呈现，则是对课题前期研究深度和广度的一种考察，也是为课题研究提供一定的科学依据和实践参考。因此，应列出与课题研究相关的主要参考文献目录，所列文献要准确，尽量用第一手资料。

(二)课题组成员水平

课题组成员水平包括课题组成员的学术背景、研究经验和组成结构等内容，课题组成员的学术背景和研究经验是衡量课题组成员是否有能力完成课题任务

---

①　裴娣娜．教育研究方法导论[M]．合肥：安徽教育出版社，1995，77

的重要指标之一。因此，要将课题组成员特别是主要参加者的专业背景、职务职称、学术地位以及曾承担的不同级别课题研究情况、论文专著写作等情况——列出。从组成结构来看，研究应用性问题的课题，成员中除理论工作者外，还应包括一些在相关部门从事实践工作的人员；研究基础理论的课题，成员中应有这方面造诣较高的专业人员。

(三)课题研究的保障条件

一个课题能否顺利完成，与支持保障条件有着直接的联系。如研究环境如何，是否有高校或研究机构的支持，研究者拥有怎样的研究资源，开展实验研究所需的实验仪器设备是否具备，研究经费的来源是否稳定、是否有保障，研究者是否有时间开展研究工作，研究者所在单位对课题研究的支持力度如何等，都应有详细的说明。

第三节　制定课题研究方案

为保证课题研究工作有条不紊的进行，在确定课题之后就要制定课题研究方案，即设计课题研究实施计划，它是研究人员为完成课题研究任务而进行的总体谋划工作，是课题研究的施工蓝图。

课题研究方案是如何开展课题研究的具体设想，它初步规定了课题研究各方面的具体内容和步骤。设计课题研究方案是对课题研究从开题到结题所作的系统的、周密的、具体的设计与规划，它包括课题研究所必须的人、财、物、信息等，必须按研究的内容、要求和客观实际的可能性构成一个包含时间序列、人员活动序列、信息传递序列等方面综合相关的合理系统。有研究者将"课题研究方案的内容系统"用图 2-3 来表示。

一、职业教育课题研究方案的基本内容

职业教育研究计划是研究者对于一项研究课题总的想法和具体实施方法的阐述。不同类型的研究，具体内容的表述方式可能不同，研究计划也没有统一的模式。但一般来说，一个完整的研究计划(课题研究方案)应包括以下几个部分的内容。

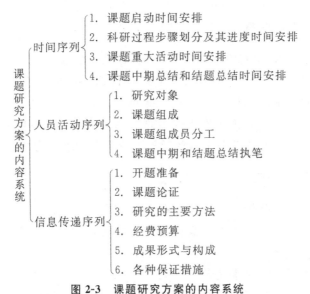

图 2-3　课题研究方案的内容系统

(一)课题名称的表述

课题名称是课题研究内容的高度概括。课题名称要准确、规范、简洁、精练,一般不超过 20 个字。课题名称要能确切地反映研究的内容、对象、方法以及变量关系,要恰当地揭示出课题名称与课题中心论点之间的关系。

(二)课题研究的背景和意义

在职业教育课题研究方案中,研究的背景通常以"问题的提出"或"课题的背景"作提示进行阐述,主要是介绍课题研究的目的、意义,也就是为什么要研究、研究它有什么价值,即指出研究本课题对职业教育基础理论发展的价值或贡献,以及对职业教育实践是否有指导意义等。

(三)国内外研究现状、水平和发展趋势

该部分主要是对与本课题有关的国内外研究情况进行分析,要明确课题范围内有没有人研究?哪些方面已有人做过研究?取得了哪些成果?这些成果所表达出来的观点是否一致?如有分歧,那么他们的分歧是什么?存在什么不足以及正在向什么方向发展等。

(四)研究的理论依据

职业学校的教师和管理人员所进行的课题研究，基本上是应用性研究和开放性研究，这就要求必须有一些基本的理论依据来保证研究的科学性。例如，要进行职业学校技能实训课实验研究，就必须以职业教育的课程理论、学习心理学理论、教育心理学理论作为研究实验的理论依据；进行职业教育教育模式创新实验研究，就必须以职业教育的教学理论、实验理论为理论依据。

(五)课题研究的范畴

职业教育研究总是指向一定的对象。这些对象往往是人、由人组成的群体、组织及其行为和特质。由于人及其行为和特质的复杂性，研究前需对之进行明确界定，以免造成歧义。

1. 对研究对象的模糊概念进行界定

有一些研究对象带有模糊性，例如，"薄弱学校""品德不良的学生"。我们可根据某一标准(有权威性的标准最好)来做出界定，例如，根据教育行政部门对学校的评估标准，评估分数在多少分以下的就是"薄弱学校"。

2. 对研究对象总体的范围进行界定

总体是统计学概念，是指研究对象的全体。研究对象范围的大小，要根据研究目标考虑。其范围有来源范围和特征范围：来源范围有地域、学校、班级；特征范围有性别、年龄、心理特质等。例如，对某一职业学校学生心理健康状况的调查，学生的范围是某一中职还是某一高职学校，在什么年级或年龄段，这些都要进行明确的界定。

3. 对一些关键概念进行界定

在职业教育科学研究中，由于学派林立、观点各异，许多术语往往会出现"仁者见仁，智者见智"的现象。为了避免由于一些关键性名词概念上的歧义，避免由于这些歧义造成他人对研究成果在理解和接受上的分歧，有必要在制定研究方案时，对研究所涉及的重要术语作出比较明确的定义。

(六)研究的内容

研究内容是研究方案的主体，主要回答"研究什么"的问题。因此，要紧紧围绕研究目标和研究对象来确定课题研究内容。研究内容是研究目标的进一步细化，它比研究目标更具有可操作性，它是课题研究的具体操作项目，也是实验操作变量的载体。在较大型研究中，还可以列出子课题。

(七)研究的方法

研究方法主要是回答"如何研究"的问题。职业教育研究的方法多种多样，我们可以分为两大类，一类是以收集研究数据资料为主的方法，例如，调查法、观察法、测量法、文献法等。这些方法旨在获得对象的客观资料，而不给予对象施加任何影响。另一类是旨在改变和影响变量为主的方法，例如，实验法等。这种方法是要通过施加某些干预而获得某些期望的结果。有一些研究可能采用单一的研究方法，但是大多数的研究则采用多种方法的结合，以弥补单一方法研究的不足。例如，采用实验法的研究中，也必然要采用第一类的数据资料收集方法，以预测实验的最终结果如何。

(八)研究的步骤

课题研究的步骤，就是课题研究在时间和顺序上的安排。研究的步骤要充分考虑研究内容的相互关系和难易程度，一般情况下，都是从基础问题开始，分阶段进行，每个阶段要达到什么要求，用多少时间，从什么时间开始，至什么时间结束都要有明确的规定。它使得研究者一开始就在实施研究中一步接一步、有条不紊地开展各项工作，从而保证研究能按预定要求如期完成。基本步骤包括：方案准备阶段；方案实施阶段；专家论证评价；结题验收几个阶段。

(九)课题的成果形式及构成

研究成果是研究者经过选择课题、制定研究方案、收集资料、试验对比、整理数据资料等一系列研究步骤后，获得的新观点、新知识、新方法、新产物。职业教育研究课题成果形式大致分为实物成果、调查或研究报告和学术论文三类。

(十)课题组成员及其分工

课题组成员要根据课题研究的需要来确定，并非越多越好。课题组的成员必须都承担课题研究的某一方面任务。课题组各成员承担的任务性质应与承担者的学识、能力相适合。方案中要把课题组负责人、成员的名单以及分工做详细叙述，必要时，还应把各人的专业、能力特长，曾有的研究经历和成果列出，以便课题管理者对课题组的研究力量有较为深入的了解。

(十一)经费预算与设备条件要求

经费与设备是开展职业教育研究的物质保障条件。不同的研究所要求的条件是不同的。经费的支出主要包括：

(1)资料费：购买、检索或复印文献资料；

(2)印刷费：印刷问卷调查材料、成果材料；

(3)差旅费：外出调查；

(4)会议费：组织或参加研讨会、课题论证会、学术会议等；

(5)设备费：购置研究所需的设备、器材，如电脑等。

小课题一般可以不写这部分内容，因为所需经费不多，学校一般都能实报实销。但确需添加设备的课题和某些大课题的研究，在方案中要把开支的项目、用途和金额——列出，所列的项目应是研究所必需的，要本着少花钱多办事的原则，实事求是地列出。

二、职业教育课题研究方案的基本格式

职业教育研究的类型多种多样，每种类型的研究计划由于适用范围的不同和实际目的的差别，因此在书写格式上也不尽相同。

(一)专题研究方案格式

专题研究方案一般包括以下几个方面的内容：

(1)课题名称；

(2)本课题研究的背景、缘由和意义；

(3)本课题研究的思路及主要内容；

(4)课题组的分工情况；

(5)完成本课题的条件分析，包括人员结构、资料准备和科研手段等；

(6)本课题国内外研究现状，预计有哪些突破，附参考文献；

(7)本课题研究的方法和步骤；

(8)主要研究阶段及研究成果形式；

(9)经费预算；

(二)实验研究方案格式

教育实验研究是以论证某种因果关系为目的，研究方案应反映实验研究特

点，特别是研究的假设和搜集数据的方法，以及如何论证所提出的假设。实验研究方案一般包括以下几方面的内容：

(1)问题的提出与假设。包括研究问题及研究假设、已有研究状况的综述、研究的基本理论框架、实验变量的陈述等。

(2)研究的具体方法。包括研究设计、被试的选取等。

(3)实验研究实施过程。

(4)数据分析方法与技术。

(5)时间安排。

(6)实验研究所具备的条件。

(7)预算。包括人力、物力、设备及各种间接费用。

第四节 分析研究变量

研究者了解研究变量的意义及其特征，合理地设计和操纵变量，是职业教育研究设计的重要环节。一个具体的职业教育研究课题，往往涉及多个变量及其关系。因此，在确定研究计划时必须依据研究目的，找出研究所涉及的变量，明确研究的相关变量并进行变量设计。

一、研究变量的含义和类型

(一)研究变量的含义

变量是指在质或量上可以变化的概念或属性，是随条件变化而变化的因素或因个体不同而有差异的因素。研究的变量(variable)是指某一群体，其组成成分间在性质、数量上可以变化，可操纵或测量的条件、现象或事物的特征[①]。研究变量是研究者所要研究与测量的且随条件变化而变化的因素。如某一中等职业院校学生的专业技能水平是随学习时间的推移而有所变化的，每个学生在专业技能水平上也会体现出个体差异，因此我们把专业技能水平看作是一个变量。

变量是相对于常量而言的，常量是指在一个研究中所有个体都具有相同的状态或特征，一个概念具有一个值，如"桂林市职业教育中心学校"就是一个常

---

① 裴娣娜. 教育研究方法导论[M]. 合肥：安徽教育出版社，1995，125

量，是指地处桂林市的一所重点中等职业学校，不同的人对此的解释是相同的。而变量则是指在一个研究中不同的个体具有不同的状态或特征，一个概念具有不同的值，如"实践教学"这个概念，尽管研究变量用的是同一个词，但是不同的人对这个词的理解会存在着差异。在职业教育研究中，要研究的内容并不是常量，而是要探讨变量之间的相互关系。一项研究往往涉及诸多变量及其相互关系，没有必要把涉及的所有变量都拿来研究。因此，研究者必须事先确定要研究的主要变量，了解研究变量的性质，并理清变量之间的关系。

(二)研究变量的类型

在一项具体的课题研究中，往往会涉及多个变量。变量与变量之间彼此关联，互相作用。因此，了解研究变量的性质，区分不同类型的变量，明确变量在研究中的相互关系，对研究者来说是非常重要的。

按形式划分，变量可以分为连续变量和类别变量。凡是在本质上能以连续数值表示其特性的变量，称为连续变量。如"身高"以厘米表示，"学业成绩"以分数表示。凡不能以连续数值表示，而需以类别表示其特征的变量为类别变量，也称为"不连续变量"。如"性别"分男女，"学校规模"分大中小，"职业资格证等级"分初级、中级、高级等。这种分类方式，对研究过程中统计资料的分析具有重要意义。

按来源划分，变量可分为主动变量和属性变量。由研究者主动安排或操纵的变量称为主动变量。如"实训时间"是引发学生技能水平变化的主动变量。而另一类变量代表研究对象的各种属性，是研究者无法主动操纵，只能通过观察和测量来得知其特征，称为属性变量。包括生理属性、心理属性、物理属性等。

按变量间的相互关系划分，可分为自变量、因变量、无关变量、调节变量、中介变量等。在职业教育研究中，变量的分类体系很多，其中最重要的、应用最广泛的变量是自变量、因变量和无关变量。

二、研究变量之间的相互关系

自变量是研究者要操纵的因素，因变量是要观察或测定的因素。自变量的变化能引起因变量的变化，而因变量的变化依赖于或取决于自变量的变化。从这个意义上说，自变量和因变量的关系可以看作为某种因果关系，即自变量是假定的原因，因变量则是假定的结果。

在一项研究中除自变量和因变量之外，还可能有许多无关变量介入，且干扰自变量和因变量的对应关系。无关变量是研究者要控制的因素，因为如果不排除这些无关因素的干扰，便难以解释自变量与因变量的对应关系。自变量、因变量和无关变量三者之间的关系图示如下：

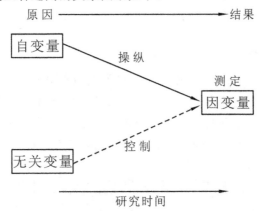

图 2-4 自变量、因变量和无关变量三者关系示意图

从图 2-4 中可以看到，研究目的是探讨自变量与因变量的对应关系，图中用实线表示，研究的焦点最终集中在因变量的测定上。当自变量和无关变量混淆在一起时，我们难以判断自变量与因变量的一一对应关系。为了达到研究目的，获得准确测定结果，必须对无关变量进行有效的控制，尽可能排除无关变量对因变量测定的影响，图中虚线表示无关变量，会影响因变量的测定结果，因此需要加以控制。

三、确定研究变量

在职业教育研究中要根据研究目的确定研究变量，并考虑变量的性质、特点和数目。选择、确定研究变量的工作，主要包括以下几个方面：

(一)选择自变量

选择自变量，主要是要防止自变量与其他无关变量的混淆，也就是说，在研究中，自变量的变化要保持其自身的性质，如果与无关变量混合，就会使观察的因变量变化的不可靠，最后得不到有效的科学结论。例如，在某中职学校采用新的教学方式的实验，必须要在实验班一直使用新的教学方式，而控制班一定要采用对比的教学方式，绝不能使两种教学方法混淆或是采用别的教学方式。因为如果混淆了自变量和无关变量，研究的结果将无法得到真实的解释。

(二)确定因变量

因变量随着自变量的变化而变化，是研究者要了解和发现的结果变量。上述例子中的实验班的测验结果便是因变量。

(三)辨明无关变量

无关变量相对于一项研究的自变量和因变量关系而言，是个相对的概念，明确研究变量的过程也是辨明无关变量的过程。对于无关变量，不仅要认真分析，考虑哪些无关变量可能对研究结果没有影响？哪些可能有影响？而且对那些有影响的，还需要考虑如何在研究过程中加以有效的控制。

第五节　研究课题的实施过程

课题研究的实施过程，是职业教育研究的主体部分，是落实职业教育研究方案的中心环节。在确定职业教育研究课题的基础上，应有组织、有计划地按照课题研究方案开展研究工作。

一、组织开题会

(一)召开开题会的意义

课题开题会又称课题论证会，是对研究者选定的课题是否有价值，是否有创新，是否切实可行等进行实事求是的分析和评价，其目的是避免选题中的盲目性和选题不当所造成的人力、物力、财力的浪费。职业教育的开题会形式多种多样，可以是学校管理者论证、学校教师论证，但是大多数的开题会多采取专家论证的途径，这是因为专家有广博的教育理论基础，较高的研究能力，开阔的教育视野，通过专家的论证，对课题组进行理论培训，同时帮助课题组完善研究方案和研究计划。所以，参加开题会的人主要是：有关教育专家、各级领导、第一线有丰富教学经验的教师、课题组全体成员以及其他相关人员。

通过召开开题会，课题组汲取各方意见，对课题进行相应的调整，使课题更加具有教育性、针对性和创新性，从而使课题更有研究的价值。同时经过课题的论证，可以向社会宣传研究的目的、意义及价值，引起各级领导和有关专家的重视和支持。

(二)开题会的议程一般为：

(1)主持人宣布会议开始，并介绍参会的专家、领导及其他人员。
(2)课题组组长介绍研究方案。
(3)课题组其他成员作相关补充。
(4)学校领导介绍学校的基本情况并对课题研究表态。
(5)到会专家、领导及其他人员对课题提出意见。

二、开展课题研究

拟定课题实施方案以后，就可以开展课题研究工作了。研究过程主要是搜集资料、整理资料、分析资料和总结研究成果的过程。

(一)搜集、保存资料

资料是研究者思想、科学文化知识和科研实践活动赖以记录、保存、交流和传播的文字材料、音像制品等的总称。资料在课题研究中占有重要地位，它是课题研究工作的基础，是课题研究成果概括的依据。

课题资料主要分为三类：第一类是课题研究的基础资料，主要包括：文献资料；课题论证报告、实施方案、各阶段的研究方案和阶段总结；课题进行过程中研讨、交流等活动的记录；课题立项、中期检查、结题批准书、成果鉴定书，开、结题资料和经费申请、预算、审批、投入、使用等账目资料。第二类是项目实施过程中关于研究对象和教育措施的资料，主要包括研究对象的基本情况、谈话记录、观察记录、个案分析等资料；研究日记、研究数据的检测与分析、研究结果与分析等资料；专题讲座、专题报告、专题培训、专题研讨等资料。第三类是成果资料，主要包括结题申请书（含成果鉴定）、自制教材、研制软件及获奖证书、出版发行情况等资料；经验总结、论文、编著等著作资料；课题研究（实验）报告、工作报告、检测报告等。

(二)整理资料

整理资料是指把收集到的文献资料和采集到的数据资料进行一定的加工整理，使获得的资料整齐、有序，便于下一步的研究工作顺利进行。整理资料一般需要经过核对、分类、挑选等步骤。

1. 核对

就是对获取的事实资料，从资料来源、资料的完整性和准确性等角度进行核实、查对，以保证基本事实资料可靠。其方法有：简单判定法（根据研究者自己掌握的知识和经验，进行主观的判断）、二重证据法（从不同的方面，不同的文献之间加以印证）、三角论证法（对同一研究问题，用三种不同来源或不同方法得来的资料进行比较，看是否保持一致性）等。

2. 分类

根据研究的需要，对获得的资料分门别类地加以整理。分类应该做到既不重复、不遗漏，又不混淆。分类可以按品质和数量分类，品质分类是按事物的性质可以分为不同的组别、种类。例如，性别可以按男女来分类，中职学校也可以按评估办学水平分为优秀、良好、及格、不及格四个等级来分类。数量分类是按数量的属性分类，有顺序排列法、等级排列法和次数排列法等。

3. 挑选

在分类的基础上，确定事实资料对研究的有用程度，选出其有代表性或典型性的资料，淘汰错误的、用途不大的资料。挑选资料要注意以下四个原则：材料的真实性与客观性；材料的有效性；材料的代表性；抽样选取的正确性。

4. 汇总统计

按照课题设计的要求，进行不同序列和专题的汇总统计，以利于分析和揭示规律。

5. 综合加工

注意综合分析，进行必要（纵向、横向）的比较，要运用理论思维，以敏锐的目光发现科研资料中的闪光点，在理论与实践的结合上进行资料的整合加工，谋求新发现，形成新认识，以利于研究结果的呈现。

(三)分析资料和总结研究成果

对教育科研结果进行分析处理，可以从质的角度进行定性分析，也要从量的角度进行定量分析。定性分析是定量分析的基本前提，没有定性的定量是一种盲目的、毫无价值的定量；定量分析又能使定性分析更加科学、准确，它可以促使定性分析得出广泛而深入的结论。有时还需要进行综合分析，即定性分析与定量分析相结合、理论分析与事实分析相结合、纵向比较与横向比较相结合、结果分析与过程分析相结合等。

三、课题中期检查

中期检查是课题进行中开展的、以自评自检为主、抽检为辅的过程性检查。

中期检查的指导思想是以检促研、求真务实、科学严谨、因势利导。其目的是通过检查工作，提高对课题研究的重视程度，对照研究实施方案，对已完成的工作做反思性评价，针对出现的问题，及时调整研究思路和研究方法，为后续的研究工作奠定坚实的基础。

中期检查包含：（1）项目的启动实施、管理及进展状况；（2）项目分年度执行计划及完成情况，是否能按期完成，是否申请中止、延期、取消，理由是什么？（3）阶段性成果及其评价；（4）预期进展情况、结题时间；（5）最终成果和预期评价；（6）经费落实和使用情况（列出开支内容及额度，如已使用请注明）。

四、课题总结

课题总结是课题研究的最后工作。通过总结，课题研究的成果将以各种形式展现出来，并获得专家的鉴定、评价。在总结过程中，课题组成员要通过选择研究资料、撰写总结报告、汇总研究成果来提升科研能力。同时，要将被鉴定认可的研究成果得到推广，并应用于更广泛的领域，进一步提高课题研究的价值。

课题结题主要包括以下几个方面的工作：

（一）课题研究成果的汇总表达

在对教育研究资料进行整理、分析的基础上，研究人员应考虑如何物化课题的研究成果，通常职业教育研究课题成果主要有：实物成果、调查或研究报告和学术论文、专著等。其中实物成果可由相关音像材料、相关电脑软件；新编教材或读物、课件、实物模型等形式呈现。

（二）撰写课题结题报告

课题结题报告即课题总结报告，是结题工作的核心。因此，研究课题结题报告撰写的基本要求除了要认识研究的意义，本着实事求是的研究精神，还要掌握一定的格式，详见第十章的相关内容。

（三）结题鉴定

课题鉴定是指有关科研管理机构聘请数名同行专家组成鉴定组，按照规定的形式和程序，对成果进行审查和评价，并作出相应结论的过程。课题鉴定是对职业教育科研的理论价值、实践价值及研究成果自身的科学水平作论证性鉴定。成果只有通过专家鉴定课题才算结题。

1. 专家组审阅结题材料的侧重点

(1)课题的选题意义如何;

(2)课题的研究设计是否科学、合理;

(3)课题的研究过程,包括管理过程是否科学;

(4)课题的研究方法是否正确,特别是有关变量的投放、控制、资料和数据的收集是否科学、充分;

(5)课题的研究成果如何,特别是有无充分的数据、资料可以说明和论证所取得的成果,包括定性和定量分析,课题研究的价值如何等;

(6)课题研究的特点;

(7)课题研究还存在哪些问题,对课题进一步研究还有什么建议等。

2. 鉴定会程序

(1)宣布鉴定会开始;

(2)宣布鉴定专家组组长和成员名单;

(3)课题负责人介绍课题情况;

(4)专家查阅资料、现场观摩、实地考察;

(5)专家咨询和课题组成员答辩;

(6)鉴定组专家提出鉴定意见;

(7)鉴定组宣读鉴定结果,鉴定组组长讲话;

(8)课题组负责人表态;

(9)课题单位负责人表态;

(10)鉴定会结束。

第六节　填写课题申报书实例

课题申报书是申请科研课题的立项依据,是评审专家评审时主要考察的材料,也是研究者真实想法的写照,是未来科研设计的蓝本,实施研究的纲领。写好课题申报书,也是表达申报者的学术水平、工作经验及科研能力的有效途径。课题申报书质量的高低,直接影响着课题申报的成功与否。下面将给大家提供一个课题申报书的实例,供大家参考。

实例:《民族地区职业院校"双师型"师资队伍建设研究》课题申报书

一、研究成员情况(略)

二、课题设计论证

（一）本课题核心概念的界定，国内外研究现状述评、选题意义和研究价值：

1. 核心概念的界定

民族地区：指历史上长期以来某个或某些世居少数民族聚居的地区。在我国，民族地区一般指拥有少数民族自治权的地区，主要有自治区、自治州和自治县三个层次。

职业教育：就是在一定的普通教育的基础上，对社会各种职业、各种岗位所需要的就业者和从业者所进行的职业知识、技能和态度的职前教育和职后培训，使其成为具有高尚职业道德、严明的职业纪律、宽广的职业知识和熟练的职业技能的劳动者，从而适应就业的个人要求和客观的岗位需要，推动生产力的发展的教育。

职业院校：指中等职业技术学校和高等职业技术学院的统称。

"双师型"教师：这是我国职教界独创的一个名词，由1990年时任上海冶金专科学校的仪电系主任王义澄先生首次提出。1995年《国家教委关于开展建设示范性职业大学工作的通知》第一次以文件形式将这一名词写入我国的教育政策中。目前有关"双师型"教师定义标准的说法很多，归纳起来主要有四种：一是"双师"="双职称"；二是"双师"="双证"；三是"双师"="双素质（能力）"；四是"双师"="双来源"。本课题研究的"双师型"教师是指同时持有"双证"（教师资格证和职业资格证）的教师。

2. 国内外研究现状述评

世界各国经济的发展都离不开职业教育的强大支持，而发展职业教育需要建设高质量的师资队伍。职业教育发展比较完善的国家，如德国和澳大利亚等国都建立了一套很成熟完善的职教师资培养体系。德国"双元制"职业教育具有学校职业教育与企业实践训练相结合的特点，其师资由职业学校的教师和企业实践训练人员组成，企业实践训练人员分为训练专业工人和训练师傅两种，训练专业工人由一般专业工人兼任，训练师傅则是从事学徒职业实践训练的专职训练人员。德国的教师研修班制度和继续教育保证了职业教育师资队伍人员的不断补充和质量的不断提高。在德国，职教教师是国家公务员，具有较高的社会地位和稳定的工作环境，对青年人和职业界的专业人士转行做职教教师具有一定的吸引力，这也保证了职业教育师资队伍的稳定。澳大利亚政府非常重视职教师资队伍建设，一方面加大专职教师的培养培训力度，另一方面多途径严标准地聘任兼职教师，只有既懂教育又具有行业背景的人才，才能成为职教教师。教师每学年至少两周时间回到企业工作，了解行业最新发展动态和技术知识，提高自身实践能力和指导实践性教学环节的能力。鼓励行业技术人员作为兼职教师到培训机构讲课、举办专题学术讲座，以最新的职业技术来引领学校的教学；并吸收教师成为行业咨询委员会的成员，行业企业与学校教师一起共同探讨职业教育的发展。在比例上，兼职教师所占比例要比专职教师多，这样职业院校在调整办学规模和教学计划时，可以及时地调整外聘教师，从而提高学校资源利用率和办学效益。

韩国创造的"汉江奇迹"被西方人士归功于：廉价劳动力＋高水平的职业教育。为了提高职业教育的质量，确保优秀人才从事职业教育，韩国政府采取了多种措施，如把企业的现场人才作为职教教师的来源之一，加强在职教师的现场进修，引进教师到企业研修学期制度等。新加坡对职教师资要求严格，教师必须是大学（学士）及以上的相关专业毕业生，必须有三年以上的相关专业的社会工作经验，入校后还得再进入工教局师资培训计划进行培训。全部教职员工面向社会招聘，聘期为2～3年。各学校每年都将总经费的5％作为教师培训费用支出。

中国职业教育从十九世纪六十年代的实业教育开始，至今已有一百多年的历史。目前职业教育体系包括职业学校教育与职业培训。职业学校教育占绝对主体地位，职业院校主要包括高等职业技术学院和中等职业学校。随着职业教育事业的迅速发展，师资严重不足与质量不高极大地制约了职业教育的发展。国家教育部明确提出：到2010年中等职业学校和高等职业技术学院专业课教师中"双师型"教师的比例分别必须达到60％和80％。而目前职业院校"双师型"教师比例远远低于国家标准。因此，加强"双师型"师资队伍建设，增加"双师型"教师比例，不仅关系职业教育职能的实施和体现，而且影响到职业院校发展的规模、速度和人才的质量。目前学术界对"双师型"教师的研究还很薄弱，而且重复性研究居多。

3. 选题意义及研究价值

本课题在我国大力发展职业教育的背景下，立足民族地区职业院校"双师型"师资构成和水平不适应职业教育发展现状，针对民族地区职业院校"双师型"师资队伍建设问题开展研究，其选题具有极强的现实意义。本课题力求通过对民族地区"双师型"教师的研究历史进行重新梳理和归纳总结，结合实践对民族地区"双师型"师资队伍建设做出新的理论阐释，这将丰富民族地区职业院校"双师型"教师培养的理论成果，为职业教育充分发展，培养"双师型"教师提供理论依据，对民族地区职业教育改革发展起到政策导向作用。

（二）本课题的研究目标、研究内容、研究假设和拟创新点

1. 研究目标

在总结国内外研究成果的基础上，结合民族地区职业院校师资队伍现状，探索建立职业院校"双师型"教师的素质评价体系及职业院校"双师型"师资队伍培养模式，并在此基础上构建科学有效的"双师型"师资队伍建设体系。

2. 研究内容

（1）课题研究背景

（2）"双师型"教师的一般理论

（3）国内外职业教育师资培养的经验借鉴

（4）民族地区职业院校"双师型"师资队伍现状调查研究

（5）民族地区职业院校"双师型"教师素质评价体系研究

（6）民族地区职业院校"双师型"师资队伍建设体系研究

3. 研究假设

根据对桂林市、柳州市、南宁市、钦州等地职业院校"双师型"师资队伍现状的研究，从个别化的"双师型"教师培养现状与经验教训以及在样本市进行"双师型"教师培养研究与实践所取得经验的基础上，通过实施职业院校"双师型"教师素质评价预计可以解决：①使样本市的职业院校"双师型"教师水平得到整体性的提高；②探索出一条符合民族地区实际需要的职业院校"双师型"师资队伍培养模式；③有效地构建科学的职业院校"双师型"师资队伍建设体系。

4. 拟创新点

构建科学有效的民族地区职业院校"双师型"师资队伍建设体系。

（三）本课题的研究思路、研究方法、技术路线和实施步骤

1. 研究思路

通过文献研究等方法，调查民族地区"双师型"教师队伍现状，在实验数据分析和现有政策的基础上，构建科学有效的职业院校"双师型"师资队伍建设体系。

2. 研究方法

文献法：总结分析国内外职业教育师资培养的有效经验。

调查法：通过调查研究，分析民族地区职业院校"双师型"教师队伍现状，找出存在的问题。

实验研究法：在广西民族地区几个代表区域开展实验研究，找出问题所在，

提出对策。

统计法：对获得的数据进行统计分析。

3. 技术路线

文献搜集——调查现状——统计分析——提出构想——开展实验——对策建议——研究报告（专著）

4. 实施步骤

第一阶段：课题准备阶段。（2009 年 7 月——2009 年 9 月）

第二阶段：课题调研阶段。总结交流样本地区"双师型"师资培养的成功经验。（2009 年 10 月——2009 年 12 月）

第三阶段：分析、研究、建模阶段。召开学术研讨会，交流样本地区成功经验，提出民族地区"双师型"师资队伍建设体系的初步设想。（2010 年 1 月——2010 年 7 月）

第四阶段：实验阶段。在民族地区开展"双师型"师资培养的实验研究。（2010 年 8 月——2011 年 7 月）

第五阶段：结题阶段。（2011 年 8 月——2011 年 12 月）

三、完成课题的可行性分析

（一）已取得相关研究成果的社会评价

课题组成员主编或参编相关研究的著作有：《高等教育发展战略研究》、《东部—西部边境地区教育对口支援发展研究》、《职业院校教育教学管理的理论与实践》等，分别获得广西壮族自治区第八、九、十次社会科学研究优秀成果评选二、三等奖。其中《职业院校教育教学管理的理论与实践》一书先后被广西师范大学教育科学学院教育经济与管理专业研究生课程《教育督导研究》、教育管理专业本科班课程《教育管理案例研究》、广西高等学校师资培训中心举办的高等教育学职业教育研究方向研究生课程进修班选用为教材，深受学生欢迎。许多职业院校也把此书作为本校的教师培训教材，受到广泛好评。

课题组成员主持或参与过多项课题研究，其中国家级课题二项，自治区级课题八项。研究内容涉及教研员专业成长研究、边境教育发展与经济社会发展关系研究、职业技术学院创新教育实践基地建设的实验研究、高职院校电子实践创新基地的构建等，其研究成果已得到社会的认可。

（二）主要参加者的学术背景、研究经验、组成结构

课题组成员全部都从事过职业教育教学及研究工作，具有多年的职业教育教学背景，有多项科研成果。课题组成员平均年龄为 42 岁，教育管理专业背景

占 60%，理工科专业背景占 60%，课题组成员 80% 拥有高级职称，70% 拥有硕士学位。其中有主管职业教育的教育行政领导、中等职业学校校长、职业教育科研机构人员和长期从事职业教育教学研究的教师。

课题组成员领导的中等职业学校，采取名师培训"三进"模式：①教师进企业；②骨干进协会；③技艺进赛场，建立了一套科学高效的师资培训体系；课题组部分成员于 2007 年 5 月参加广西自治区教育厅、劳动和社会保障厅、自治区党委办公厅一处共同承担的《广西职业教育充分发展和教育结构合理化研究》课题调研组，形成了六个市八万字的研究报告。为本课题的研究打下了坚实的实践基础。

课题组成员完成了《职业院校教育教学管理的理论与实践》第五章《职业院校"双师素质"教师队伍建设》以及论文《桂林市中等职业教育"双师素质"教师的培养研究》、《职业教育"双师素质"教师概念初探》、《桂林市职业院校"双师素质"教师队伍现状及培养对策》等共约十万余字。在这些文章里，研究者对"双师素质""双师型"教师概念、发达国家职业教育师资队伍建设的政策经验、职业教育师资培训的相关政策法规及培养的长效机制都进行了阐述，为本课题的研究打下了坚实的理论基础。

（三）完成课题的保障条件

本课题组所在的城市有 7 所高等院校，56 所中等职业学校，并成立有专门的职业教育科研机构和职业教育学术委员会，研究力量雄厚，实践资源丰富。广西师范大学硕士生导师、享受政府特殊津贴专家阎金童研究员为本课题研究顾问，保证了本课题的研究能在专家的引领下，科学有效地进行。2008 年起，广西将用三年时间实施职业教育攻坚计划，桂林市专门成立了职业教育项目攻坚指挥部，并下拨专项职业教育研究经费，启动职业学校"双师型"师资队伍建设工程，为本课题的研究提供了强有力的经费和政策支持。本课题计划研究时间为两年半，于 2011 年 12 月 31 日前结题。

四、经费预算（略）

第三章
职业教育观察研究法

俗话说"工欲善其事，必先利其器"，完成一项工作，科学的方法是成功的一半。职业教育是以技术训练为主的，因此观察法是职业教育科研中经常使用的一种方法。例如，为了研究有效的课堂管理机制，就要深入课堂进行观察；为了了解优秀学生怎样形成，就要对优秀学生的学习、生活进行观察；为了有针对性地做好"问题学生"的工作，就要对这些学生的行为表现进行观察。

第一节　职业教育观察研究的特殊性

职业教育观察法是指研究者根据一定的研究目的，借助于研究提纲或观察表，通过感官或一定的辅助技术设备，有目的、有计划地考察学生或教育现象，以获得研究信息的方法。职业教育观察不只是人的感觉器官直接感知事物的过程，还是思维器官积极思考的过程。例如，教师如果在实验课中看到学生不愿意投入到实际操作中，他可能就会意识到实验操作的适切性、趣味性、挑战性或者实验的组织形式等方面问题。不同教师对同一个教育行为，可能得出不同判断。所以说，职业教育观察是一个既在看又在想的过程。

一、职业教育观察研究的意义

职业教育观察研究贯穿于研究过程的各个阶段。不仅在收集和积累各种事实、资料和仔细观察研究对象的发展变化阶段可以使用观察法，而且查明研究事实和现象之间的相互作用和相互依赖关系，对事实进行定性、定量分析，把所有关于研究现象的材料加以概括和综合，在教育实践中检验理论成果的正确性，以致到最后把获得的材料和研究成果用于实践中去，都可以使用观察法。具体说，其作用体现在以下三个方面：

(一)有助于收集、积累教育资料

观察法是收集第一手材料的最基本、最常用的方法。如长期观察某一个或某一类型学生的行为表现，完整地记录其成长历程，就可以为教育研究提供一笔宝贵的资料。

在科学研究上，第一手原始材料具有极其重要的价值，它是一切科学研究的起点，科研往往从问题开始，进而进行观察、调查和实验，从这个意义上讲，科学源于问题。然而，由于人们的一切认识，包括产生的一切问题，归根结底发源于观察所得到的事实，从这个意义上讲，科学始于观察。有经验的教育工作者，就往往善于观察教育实践中所产生的现象、问题，从中受到启示，形成教育科研课题。如有的教师通过对入学新生的观察，发现有的学生常常出现不适应性，如何使学生从不适应到适应，对他们今后的学习、成长都有十分密切的关系。由此而提出并形成了大、中、小学、幼儿园如何衔接的研究课题。同样，关于学校、家庭、社会配合教育的研究，也是通过对学生在学校、家庭、社会中的种种不同的甚至对立的表现进行观察后所提出来的。

(二)发现、探索教育问题

教育科学领域是一个复杂多变的研究领域，有许多新问题有待去探索和发现。通过观察，可以捕捉教育发展中出现的问题，可以得出准确判断，有针对性地提出教育研究方案等。许多重要理论是通过研究者的科学观察得出的。如前苏联赞可夫就是通过对课堂教学的长期观察，提出的"发展观"。

(三)验证、驳斥教育理论观点

观察是检验教育理论观点是否正确的重要途径。例如，有种观点认为，学校在学生的发展中起主导作用。但是，通过实际观察可以发现，这种主导作用是有条件的。因为现实中存在不少反教育甚至反社会行为，这不可能是学校在发挥主导作用。

教育科学理论的提出不是某个哲人思维的自由创造，而是在教育实践基础上的飞跃与升华。通过科学的观察，摄取尽可能多的教育客观事实，从而为某一理论的提出提供大量而丰富的感性材料。同时，理论一经提出，其是否符合教育规律，是否具有真理性，又有待于实践的检验。因此，仍可以通过观察来进行验证。如果说，在理论的提出中运用的是探索性观察。那么，在理论的检验中则是验证性观察的运用。这正如爱因斯坦所指出的那样，理论所以能够成立，其根源就在于它同大量的单个观察关联着，而理论的"真理性"也正在此。巴甫洛夫以"观察、观察、再观察"作为座右铭，还告诫青年，不学会观察，就永远也当不了科学家。苏霍姆林斯基一生写了许多著作，大部分资料是靠自己观察获得的。由此可见，观察法在职教科研中具有十分重要的地位和作用。

二、职业教育观察研究的特点

针对职业教育观察研究的特殊性，职业教育观察研究应当具有如下特点：

(一)主动性

观察研究不同于日常观察，作为科学的教育研究过程，它应当是一项由教师主动发起的教育研究活动。教师不仅要注意学生突出的外在表现，还要通过定向观察，搜集提炼学生融于日常学习活动中潜在的行为特点和规律。

(二)全程性

从教师的工作来讲，对学生的观察研究应当是长期的，贯穿于教育工作的全程。观察研究的全程性，不仅指教师要长期坚持研究学生，而且要求观察研究的目标和内容是系统化的，各项观察的目标不是单一的、孤立的，而是互相联系的。同样，观察的内容也不仅限于一人、一时、一事，而应当更为系统全面，共同构成对学生的整体认识。

(三)真实性

同其他研究相比，观察研究最显著的特征是真实性，教师是对处于自然状态之中的学生进行观察。在观察过程中，教师只需按照观察计划直接观察学生，而不必因观察需要对学生发出任何指令、要求或信息，更不应该采取任何干扰和控制措施去改变学生的自然条件和发展过程。相对于访谈、问卷等形式，观察活动对学生的心态影响非常小，学生一般意识不到教师在观察自己，这样也就能够较大限度地保持所获信息的真实性。

(四)外显性

观察研究的另一个特点是其观察内容的外显性。它主要指向学生的行为、言语、活动表现等外在的、显现的信息。需要说明的是这里所谓的学生"活动表现"，不是教师常说的学生表现得好不好，而是特指那些非书面的、能够反映学生学习过程、结果或活动水平的言语和行为。观察内容的外显性特点使观察看起来很容易进行，其实不然。各种因素从各个角度影响着学生言行。尽管这些因素纷繁复杂，难以备述，但都是教师掌握和探索观察记录的技巧。

综上所述，职业教育的观察研究，是指教师在长期教育实践中，积极主动地、有计划地对学生的言语、行为、活动表现等客观性、外显性信息进行系统观察、科学分析，从而了解和研究学生的过程或方式。它体现了教师的主体意识和研究意识。

第二节 职业教育观察研究的类型与方法

了解观察法的不同类型，是为了在研究中根据实际情况灵活运用和掌握。因此，列出主要的职业教育观察研究类型，以便于研究者更加深入地分类掌握其研究方法，并能在职教实践中加以灵活运用。

一、职业教育观察研究的类型

根据观察目的、内容、方式和手段等的不同，职业教育观察法可以分为不同的类型。下面就根据分类标准进行具体的分类阐述。

（一）自然观察和实验观察

以观察对象是否受控制为标准，可以分为自然观察和实验观察。

自然观察。就是所要求的环境在自然状态下，作为研究者对观察对象不施加任何控制变量。如在校园、课堂、劳动场所对处于自然状态下的学生的观察等。可以看出运用自然法，观察者能收集到客观真实的材料，但这些材料往往是观察对象的外部行为表现。

实验观察。就是在人工控制的环境中进行系统观察的方法。特点是要求对被观察者行为表现的一个或更多的因素进行控制，从而发现这些影响因素与被观察者的行为表现之间是否存在因果关系。在实验条件下，影响被试者的有关条件受到控制，被试者的言行等方面会产生相应的反应，这些反应也需经观察而被实验者感知到。实验观察法服从实验法的特点和要求，广义上属于教育实验法的范畴，但也可视为教育观察法的一种类型。

比较两种方法，我们会发现自然观察能搜集到研究对象在日常生活中的真实、典型的行为表现，但研究者处于被动，难以揭示那些较少在自然状态下表现出来的心理特点。实验观察能使研究者获得更全面、更精确、更深入地事实和资料，但要求较高，难度较大。

（二）直接观察与间接观察

以是否通过中介物为标准，可分为直接观察与间接观察。

1. 直接观察

指通过观察者的感官，直接对观察对象进行感知和描述的方法。我们的一线教师几乎每天都在使用直接观察来工作，因为听课、参观、参加活动等方式都是直接观察的具体体现。

优点：直接观察实施比较简单；能得到具体、生动的印象，形成对事物整体认识。

缺点：人的感官接受和保存信息能力有限，难以形成对被观察现象完整、精确认识。

2. 间接观察

指观察者借助一定的仪器、设备来实施观察。这些仪器设备有：单向观察屏（审犯人用的，能看到犯人，但犯人看不到审问者）、摄像机、录音机、照相机等。借助这些仪器，观察者可以突破自身的生理局限性，扩展观察的深度和广度。如利用图书馆资料的正常磨损程度，可以分析哪些书受学生欢迎；利用图书馆借书单的积累测量，可以分析学生的阅读倾向，间接获得学生阅读兴趣、思想倾向等方面的材料。学校对刚参加工作的新教师培训时，为了让新教师讲好课，要求他们拿来录像机将自己的试讲录下来，再一遍一遍地观察，"不看不知道，一看吓一跳"，给自己挑出来不少毛病，然后再一一改进，这里采用的方法就是间接观察。提到间接观察，不能不说"微格教学"。微格教学就是利用技术设备做辅助，实现培训者事后对自己的教学情况进行观察和分析，这对新教师或准教师来说是一个非常好的教育教学技能的学习过程。可见微格教学就是间接观察的具体应用。

优点：间接观察突破了直接观察中观察者的感官限制，可供日后重复观测和反复分析。现行的观察常需要以间接观察作为辅助手段，现代化的仪器设备会使观察更精确、更全面。

缺点：要求有较高的摄录技术及设备。

（三）参与性观察与非参与性观察

以观察者是否参与被观察者的活动为标准，可以分为参与性观察与非参与性观察。

参与性观察。如在教育社会学的研究中,研究者以活动成员的身份亲自参加学校、班级的活动。在活动中,观察教师期望与师生交互作用,观察师生关系、学生伙伴关系及班级文化等现象,这都属于参与观察。研究者直接参与到所观察对象的群体和活动当中去,不暴露真正身份,在参与活动中进行隐蔽性的研究观察。其好处是不破坏和影响观察对象的原有结构和内部关系,因而能够获得较深层的结构和关系的材料。但由于研究者主观因素的影响,处理不当易影响观察的客观性。

优点:消除心理距离,了解较真实的情况。

缺点:容易相互影响,带有主观色彩。

非参与性观察。非参与性观察是观察者不参与观察对象的活动,而以局外人的身份,采取公开或秘密方式进行观察,获得研究材料的一种方法,借用一句成语就是"袖手旁观"。但俗语说"旁观者清"。

优点:不受被观察者影响,比较客观公正。

缺点:带有表面性和偶然性,不易深入。

(四)结构型观察和非结构型观察

按观察方式的结构化程度分(所谓结构化程度就是时间和事件行为被分解的细致程度,结构化程度越高表明定量化程度越高),可以分为结构型观察和非结构型观察。

结构型观察。研究者根据研究的目的,事先拟订好观察计划,确定使用的结构性观察工具,并严格按照规定的观察内容和程序实施的观察。结构型观察是比较程序化的观察活动,观察程序标准化和观察内容结构化,便于操作;观察结果可以量化,便于统计分析。

非结构型观察。事先不做严格的观察计划,没有预先设置分类,也不必制定结构性的观察提纲,观察的实施比较灵活,对事件和行为尽量广泛地做记录(文字记录、录音录像)。

优点:非结构型观察方法灵活,观察者可以发挥自己的主动性、创造性。

缺点:获取的资料不完整,多用于探索性研究,用于对观察对象不甚了解的情况下。

(五)定量观察和定性观察

根据资料收集的方式和本身的属性,可分为定量观察和定性观察。

定量观察。以结构化的方式收集资料，并以数字化的方式呈现资料的观察。定性观察则以质化的方式收集资料，并且资料以非数字化的形式（如文字等）呈现的观察。注意：定量和定性不是绝对的，取决于观察的目的是定性还是定量，往往是相互证明、相互补充的。

(六)取样观察和追踪观察

以观察的历时与频率为标准，可分为取样观察和追踪观察。

取样观察。要对研究对象有全面的了解，最理想的办法当然是观察他们的全部行为表现。但是由于时间、人力、财力等方面的条件限制，研究者一般还做不到这一点。于是就只能采用取样观察，即选取一部分有代表性的事件或行为作为研究对象。

1. 取样观察

包括时间抽样观察、场合抽样观察和阶段抽样观察。

(1)时间抽样观察。是专门观察并记录在特定的时间内，观察对象的现象和过程的一种方法。例如，进行课业负担现状的观察，在校内就选择下课时间、午休时间和下午课余时间进行观察，统计和记录这些抽样时间内在教室里做作业的人数，从而做出分析判断。

(2)场合抽样观察。是有意识地选择某个自然场合，观察研究对象行为表现的一种方法。例如，进行学校卫生面貌的观察，可以把厕所作为反映学校卫生面貌的抽样场所进行观察，并由此分析学校卫生状况。

(3)阶段抽样观察。观察者选择某一阶段，对观察对象的状态进行观察。例如，观察学校学生基本技能掌握的现状，可以选择期末考试前两周的阶段，因为这是检验基本技能掌握的典型的阶段。

运用以上方法，必须注意抽样的科学性，以保证观察结果能符合总体情况。

2. 追踪观察

这是一种长期、系统、全面地观察研究对象发展过程的方法，目的在于获得对象发展变化过程的材料，以便研究发展变化的规律性。这种方法常常用在对特殊学生的个案研究上，是一种实验观察类型。

例如，进行女中学生的学业负担、月经和焦虑情绪的相关性研究，这就确定了在较长时间内（如一年），对一定数量女学生的月经情况、学业负担情况（规定几个统一标准）和焦虑情绪（确定几个指标的不同程度级）进行系统全面的观察和记录。这样就可以获得有关的发展变化过程的材料，为研究其相关性提供依据。

上述几种实际运用较多的观察类型，各有其特征、适用条件、优势和局限性，在教育科研活动中具有特定的作用。同时，它们之间又存在互相联系、互相补充、互相交叉的关系。在教育科学研究中，常常需要进行综合观察，根据具体情况将几种有关的观察方法有机结合，才能获得有价值的观察材料。

最后，需要指出的是，任何观察都会存在一定误差。这种误差的原因，固然有主观上的思想因素、知识因素、生理因素与心理因素等。同时，也有客观上的人力、物力和财力的限制。

二、职业教育观察研究的方法

职业教育观察是一种科学的观察方法，不同于日常的观察，根据其研究特征分类叙述如下。

(一)定量观察法

定量观察法中经常使用分类测评工具，分类测评工具将那些准确反映观察目的的目标行为进行分类，从而建立比较具体的观察框架供观察记录时使用。常见的几种分类测评观察工具有：编码体系、行为核对表和等级量表。

1. 编码记录表

编码体系是观察调查法中常用的一种观察工具。首先，编码体系要求确定要观察的具体项目。例如，选择学生的侵犯性行为、学生依赖性行为等作为观察的目标行为。其次，根据研究目的和需要对行为进行分类，并确定各类行为的操作性定义。对行为进行分类时要注意各种行为类型的独特性、排他性，不能相互交叉重叠。确定各类行为的操作性定义，也就是把抽象概念转化为可以具体观察的指标，对必须观察或测定的行为给予具体详细的说明、规定，以便观察操作。例如，要对学生依赖性行为进行观察，首先将依赖性行为分成三种类型：生活、学习和情感。在生活中可以将不勤洗衣服、不整理床铺、不做家务等行为作为依赖性行为；在学习上可以用需要在别人的帮助下完成作业作为依赖性行为等；在情感方面也可以做类似的定义。最后，在分类的基础上，对准备观察的具体项目进行编码。编码可以是数字(1，2，3等)，也可以是它所代表的缩略语。编码体系常结合时间取样观察法使用，专门观察和记录观察对象在特定的时间内发生的特定行为。观察者在指定的一段时间内，记录下特定行为的编码。通过实地观察，在观察记录中依次将号码填入记录表格中，然后分析反馈(详见本章第四节案例)。

2. 行为核对表

行为核对表主要用来记录目标行为的呈现与否。观察前，预先将所要观察的行为项目排列成一个表格，观察者只需对照表上列出的项目，在每一种要观察的行为发生时做个记号，如在该项上画"√"。

编制行为核对表时，先根据观察的目的列出主要项目，然后根据主要项目列出要观测的具体项目，表格应有一定的顺序性，按确定的观察项目，依照难易程度排列。表 3-1 是一份行为核对表，可用来观察学生对常用电子元器件认识及线路板检测的掌握情况。

表 3-1　学生对常用电子元器件认识及线路板检测行为核对

学生姓名 _____ 性别 _____ 记录者 _____			
观测内容	能	不能	日期
按实物画出符号：			
可调电阻器	_____	_____	_____
电容器	_____	_____	_____
带铁芯电感	_____	_____	_____
变压器	_____	_____	_____
晶体二极管	_____	_____	_____
晶体三极管	_____	_____	_____
电子线路的检测：			
保险管、熔断电阻是否烧断	_____	_____	_____
电阻器、电解电容器是否损坏	_____	_____	_____
印刷板是否断路	_____	_____	_____
是否短路	_____	_____	_____
电池是否正常	_____	_____	_____

行为核对表操作简单，使用方便，能迅速有效地记录所需观察的内容，并且具有诊断、测量和评价的功能，较为常用。但是行为检核表只反映行为出现与否，不提供行为性质的材料。

3. 等级量表

等级量表作为一种观察工具，是职业教育研究中经常使用的一种方法。如学校对教师课堂教学质量进行等级评估；教师给学生的思想表现评定优、良、中、差等都可能用到等级量表。

等级量表有预先设置的目标行为分类，观察者在一段时间内对目标进行观察，对行为事件在程度上的差异做出评估，确定等级。观察者将观察所得印象数量化，观察结束时，在量表上对该期间内发生的目标行为评以相应的等级。等级量表主要用于测量心理特征，如态度、性格等。

常用的等级量表有数字量表，此外还有图示量表、描述量表。

数字量表是用数字来代替等级内容的描述，即对所要描述的等级类型赋予数字顺序。常用的形式有 3 级量表和 5 级量表，如表 3-2 所示。

表 3-2 教师教学情况评定量

姓名_____ 性别_____ 年龄_____ 任教班级_____

评定内容	评定等级				
	1	2	3	4	5
能较好地创设情景					
使学生明确学习目标					
激发学生提出问题					
引导学生动手操作					
对学生学法进行恰当指导					
对学生的学习恰当评价					
能灵活处理学生的意外行为					
恰当处理教与学的关系					

评定者_____ 日期_____

等级量表比较容易编制，使用较为灵活，操作简单，可在短时间迅速作出判断，易于进行定量化分析。但是等级量表主观性较高，而且易带个人偏见。等级的评定是依靠评定者个人作出判断，容易受到观察者主观因素的影响。

(二)定性观察法

定性观察法是研究者依据粗线条的观察纲要，在实地对观察对象做多方面详尽的记录，并在观察基础上分析做出性质的判断或评价。以非数字的形式呈现观察内容，包括书面语言，用录音设备记录的口头语言，或用其他工艺学手段记录的影像、照片等。有 4 种主要的记录方式：描述式记录、叙述式记录、图式记录、工艺学记录(注意：图式记录、工艺学记录，既可用于量化资料，又可用于质化资料)。

1. 描述式记录

描述式，预先将所要观察的目标进行分类，观察时对各类目标行为进行非数字化的、开放性的定性描述（主要通过文字、个人化的速记符号等）。

如表 3-3 所示，对教学技能的观察就使用了描述式。

表 3-3 讨论式教学技能的描述式观察

观察目标	描述内容
选择讨论内容	讨论题目是教师给的，不是学生提出的，忽视了学生的兴趣和需要。
合理分组	6 人同座和前后座一组，分组不科学，忽略了学生的差异和讨论的方式。
讨论形式	只围绕一个讨论主题，限制了学生的思维。
交流反馈	提问 3 个学生，各有一个答案，未明确是否代表小组，课堂教学失控。
概括总结	只有教师总结，限制了学生的思维能力。

2. 叙述式记录

如下表 3-4 所示。

表 3-4 观察叙述式记录

时间	观察到的事件	观察者的解释和疑问
8：10	教师阅读课文，眼睛没有看学生，始终盯着课本。	教师似乎对课本内容不太熟悉。
8：20	教师问了一个课本上有答案的问题（内容略），学生用课本上的答案齐声回答。	教师似乎不注意鼓励学生用自己的语言回答问题。
8：30	教师问问题的时候，用自己的手示意学生举手发言，左边第三排的一位女生没有举手就发出了声音，教师用责备的眼光看了她一眼，她赶紧举起了右手，其他学生也举起了右手。	教师似乎对课堂纪律管理得很严，大多数学生还是熟悉教师的要求。
8：40	教师自己进行课堂小结，学生眼睛盯着课本，静静地听。	教师为什么不引导学生小结呢？

叙述式记录属于开放的记录，它没有预先设置分类，而是抽取一个较大事件的片段，观察后作详细真实的文字记录，分析可以加入评价。如教学叙事，它以记事为主。观察者对独特的、有重要研究价值的行为或事件进行完整详细地描述。因此，记录的内容通常是典型的有意义的行为事件，通常要求将行为或事件发生的过程客观、准确、具体、完整地记录下来，并加以分析。教育叙事具有日记描述的某些特点，记录资料具体、详细、真实，可以有针对性地发

现问题。

3. 图示记录

图示记录是一种直观的观察记录辅助工具，观察者可以根据观察的具体问题，画出相关的图示来帮助说明问题；也可以用位置图、环境图的形式直接呈现相关信息。如在对班级进行实地观察前，可以先画一张观察现场图。这张图不仅包括给出现场的物质环境（如教室内桌椅板凳的布置、墙上悬挂的图片和标语等），还包括观察现场的人文环境（如学生就坐的位置、教师活动范围等）。

4. 工艺学记录

研究者借助摄像机、录音机、照相机等教学设备，把某段时间内的现场实况摄录下来，供资料分析时回放使用。工艺学记录为反复、细致地研究提供了永久性的记录；为在更深层次上研究微观问题提供了基础；也为其他记录方式提供可靠性的依据。但是，它对被观察者的干扰较大，而且记录者必须熟练操作设备、充分理解研究目的、有效地取舍研究场景。

在进行职业教育观察研究时，要综合使用定量方法和定性方法，定量方法可用于客观精确地描述教师行为和学生行为，定性方法提供观察的情景脉络，提供评价人对观察的行为意义的理解。

第三节　职业教育观察研究的途径与过程

适宜的观察途径和科学的观察方式是影响观察效果的重要因素。而实施观察的过程是职业教育观察研究的核心环节，观察的质量对课题研究的质量成败起着关键作用。因此，掌握科学的观察途径，按照特定的观察过程开展观察，是提高职业教育观察质量的重要保障。

一、途径

（一）在实际工作中观察。即在自己的教育教学活动中，随时观察学生们的反应，也可通过日常生活观察。如对学生校外非正式群体、学生校外学习状况等问题，可通过对其日常生活的观察进行研究。

（二）参观。如参观学生的作品，去学生的家里进行访问，以及外出学习观看先进典型等。

（三）听课。以旁观者的身份，冷静地分析其他教师的教法和学生的学法，寻找做得更好的方法。可对课堂教学及其有关课题进行研究。如研究教师的教学方法、教学技能、学生的学习状况、教学情景中师生之间的互动、学生之间的互动等问题。

（四）参观教育活动。学校里的升旗仪式、义务劳动、班会、晚会等教育活动是全面了解学生的好机会。参加学校的集体活动，可针对学生的有关素质发展状况、纪律观念、协作精神等多种问题进行研究。

（五）列席学校会议。可对学校的办学思想、管理水平、教师的科研状况和义务水平等问题进行研究。如参加校长办公会议、校务会议、教师备课会，等等。

二、实施过程

教育观察法的实施是一个具有目的性、计划性、系统性特征的观察、分析、研究过程，在非结构型观察中也体现出这些特征。对于这一过程的构成，尚存在多种不同的观点。但我们认为，教育观察法的实施主要包括：教育观察的准备、实施观察活动、观察资料整理与分析、撰写观察报告等几个环节。

（一）观察的准备

正如巴斯德所言："在观察的领域里，机遇只偏爱那种有准备的头脑。"[①]观察研究的准备可分为如下几个方面。

1. 做大略调查和试探性观察

这一步工作的目的不在于收集材料，而在于掌握基本情况，以便能正确地计划整个观察过程。例如，要观察某一教学点的教学工作，便应当预先到学校大致了解教学工作情况、学生的情况、有关的环境和条件，等等。

2. 确定观察的目的和中心

根据研究任务和研究对象的特点，弄清楚什么问题，需要什么材料和条件，然后作明确的规定。观察不能有几个中心，范围不能太广，全部观察要围绕一个中心进行。如果必须要观察几个中心，那就采取小组观察，分工合作。

3. 确定观察对象

一是确定拟观察的总体范围；二是确定拟观察的个案对象；三是确定拟观察的具体项目。

4. 制定观察计划

观察计划除了明确规定观察的目的、中心、范围，以及要了解什么问题、

---

① 贝弗里奇．科学研究的艺术[M]．北京：科学出版社 1979，165

收集什么材料之外，还应当安排观察过程、观察次数、观察密度、每次观察持续的时间，如何保证观察现象的常态等。

5. 策划和准备观察手段

观察手段一般包括两种，一种是获得观察资料的手段，一种是保存观察资料的手段。获得观察资料的手段主要是人的感觉器官，但有时需要一些专门设置的仪器来帮助观察，如计算机终端装置、视频或网络监控装置等，这些仪器主要是保证观察的客观性与提高观察的精确性。在保存资料的手段中，除了利用文字、图形等符号手段外，还可利用摄影、录音、录像等技术手段，把观察时瞬间发生的事、物、状况以永久的方式，准确地、全面地记录下来，供研究者反复观察资料和分析资料所用。

6. 规定统一性标准

为了增加观察的客观性，为了便于衡量和评价各种现象，为了易于用数量来表达观察的现象，为了使观察结果可以核对、比较、统计和综合，必须事先考虑自己的观察可能涉及的各种因素，并对每一因素规定出统一的标准。每次观察或观察同一现象的不同观察者，要坚持采用统一的标准去衡量。

7. 逐段提出观察提纲

在观察计划的基础上，应对每次或每段(几次同一性质内容的观察组成一段)观察提出具体提纲，以便使观察者对每一次观察的目的、任务和要获得什么材料非常明确。观察提纲可以包括本次观察要解决的具体问题，并且应当在前一次观察的基础上，经过深思熟虑之后提出来。亦可采用表格的方式，以便于分类统计。

(二)观察的进行

实施观察是教育观察法的核心环节，观察的质量对课题研究的质量甚至成败起着关键的作用。因此，保证观察质量是实施观察的中心。为此，需要采取尝试性观察、按计划进行观察、及时做好记录。

观察过程中，除应遵循教育观察的全面性原则、目的性原则、客观性原则和自觉性原则这四个基本原则之外，还应注意以下问题：

1. 尽量按计划进行观察

观察计划是对观察过程的规划，在执行过程中，一般不宜随意调整。当然，如果条件变化较大或执行过程中发现了计划的偏差，也应及时进行调整。

2. 选择合适的观察位置

观察人员的位置应选在既能很好地观察到整个现场，又不引起观察对象的注意，尤其是不能让观察对象感到处于被观察状态的地方，以保证搜集到的材料真实可靠。

3. 采取适当的观察方式

有条件的情况下，可采用单向透视屏。在日常活动中进行观察时，观察人员应注意服饰、身份等引起观察对象注意的因素。一般在正式进行观察之前，可采取增加出现频率的方法减弱对观察对象的吸引力，使其对观察人员的存在感到习以为常。观察人员的服饰不要引人注目，也不要在特别引人注意的位置进行记录，以免影响观察效果。观察过程中，当采用现代化仪器设备作为辅助工具时，应尽量避免对观察现场和观察对象的干扰，以免影响现场活动的正常进行和观察对象的正常表现。有条件的话，尽量隐蔽地进行观察。

4. 对对象的观察应反复进行

作为研究依据的观察不应该是一次性的。事实上，在社会科学研究中，一个科学结论的形成，往往是以大量的事实为依据。因此，在教育科学研究中，运用观察法进行研究，不能企图利用偶然观察到的现象或一次性的观察，就得出结论。

5. 选择恰当的途径和方法

适宜的观察途径和科学的观察方式，是影响观察效果的重要因素。教育观察的方法多种多样，应根据研究的需要灵活选用。

在观察研究中，确定观察的具体方式方法，一般应考虑以下几方面的因素：首先，课题研究的目的影响观察方法的选择。如观察研究的目的是在控制某些条件下研究对象的反应状况，就需要在实验室中进行观察，并且应尽量放置单向透视屏。如研究的目的是揭示较长时间内研究对象的成长或活动状况，则需要进行较长时间的追踪观察。其次，观察现场的环境条件对观察方法的选择具有一定影响。一般在时间、空间比较集中的现场情况下，宜采取直接观察的方法。如果现场空间较大，可分多个观察小组或借助摄录像设备作为辅助手段。如果现场不易控制，则可采取间接观察的方法。另外，观察人员的数量、运用辅助观察手段的能力等，也对选用观察方法产生一定影响。

(三)完善资料

及时整理观察数据、图表、笔录、录音、录像、相片等资料。及时对有关资料进行统计处理，提高资料的信度。

1. 材料的记录

记录是观察的关键。观察得来的材料如果没有真实、全面的记录，那么，无论观察组织的多么周密都是徒劳的。了解记录的类型，掌握科学的记录方法，是搞好记录的重要保证。

(1)记录的类型。观察记录一般分为两种类型：现场笔记和观察卡片。现场笔记是观察人员对现场观察的材料所做的描述性记录，一般分为四个部分：第一，对教育现象的概括描述。一般应进行现场即时记录。有些情况下难以进行即时记录，可以在活动结束后立即补上，以免遗忘。记录过程中，可根据需要把一些教育观察分别确定为不同的符号，以加快记录速度，但符号要简单，数量也不宜过多。第二，对某些现象、材料的分析意见和初步推论。第三，个人的初步印象和感觉。第四，下一步应予搜集的材料和信息。

观察卡片是根据研究目的事先编制的较为规范的记录工具。观察卡片的设计一般有两种形式：一是数字记录，即用数字代表观察中可能出现的字；二是符号记录，将观察对象分类设计成不同的等级、项目，出现某一现象时，即在相应位置标上对应的符号。不论采取那种设计形式，在记录前应首先统一记录标准，使不同人员的观察标准尽量趋于统一。

(2)记录的方法。观察记录的方法受观察时间、空间等因素的制约。常用的记录方法有如下三种：第一，评定等级法。将观察对象对某一现象的态度按等级予以记录。如对某一事物的出现可表现为喜欢、较喜欢、一般、不太喜欢、不喜欢；对某一活动的参与可表现为很积极、较积极、一般、不积极，等等。等级的划分要科学合理。记录时，一般由观察人员在预先设计好的表格中用简单的符号予以标记。第二，呈现频率法。观察人员将某一现象出现的频率予以记录。通常将观察的项目预先列出并编制成表，观察人员在表示某种行为出现的相应位置做出符号标记即可。第三，连续记录法。对现场观察的情况进行连续记录。可用摄像机、录音机等辅助工具进行记录。

2. 材料的整理与分析

对观察记录的原始资料研究应予以认真整理、妥善保存。由于观察所得的材料往往内容较庞杂、分散，因而较其他研究方法得来的材料更难于整理。

观察记录材料的整理首先应做到及时，即及时补齐，避免日久遗忘。其次分类归档，将材料按标准进行分类，整理保存。观察材料的分类归档一般有两种形式：一是根据研究目的确定不同的类别，把材料按类别整理保存；二是按事件发生的先后顺序整理归档。

(四)撰写观察研究报告

研究人员根据课题的研究目的，依据观察获得的全面、翔实、可靠、丰富的材料，撰写课题研究报告，对教育现象的本质及发展变化规律进行分析或初步探索，对教育实践提出合理的建议。

第四节　职业教育观察研究案例

课堂教学是职业教育的主战场，因此观察研究应该把重点放在课堂教学的观察上。不过，作为职业教育主战场的课堂教学，不能局限于黑板加粉笔，而更多的是实验操作和现场教学。因此，立足于观察研究和现场中职业技能形成的研究，就显得尤其重要。

实施课堂观察法主要有以下几个步骤：首先，根据职业教育的培养目标和该门课程的特点确定观察的两个目的：一是观察学生的课堂行为，对学生的能力进行评价，二是观察学生对教学实施的反应，调整教学方案。其次，根据观察实验的需要，确定观察的对象，观察的对象可以是群体，也可以是个体。第三，确定具体的观察因素，学生在课堂上的行为内涵丰富，每一次课堂观察应当带有鲜明的目标进行有选择的观察。第四，拟订观察方案。第五，实施课堂观察，记录观察资料。最后，对有价值的信息进行分析和研究。

下面是一位从事职业教育的教师在教学中进行职业教育观察研究的案例，该教师的观察研究体现了其教育研究的职业性特点。

案例：课堂行为观察法实践

一、对小组的观察

在我校的电子技术课程教学改革中，学生以学习小组为单位开展活动，旨在培养团队精神和交流合作的能力，这属于职业能力的内容。因此，对小组进行课堂观察，除了可以评价学生的专业技能水平、学习能力，还应当把交流合作能力作为观察因素。一个小组的各个成员往往都具有代表性，是某一种学习层次类型的代表，教师通过对小组的课堂观察法，掌握各学生的学习层次，有效地开展分层教学，提高课堂教学效率。

案例《电阻色环的识读》项目中，笔者对实验班一个小组进行了观察记录。小组成员5人，标记为A(男生)、B(男生)、C(女生)、D(女生)、E(男生)，组长为C。本活动观察因素为学习能力、电阻色环的知识掌握情况、电阻识读的技能、交流合作的能力。笔者按照教学活动的内容特点来设计观察方案，确定每个教学活动阶段重点观察的因素。

表 3-5 《电阻色环的识读》活动课堂观察信息及评价

教学活动名称	阶段活动内容	小组成员的表现	评价
《电阻色环的识读》	教师讲解电阻色环含义、色环的读取方法	A：大部分时间听教师讲课，偶尔和附近同学讲话，不记笔记 B：大部分时间听教师讲课，不记笔记 C：认真听课，记笔记 D：认真听课，详细记笔记 E：认真听课，选择性记笔记	在这个阶段，E找到适合自己的学习方法，理解了知识点，能根据自己的情况找出关键知识，学习能力最强 A和B不能较长时间集中注意力，学习能力弱
	学生背诵色环顺序	A：背一遍，然后看其他人背诵，议论其他组员的背诵情况 B：背诵一段，开小差想别的东西 C：默写 D：反复小声背诵 E：默记	C、D、E专心背诵，学习主动性较强
	教师检查组员背诵电阻色环的情况	A：教师询问时，推荐E首先背诵，见大家都不敢第一个背，自己第一个背诵，背诵时不够熟练 B：教师询问时，承认自己背不熟，不愿意背诵，最后一个才背诵，不熟练，背诵有错 C：轮到时，能流利背出 D：能流利背出 E：在A的推荐下，害羞，不敢第一个背诵，但能流利背出	色环记忆情况较好的为C、D、E三位同学。B掌握程度最差
	教师给每个小组发两个电阻，组员对电阻进行识读	A：抢先大声识读，第一次正确率为50%，请教E，再识读 B：看别人读，默默地读了两次，不发表自己的答案 C：都读对，指导D D：都读错，着急，和C商量 E：最快，都读对，在A的追问下，解答A的问题	C和E较好地掌握了电阻色环读取的方法。D喜欢背书，对知识的应用掌握较慢
	教师发给每个小组10个不同阻值的电阻，在限定时间内识读，小组间开展电阻识读竞赛	A：积极参与，自己读了两个电阻，一边看E和C读取，一边观察其他组的情况 B：旁观，不参与 C：积极参与，是小组竞赛的主要力量 D：读取速度较慢，能读对，但是对自己的答案不确定 E：是小组默认的权威，正确读取电阻的数量最多	A、C的交流合作能力较强，有团队意识。E技能水平最高，但较为内向被动。B没有参加小组活动，技能没有提高

表 3-6 《电阻色环的识读》活动课堂观察评分

评分项目 小组成员	学习能力	电阻色环的知识掌握情况	电阻识读的技能	交流合作的能力	说明
A	1	2	2	3	3＝好
B	1	1	1	1	
C	2	3	3	3	2＝中
D	1	3	1	2	
E	3	3	3	1	1＝差

就各学生在活动中的表现来看，E生对知识和技能的掌握速度最快最好，课堂上的学习强度对E生而言显得太低了。基于分层教学的原则，笔者提高了E生的学习强度，让E生作为班上的工艺员（全班有四个）。工艺员在教师辅导下提前进行电路制作，然后在全班进行电路制作的阶段，帮助其他同学解决问题，并且跟随教师学习排除电路故障。由于E生比较腼腆，与人主动交流较少，作为工艺员之后，同学们都来请教他问题，也帮助了E生提高交流能力。B生属于对学习没有信心，主动性较差，缺乏交流合作愿望的类型，但是在教师的监督下B生也能完成学习。因此，笔者在后继的教学活动中，对B生投放了更多的注意力，注意检查他的学习进度，取得了较好的效果。D生属于喜欢背书，但是不会应用的类型，D生的学习积极性较高，只要能获得正确的指导，就可以掌握课程要求的知识技能。笔者调动C生的座位，让C、D两同学同桌，鼓励D生多向C生提问题，及时解决D生学习上的困惑。从课堂效率的角度来研究，C生、E生在《电阻色环的识读》活动中很好地掌握了知识。A生、E生基本掌握了相关知识，B生不能掌握相关知识，小组中有80％的成员达标，课堂活动有较高的效率。

二、对个体的观察

一个班中大部分的学生在教学活动中表现出来的特点在一定的范围内较为相似。例如，学习的劲头、技能的掌握时间、课堂的注意力，等等。教师也往往发现一个班中总有少部分的学生与其他的学生相比，学习效果有很大的差距。教师可以在一堂课或者连续几堂课对一个学生进行观察，通过课堂行为了解该生的特点，分析该生的学习心理，制定有针对性的教学方案，减小该类学生与其他学生的学习差距。

笔者发现 Y 生(男生)两次项目笔试的成绩均为 0 分,两次电路制作都是最后一个参加通电检测。笔者对 Y 生进行了连续的观察。

《调光电路原理分析》课堂中 Y 生的表现:

上课开始,教师用 PPT 展示调光电路的成品、调光的过程,Y 生伸长脖子看得很专心。教师展示电路原理图,分析调光原理,Y 生开始趴在桌子上听,最后开小差,拿着电烙铁焊接东西玩。

《单向可控硅管检测》活动中 Y 生的表现:

教师给每生发一个单向可控硅管,Y 生拿到后很兴奋,自己拿出万用表测量,没有注意听教师讲解单向可控硅管的测量方法。同学们都在对单向可控硅管检测,填写检测报告时,Y 生拿电烙铁玩,本活动中 Y 生没有交检测报告。

《调光电路安装和检测》活动中 Y 生的表现:

元器件发到学生手中后,Y 生没有立即进行检测和焊接,等到同桌安装到一半了,参照着同桌的电路进行安装。通电检测时,看见许多同学在排队等教师检查后通电测试,Y 生不耐烦等,等到同学们都完成了,最后才上交电路参加检测,第一次检测不成功,Y 生将电路板拿回去扔在桌子上不再检查。

分析:根据美国哈佛大学著名教育学家霍华德·加德纳提出的多元智能理论,人的智能分为 8 个方面,即语言智能、音乐智能、数学逻辑智能、空间智能、肢体运动智能、内省智能、人际关系智能和自然观察者智能。Y 生显然属于视觉空间智能、肢体运动智能较发达,而数学逻辑智能较弱的类型。对于理论知识、用符号来表示的电路图存在着学习障碍,找不到学习方法,然而 Y 生对焊接技能非常感兴趣,焊接工艺好,Y 生常常引以为豪。笔者发现,Y 生由于没有掌握元器件符号、管脚名称,所以不会看电路图,进而对电路原理分析有排斥心理,无法集中精神学习。到了元件检测环节时,由于不认识元器件管脚,所以不会检测,写不出检测报告,也无法对着 PCB 板上的符号独立安装电子元件。综上分析,Y 生学习障碍的根本原因在于不能掌握元器件符号和管脚名称。笔者利用 Y 生喜欢看元器件图片和实物的特点,从网上收集资料,打印了一份学生常用电子元器件的实物图送给 Y 生,每个实物图下方画上了元器件符号,每个管子的图中标出了管脚名称。笔者还打印了一份元器件符号图,贴在一块泡沫板上,将学生常用电子元器件插在对应的符号上,借给 Y 生作为参考资料。笔者观察到 Y 生将这些资料摆放在桌面上,经常查阅研究,在下一个项目《亚超声开关》的电路制作中,Y 生独立完成了检测报告,按时上交。由 Y 生的课堂行为可以看出,Y 生虽然对自己的焊接技术引以为豪,但是在遇到挫折时表现较为脆弱，容易放弃学习。笔者给他安排了一位交流能力较强、学习较好的同桌 Z，Z 生很喜欢钻研分析电路，当 Y 生安装时遇到的问题，两个学生会自发讨论，帮助 Y 生克服困难，跟上教学进度。

三、对比观察

对该实验班开展电子技术课程教学之初，笔者观察到女生对课程的学习没有信心，在全班完成了第一个电路制作的过程中，这种现象尤为明显。表现为：先等男生安装电路调试成功了，再参照男生的电路来完成自己的安装制作。安装好了之后，不敢通电调试，总要拖到最后才委托男生通电检测，有少部分女生对电路安装制作完全没有兴趣。笔者以怎样树立女生的学习信心为目的，在"闪光灯电路"安装项目教学活动中，开展了男生女生的对比观察，从中找出女生的优势。对比观察信息见表3-7。

表 3-7 "闪光灯电路"安装项目教学活动对比观察信息

序号	活动项目	观察因素	男生表现	女生表现
1	NPN 型三极管的管脚识别	10 分钟内正确记住管脚名称和符号	70% 做到	95% 做到
2	用万用表检测 NPN 型三极管	用万用表检测单向可控硅管的熟练程度	50% 熟练	60% 熟练
3	调光电路元件识别	10 分钟内将调光电路的元件插放入 PCB 板正确的位置	30% 做到	50% 做到
4	调光电路的安装	安装时间	平均约 30 分钟	平均约 45 分钟
		安装工艺：产品美观	大部分较马虎，元件高低不一	大部分安装元件高低一致，较为美观
		焊接工艺：焊点光滑、大小适中	70% 男生焊接工艺达标	50% 女生焊接工艺达标
5	调光电路的通电测试	第一次通电测试成功率	80%	70%

笔者观察到女生的优势在于元器件的符号认识和检测，她们检测的正确率高，速度快，电路的安装工艺也普遍较好。在该项目活动中女生表现出来的劣

势在于安装时间长，焊接工艺不良，成功率低。为了培养女生的学习信心，笔者在后继的电路制作时，对评价规则做了修改，加大元件检测环节的评价力度，通过学生填写的元器件领料单，评价学生对电子元器件的熟悉程度，并且增加了一个活动环节"插件比赛"：每生发给一块贴有电路原理图的泡沫板，学生将元件安插在板上正确的位置，按所花费的时间长短和正确率来评分。经过如此的改革，女生的优势体现出来，大大增强女生的学习信心。之后，不少女生针对自己的焊接工艺问题埋头苦练，提高焊接的质量。笔者在通电测试环节，原来由教师检查电路，工艺员对电路进行通电测试。改为经过教师检查后，要求学生通电测试自己的产品（教师在一旁做安全监督和协助），鼓励女生自己完成整个项目活动。在期末，我校举办的校内电子技能比赛中，该实验班的女生全部报名参加比赛，电路板焊接项目中该班通过预赛16名学生，有一半是女生。

　　一个高效的课堂必然是一个以学生为主体的课堂，无论采用什么水平的教材、使用什么条件的教学资源、实施什么流行的教学方法，只有学生能够学到知识，提高技能的课堂教学才是有质量的课堂教学。因此，对学生学习行为的了解是教师成功开展教学活动的关键。课堂行为观察法，能帮助教师观察学生在自然状态下的课堂行为。这些行为最能直接地体现出学生的学习方法、学习态度、技能水平、情绪心理等因素。课堂行为观察法还需要注重后继的工作，分析课堂上收集的信息，研究信息中包含的问题，找出解决的方案，给予及时反馈。

第四章
职业教育文献研究法

文献查阅是科学研究中的一个重要步骤，它是研究过程的前期工作。任何一项研究，不管其规模如何，都要考察他人在相关领域的著述，都是从分析研究人员感兴趣的现有文献开始的。

第一节　文献法概述

文献法是一种既古老，又富有生命力的科学研究方法。人类活动与认识的无限性和个体生命与认识的有限性的矛盾，决定了我们在研究逝去的事实时必须借助于文献。千百年来，丰富的教育文献资料积累了无数有关的教育事实、数据、理论、方法以及科学假设和幻想，成为人类宝贵的精神财富。作为一名职教工作者，学会运用文献，才能更好地进行职教研究，发掘人类的精神宝藏，揭示职教的发展规律。

一、文献法的定义和特点

(一)文献的定义、意义和特点

1. 文献的定义

"文献"一词最早见于《论语·八佾》中。宋代朱熹解释为："文，典籍也；献，贤也。"所谓文献，是指具有历史价值或资料价值的媒介材料，通常是用文字记载形式保存下来的。随着社会的发展和科学技术的进步，文献的内涵和外延逐步扩大，把用文字、图像、符号、声频、视频等方式记录人类知识的物质形态，都称为文献。因此，文献的现代定义为：已发表过的，或虽未发表但已被整理、报道过的那些记录有知识的一切载体。

2. 文献的意义

从文献本身看，文献是人们获取知识的重要途径。它一方面大大开阔了人们的视野，使人们超越了时间和空间的限制，有可能去认识古代的和域外的事物。另一方面，文献又使得人类知识的储存、积累和传播不再受到个体生命的限制，从而大大促进了科学的进步。因此，文献既是人类认识世界的主要途径，又是人类积累知识的重要宝库。查阅文献资料，对于职业教育科学研究来说，也具有十分重要的现实意义和作用。第一，有助于研究者对所研究领域的情况，有一个系统的认识和了解。第二，有助于研究者选择研究课题，形成研究假设。第三，有助于研究者搞好研究设计。第四，有助于研究者解释研究结果、撰写研究论文。

3. 文献的特点

首先，文献的最大特点就是数量急剧增加。据联合国教科文组织统计，从1950 年到 1970 年，全世界出版的图书，按品种计算增加了 1 倍，按册数计算增加了 2 倍，当代社会更是"信息爆炸"。其次，各种文献的内容交叉重复、互相渗透。第三，文献的分布异常分散。主要体现在收藏储存的分散和内容的分散。第四，文献的种类日益繁多。随着科学技术的发展，文献的物质载体，除手工、印刷等最一般的记录外，摄影、录像、光碟等新型记录方式层出不穷。

(二)文献法的定义与特点

1. 文献法的定义

文献法主要是指搜集、鉴别、整理文献，并通过对文献的研究形成对事实的科学认识的方法。与其他研究方法不同之处在于，它不直接与研究对象打交道，所以文献法属于非接触性研究方法。

2. 文献法的特点

从人们了解有关问题的历史和现状，认识事物和解决问题的角度，文献法具有历史性、灵活性、继承性、批判性、创新性等特点。

第一，历史性。从时间角度看，文献法是一种"历史"的研究。无论是上下五千年的远古文献，还是现代乃至当今的文献，只要是先于研究者当前研究的成果，研究者都可进行研究。文献法的历史特性是一种相对性，即相对于今天来说，昨天就是历史。

第二，灵活性。从操作角度看，文献法不受时空限制，具有相当强的灵活性。如文献研究可不用亲临现场，在研究时不受教育环境、学校、工作计划，以及学生、教师、家长等因素的制约和限制。在时间上，既可在工作时间研究，也可在业余时间研究，教师也可利用寒暑假进行研究，研究者可灵活安排时间，或几天时间、或日积月累，研究数载。

第三，继承性、批判性和创新性。文献法的运用本身就是一种继承与批判的过程。文献法的根本目的就在于比较和借鉴。通过检索、收集、鉴别以及研究与运用这一系统化过程，最终实现对某一时代或社会教育现象的某些特点进行描述性的评论，分析其形成的客观原因；对原有文献加以重新组合、升华，从而找出事物间的新联系、新规律、形成新观点、创造出新理论；从社会调查收集资料的角度，文献法通过"文献"中介进行调查。

相对于其他资料搜集方法，文献法具有如下比较突出的特点：

第一，时空性。运用文献法，可超越时空条件的限制。研究那些不可能亲自接近的调查对象。

第二，间接性。运用文献法，不直接接触被调查者，在调查过程中不存在与被调查者的人际关系问题，不会受到被调查者反应性心理或行为的干扰。

第三，效率高，花费少。

二、文献法的应用和局限性

(一)文献法的应用

使用文献法，要针对研究目的、任务，尽可能做到资料齐全可靠，整理资料手段科学、规范，分析研究全面、客观。从历史文献产生的时代背景和客观事实出发，提高研究结果的科学性和说服力。

1. 文献法运用能有的放矢地确定课题

选定课题方向，或选定课题后，就要根据需要进行检索，确定查找文献的范围和深度。首先根据自己对课题的理解、自己的知识结构、现有的资料，确定所需要查阅的文献范围，结合学校图书馆和互联网等条件开始检索。许多立项课题都要运用文献法进行资料的收集与初步论证，如《广西北部湾经济区开发框架下职业教育发展策略研究》、《双语教育体系构建及实验研究》等都需要进行大量的文献搜集。

2. 文献法常用于社会调查的准备阶段

文献法是一种间接调查的方法。几乎所有的社会学研究都是从分析文献开始的，搜集和研究文献资料是大多数社会调查必须要做的工作，它是社会调查的基础。如《广西职教师资队伍"十二五"发展规划研究》就需要从广西的经济建设、战略发展、产业布局、专业结构以及人才需求等方面做深入的调研。

3. 文献法适用于历史性调研课题

文献法最适用于专门的历史性和系统的比较性调查研究课题。例如，马克思写《资本论》，在 40 年中共查阅了 1500 多种书刊；列宁写《帝国主义是资本主义的最高阶段》一书，也查阅了 146 本外文书和 232 篇国外文章。这两本经典著作都属于专门的历史性研究课题成果。

4. 文献法具有深度回顾功能

文献研究的这种功能可以帮助调查者了解、研究那些难以或者不可能接触的研究对象和问题。例如，民政部门进行地名普查工作，需要多方面、多角度地去了解村庄、街道、山川、河流名称的历史沿革、含义、典故、变化等情况，这时便可以运用文献法，获得宝贵的地名资料，更好地做好地名管理工作。

(二)文献法的局限性

1. 文献资料缺乏生动直观性

即使文献的内容全部真实可靠，它仍然缺乏具体性、直观性和生动性。"纸上得来终觉浅"，这是文献调查的最大局限性。

2. 文献资料并非能随意获得

由于许多文献都不是公开的，因而不能随意获得某些文献。对于历史文献来说，留传下来的大部分都是官方或名人的资料，普通百姓的资料少之又少，而且常常是支离破碎的。即使在当今信息爆炸的时代，面对浩如烟海的文献海洋，文献搜集者常常会产生茫然无措的困惑。所以，要搜集齐全所需要的文献，比较困难。

3. 文献资料的非真实成分难以鉴别

因为任何文献的内容，都受到一定时代，一定社会条件的局限，受到撰写者个人素质的制约，因此，文献资料并不都是可靠的。

4. 文献资料落后于客观现实

通过文献调查所获得的信息与客观真实情况之间，总会存在着一定的距离。因为任何文献都是对过去社会现象的记载，而社会生活是不断发展变化的。一般说来，文献调查所获取的资料总会落后于客观现实。

三、文献法在职业教育研究中的作用

文献法在职业教育研究中的作用，主要表现在以下几个方面：

(1)为职业教育研究提供背景资料。职业教育研究需要对整个形势有充分认识，这在很大程度上依靠文献资料来提供。

（2）在某些情况下，文献资料可以代替实地调查。例如，广西职业院校分布情况和产业结构状况，利用广西中等职业学校专业设置一览表的数据进行分析，从产业视角、经济区域分布等方面也能写出研究报告。

（3）可以为职业教育机构改革提供依据。在很多情况下，需要了解职业教育发展的现状、历史沿革、教育教学水平评估情况等，它们主要是通过文献资料来反映的。实地调查虽然可以增加一些新内容，但不能反映整个职业教育的总貌。

四、职业教育文献的主要来源

由于创造、记载与传播的方式不同，文献的分布广泛且形式多样，而研究的内容和方向不同，查找文献的来源渠道亦有所不同。

（一）科技图书

科技图书是一种重要的科技文献源，它大多是对已发表的科技成果、生产技术知识和经验的概括论述。科技图书的范围较广，主要包括：学术专著、参考工具书（指对某个专业范围作广泛系统研究的手册、年鉴、百科全书、辞典、字典等）、教科书，等等。要全面、系统地获取某一专题知识，参阅图书是行之有效的方法。

（二）科技期刊

期刊（Periodicals）也称杂志（Journals 或 Magazine），是指那些定期或不定期出版、汇集了多位著者论文的连续出版物。它与专利文献、科技图书三者被视为科技文献的三大支柱，也是科技查寻工作利用率最高的文献源。就职业教育研究而言，《教育研究》、《高等教育研究》、《中国职业技术教育》、《职业技术教育》、《教育与职业》、《高教探索》等，都具有重要的参考价值。

科技期刊的特点是：每种期刊都有固定的名称和版式，有连续的出版序号，有专门的编辑机构编辑出版，与图书相比，它出版周期短，刊载速度快，数量大，内容较新颖、丰富。

（三）专利文献

专利文献通常是指发明人或专利权人申请专利时向专利局所呈交的一份详

细说明发明目的、构成及效果的书面技术文件，经专利局审查，公开出版或授权后的文献。广义的专利文献还包括专利公报（摘要）及专利的各种检索工具。

专利文献的特点是：数量庞大、报道快、学科领域广阔、内容新颖、具有实用性和可靠性。由于专利文献的这些特点，它的科技情报价值越来越大，使用率也日益提高。

（四）科技报告

又称研究报告和技术报告，是科学技术工作者围绕某个课题研究所取得的成果的正式报告，或对某个课题研究过程中各阶段进展情况的实际记录。科技报告自 20 世纪 20 年代产生以来，发展迅速，已成为继期刊之后的第二大报道科技最新成果的文献类型。从报道的内容看，科技报告大多都涉及高、精、尖科学研究和技术设计及其阶段进展情况，客观地反映科研过程中的经验和教训。

科技报告的特点是：单独成册，所报道成果一般必须经过主管部门组织有关单位审定鉴定，其内容专深、可靠、详尽，而且不受篇幅限制，可操作性强，报告迅速。有些报告因涉及尖端技术或国防问题等，所以一般控制发行。

（五）学位论文

学位论文是高等院校和科研院所的本科生、研究生为获得学位资格（博士、硕士和学士）而撰写的学术性较强的研究论文，是在学习和研究中参考大量文献、进行科学研究的基础上而完成的。

学位论文的特点是：理论性、系统性较强，内容专一，阐述详细，具有一定的独创性，是一种重要的文献信息源。

（六）会议文献

会议文献是指各种科学技术会议上所发表的论文、报告稿、讲演稿等与会议有关的文献。目前，全世界每年出版的会议论文集已超过 4 千种，会议论文数十万篇。国内已有《科技会议论文数据库》可供检索。

会议文献的主要特点是：传播信息及时、论题集中、内容新颖、专业性强、质量较高，往往代表某一学科或专业领域内最新学术研究成果，基本上反映了该学科或专业的学术水平、研究动态和发展趋势。会议文献是科技查寻中重要的信息源之一。

(七)政府出版物

指政府部门及其设立的专门机构发表、出版的有关职业教育的文件，主要指有关职业教育的法令、方针政策、统计资料等。例如，《国务院关于大力发展职业教育的决定》、《国务院关于大力推进职业教育改革与发展的决定》、《中共中央国务院关于深化教育改革，全面推进素质教育的决定》、《面向 21 世纪教育振兴行动计划》、《教育部关于以就业为导向，深化高等职业教育改革的若干意见》、《教育部，财政部关于实施国家示范性高等职业院校建设计划，加快高等职业教育改革与发展的意见》、《教育部关于全面提高高等职业教育教学质量的若干意见》等。

政府出版物的特点是：内容可靠，与其他信息源有一定重复。借助于政府出版物，可以了解国家的职教政策，对课题研究有重要的参考作用。

(八)标准文献

标准文献是技术标准、技术规格和技术规则等文献的总称。它们是记录人们在从事科学试验、工程设计、生产建设、商品流通、技术转让和组织管理时共同遵守的技术文件。其主要特点是：能较全面地反映标准制订国的经济和技术政策，技术、生产及工艺水平，自然条件及资源情况等；能够提供许多其他文献不可能包含的特殊技术信息。它们具有严肃性、法律性、时效性和滞后性。标准文献是准确了解该国社会经济领域各方面技术信息的重要参考文献。

此外，职业教育文献还有以声音和形象方式记录信息的非文字资料，通过视听手段传递信息，更加直接、精练、形象，职业教育研究者应注意利用。

第二节　文献资料的收集与分类

文献资料为课题研究者提供了丰富多彩的资料信息，为其开展职业教育研究提供国内外的研究进展、研究方法、研究重点等。它能使研究者明确哪些是现成的研究基础，哪些是可以借鉴的研究思路和方法，进而明确自身研究的突破口。研究者正是在广泛搜集相关资料的基础上，明确自身研究的目标、重点和难点所在，为形成富有创新力和特色鲜明的科研成果打好基础。同时，也便于研究者在有限时间里，对收集到的资料做出科学的评价，并进行分类加工。

一、文献资料收集的方法

(一)文献资料收集的基本要求

1. 知识上的有用性

所收集的文献要对自己研究课题有用，这是收集文献最基本的要求。

2. 内容上的丰富性

收集文献时要注意尽可能收集代表各种各样观点、得出不同的、甚至相互矛盾结论的文献。不仅要注意收集与自己研究课题、领域直接有关的资料，而且还应该注意跨学科、跨领域地收集有关资料。总之，收集文献的种类越丰富越好。

3. 形式上的多样性

形式上的多样性，指的是要千方百计地收集与研究课题有关的各种形式的文献。例如，印刷型文献、声像资料等。

4. 时序上的连续性

时序上的连续性是指围绕研究课题所收集的文献，在时序上要有一定的连续性和积累性，尽可能不要中断。

5. 时间上的及时性

时间上的及时性，指的是对于与研究课题有关的各种新资料、新信息，要及时了解、及时收集、及时研究、及时利用，以提高研究的时效性和使用价值。

(二)文献资料收集的方法

常见的文献资料搜集方法有如下几种：

1. 检索法

有机读检索和手工检索两大类。机读检索可以在图书馆利用相关数据库，直接输入关键词进行搜索；手工检索是一种先利用检索工具书，确定所需文献的具体篇目，然后再予以查找的方法。

2. 专家咨询法

专家咨询法指向熟悉有关文献或文献检索工具书的人，说明自己所需文献的类别范围，请他们指点迷津进行查找的方法。

3. 参考文献查找法

参考文献查找法是利用作者本人在文章、专著的末尾所开列的参考文献目录，或者是文章、专著中所提到的文献名目，追踪查找有关文献资料的方法。

4. 上网查找法

上网搜集资料方便、快捷，且内容广泛，只要调查者输入自己想要查找的内容，马上就能查到相应的资料，但是网上搜集到的资料难以系统、全面，质量也难以保证。

此外，无论我们采用哪一种方法，最后都是要到图书情报机构，通过各种目录查找所需要的文献。因此，学会查阅目录，是文献法的一项基本功。目录是一种题录性的检索工具，一般只列出原文献的题目、作者、出处及文种等。（见表4-1）

表 4-1　文献的目录种类、分类依据和使用指南

目录种类	分类依据	使用指南
分类目录	据图片内容的学科特点，依照图书情报机构所采用的分类法编制起来的目录。	可通过分类目录较快地查阅到同类学科的有关文献。
书名目录	按图书名称排列起来的目录。	只要知道书名，就可以查到所需文献。
著者目录	按著作者的姓名排列的目录。	只要知道作者名，就可以查到同一作者的文章。
主题目录	按主题排列目录，相似主题的文章集中在一起。	当我们既不知道所需文献的分类，也不知道书名或著者，而又想查找关于某学科、某专题的文献资料时，就可以查主题目录。
备 注	中文书目的排序：①音序法；②笔画法；③部首法。西文或俄文的排序：依字母顺序；日文依50图顺序。	

(三)文献资料收集应该注意的问题

1. 搜集文献资料应紧密围绕研究课题

文献资料浩如烟海，若不紧紧围绕研究课题，漫无目的地查阅，会浪费大量的时间而且收效甚微。

2. 搜集的文献资料应尽可能丰富

调查课题确定之后，搜集文献资料要不遗余力，尽量运用各种方法将课题所需的文献资料全部搜集到手。

3. 应注意尽量搜集原始的文献资料

一般来说，原始文献资料比加工过的资料可靠，可以成为分析研究的重要依据和比较研究、动态研究的重要资料来源。故文献调查中应尽量查找出文献资料的最初出处，以提高文献资料的权威性与可靠性。

4. 注重对搜集的文献资料的鉴别

文献内容的真伪及可靠程度的判定直接影响研究的信度。所以，必要的鉴别是不可缺少的一环。若发现可疑之处，一般可通过对同类、同年代文献的相互比较，对文献做出鉴别。

二、文献资料的分类

文献资料的分类可以划分为传统文献和网络信息两大类。

(一)传统文献类型

传统文献资料根据不同的标准划分，有以下几种常见的种类。

1. 按编辑出版的形式分类

按此分类可以分为图书、期刊、报纸、科研报告、会议文件、学位论文、政府出版物、档案、统计资料、内部资料等。

2. 按照文献资料形式分类

(1)印刷型文献。以纸张、塑料等为载体，以印刷为主要记录手段产生的最常用一种文献，目前被人们最广泛地使用。

优点：用途较广、存取方便、阅读简单、传递不受时空限制等。

缺点：存储容量小、笨重、占据空间比较大。

(2)缩微型文献。以感光材料为载体，以照相技术为记录手段。

优点：体积小、价格低、存储信息密度高，便于收藏、保存与传递，不受时间和空间限制。

缺点：必须借助阅读机(相机等)才能阅读，使用不便。

(3)机读型文献。机读型文献是通过计算机设备存储和读取的文献。发达的计算机技术应用到信息检索领域的结果是直接使众多的信息资料被数字化，得到永久保存。

优点：容量大，保存完整、生动直观。

缺点：初始成本高、读取条件要求高。

(4)声像型文献。声像型文献是利用磁记录或光学技术为手段直接记录声音、视频、图像而形成的文献形式。如唱片、磁带、幻灯片、电影胶片等。

优点：生动直观。

缺点：成本较高、不易检索和更新、阅读必须借助机器。

3. 按照对文献内容的加工程度分类

可分为零次文献、一次文献、二次文献和三次文献，或称为零级、一级、二级、三级文献。

（1）零次文献。即曾经历过特别事件或行为的人撰写的目击描述或使用其他方式的实况记录，是未经发表和有意识处理的最原始的资料。

（2）一次文献。也称原始文献，一般指直接记录事件经过、研究结果、新知识、新技术的专著、论文、调查报告等文献。一次文献具有创造性，有较高的参考和借鉴价值，但贮存分散，不够系统。

（3）二次文献。又称检索性文献，是指对一次文献进行加工整理，包括著录其文献特征、摘录其内容要点，并按照一定方法编排成系统的便于查找的文献。二次文献具有报告性、汇编性和简明性，是检索工具的主要组成部分。

（4）三次文献。也称参考性文献，是在利用二次文献检索的基础上，对一次文献进行系统的整理并概括论述的文献。三次文献具有综合性、浓缩性和参考性，可以使研究者直接了解某课题领域的概况。

对文献进行分类，有助于指导研究者更好地利用文献资料。从零次文献到一次文献，再由一次文献到三次文献，经过加工与压缩，文献资料由分散到集中、由无组织到系统化。

（二）网络信息类型

随着计算机、网络技术的发展，网络信息的作用也越来越显著。因此，网络信息查找是文献资料搜集不可缺少的内容。依据不同的标准，网络信息可以分为不同的类型。

1. 按信息交流方式分

按此方式，可分为非正式出版信息、半正式出版信息和正式出版信息。非正式出版信息，如 E－mail、BBS 新闻等；正式出版信息，如电子图书、电子报刊等。

2. 按信息存取方式分

按此方式，可分为邮件型、电话型、广播型、书目型、图书馆型和揭示板型。邮件型，如电子邮件和电子邮件群体服务；电话型，如会话（talk）和交互网中继对话；广播型，是在网络上向特定多数利用者即时提供图像和声音的信息传播方式；书目型，如查询 FTP 文档的 Archie 和 WAIS 等；图书馆型，即通过信息系统提供一次性文献的信息传播方式；揭示版型，如网络新闻等。

3. 按信息内容范围分

按此方式，可分为文化信息、教育信息、学术信息、政府信息。

此外，还可按时效性分为网上出版物、动态信息、联机馆藏书目数据库、国际联机数据库；按网络信息层次分为指示信息、信息单元、文献、信息资源、信息系统，等等。

第三节　文献检索的过程、路径与方法

文献检索的全面性高、针对性强，能够使研究者培养良好的创新性思维，并少走很多弯路。

一、文献检索原理

文献检索是从众多的文献群中查找出符合特定需要的文献信息的全部活动过程。从这个意义上讲，文献检索也就是信息检索(Information Retrieval)，是在文献海洋中查找特定信息，强烈的情报意识支配着检索的全过程。文献检索与文献存贮有着密切的关系，存贮是为了有效的检索和利用；检索是存贮文献的逆过程，即用什么方法存贮文献信息，就用同样的方法把所需的文献或相关的知识，如数据、信息查找出来，这就是文献检索的基本原理。

二、文献检索的过程与检索手段

(一)文献检索过程的步骤

文献检索的过程主要由三个步骤组成。

1. 分析准备阶段

包括分析研究课题，明确自己准备检索的课题要求与范围，确定课题检索标志，以确定所需文献的作者，文献类号，表达主题内容的词语和所属类目，进而选定检索工具，确定检索途径。

2. 搜索阶段

搜索与所研究问题有关的文献，然后从中选择重要的和确实可用的资料分别按照适当顺序阅读，并以文章摘录、资料卡片、读书笔记等方式记录搜集资料。

3. 加工阶段

①从大量搜集到的文献中摄取有用的情报资料，其过程包括：剔除假材料，去掉相互重复、较陈旧的过时的资料；②从研究任务的观点评价资料的适用性，保留那些全面、完整、深刻和正确地阐明所要研究问题的一切有关资料，以及含有新观点、新材料的资料，对孤证材料要特别慎重；③对选定材料进行分类编排，并编制题目索引或目录索引；④对准备利用的文献资料，要鉴别和评价其可靠性。

(二)文献检索的渠道与手段

信息情报业的发展，使人们可以从各种渠道获取研究所需要的文献资料，研究者根据自己的研究资金与时间上的许可程度，选择信息渠道。目前可供利用的检索手段有手工检索系统和计算机检索系统，后者又可分为光盘检索和联机检索。

1. 手工式文献检索

用手工方式来查找文献资料常用的检索性工具有：书目、索引、文摘等。对检索过程进行合理安排，可以节省时间，并有条不紊地完成检索任务。以下编排检索程序可供研究者参考：首先，关注最近几年的研究资料，考查检索主题的当前动态，这些资料后附的文献目录能使研究者了解最近从事相同或类似课题其他人所研究的课题。其次，查找有无相关的专题书目，专题书目能提供基本的参考文献，省去研究者的许多检索工作。最后，查阅研究综述与文献评论，这样可以利用别人已经做过的工作。

在查找过程中，研究者应灵活运用各种检索方法，同时尽量利用积累索引。成功的关键是对检索主题的准确把握和熟练地使用各种索引。如果研究者频繁地发现他所注意到的文献早已看过，或者发现他查出新资料的机会越来越少时，检索工作基本上就可以结束了。如果所查文献仍不能满足要求时，则需要作些辅助性查找。例如，各种学位论文、非公开发行刊物、内部报告或相邻领域的文献等。普通的检索工具未能收录，研究者需要利用其他检索工具或情报源，以发现遗漏的文献。如果研究需要在很长时间内进行，研究者则必须不断地进行文献查阅，以便自己的研究能够跟上课题领域的新进展。

2. 计算机化的文献检索

计算机化的文献检索通常由计算机、数据库、检索软件、检索终端及其他外部设备构成。在文献检索中，手检是基础，机检是发展方向，目前已由单纯的文献检索发展到全文检索、文字声音和图像一体化检索。

（1）光盘检索和联机检索。光盘检索是指研究者在微机上以人—机对话方式查询光盘数据库，从而获得文献信息。联机检索是指研究者在计算机检索系统的终端上，通过网络，以人—机对话方式查询远距离计算机检索系统中的数据库，从而获取所需的文献信息。光盘检索和联机检索的效果取决于文献信息存贮与检索过程中的许多因素。如检索系统的功能、数据库结构、存贮文献信息的标引质量以及检索策略。其中检索策略起到关键性作用。

（2）利用国际互联网（internet）查找资料。在网上查找教育研究信息资料，主要有四种方式：

①利用网络搜索引擎收集教育信息。网络搜索引擎提供两种搜索方式，即关键词搜索和主题词搜索。关键词搜索是以选定检索主题中的关键词为出发点的计算机化文献搜索。其方法是：打开浏览器，在地址栏内键入站点地址，可以看到页面上有一个可键入关键词的输入框和一个名为"搜索"的按钮，在输入框中键入关键词，然后点"搜索"按钮进行查找，查询向导会自动把关键词与整个 Web 资源索引进行比较后给出查找结果。采用关键词搜索，要注意关键词的选定，如果选择不当，搜索结果会多得难以想象；另外，当关键词多于一个时，应按其重要次序输入，这时引擎会以第一个词作为查找信息的依据，再将符合条件的内容作为第二个关键词的搜索范围。主题搜索时该引擎把所有信息分为各种类别，研究者根据自己的研究专题逐步深入查找。

②利用教育网站获得教育信息。许多政府教育管理部门、教育研究机构和教育团体在互联网上建立教育站点，发布教育新闻、本机构的教育研究信息、教育研究成果，提供教育信息的查询服务等。研究者打开浏览器可直接键入该网站地址，能很快找到所需信息。如果经常利用引擎搜索教育信息，研究者会发现一些较大的教育网站，在各网站主页上都有"相关网站"一项，用鼠标点击该处，可以找到更多的教育网站。常用的教育网站有：中华人民共和国教育部网 www.moe.edu.cn；中国教育新闻网 http：//www.jyb.cn/；中国教育信息网 www.chedu.com 等。

③利用网上教育文献数据库进行文献检索。许多情报机构在网上建立了教育文献数据库，直接为教育研究提供服务，研究者可以连接至该数据库进行文献的全文或摘要检索。如果是全文，研究者还可以存盘或打印。

④利用网上图书馆查阅教育文献。许多图书馆开展了基于互联网的读者服

务项目，主要内容有：通过互联网进行馆藏书目查询、建成数字图书馆供读者查询、提供电子文献供读者下载、提供光盘数据库供读者联网检索等。

三、文献检索的途径与方法

文献检索方法是为了达到既定目的所采取的手段；检索途径则是按照文献存贮与检索基本原理，并依检索工具的编排方法来查找有关的具体文献信息。两者都是为实现检索服务的，这是它们的相同点。但从检索步骤看，两者又是有区别的。多数是在选定检索工具书刊或数据库的前提下，先定检索途径，后定检索方法。

(一)文献检索的要求

文献检索的基本要求可归纳为"准、全、深、快"四个字，即：准——高的查准率；全——高的查全率。搜索的资料不仅有正面的也有反面的，既有纵向的也有横向的，既有中文的也有外文的，既全面又系统；深——占有情报的多样性及内容的专深；快——要迅速。一个准确度高、有价值的情报资料，如果检索速度慢了，耽误了时机，就会失去它的应用价值。

(二)文献检索的途径

在利用检索工具进行检索时，主要是利用它的各种索引，即通过检索工具的索引所提供的各种检索途径来查找文献的。

1. 内容特征途径

(1)分类途径。是一种按照文献资料所属学科属性进行检索的途径。检索工具的分类表提供了从分类角度检索文献的途径，其检索的关键在于正确理解检索工具中的分类表。多数检索工具的正文按照分类编排，因此可利用其分类目次表，按类进行查找。分类途径可把同一学科的文献信息集中检索出来。但一些新兴学科、边缘学科的文献难以给出确切的类别，易造成误检和漏检。因此，从分类途径查找文献，一定要掌握学科的分类体系及有关规则。

(2)主题途径。是一种按照文献信息的主题内容进行检索的途径。利用从文献信息中抽出来能代表文献内容的主题词、关键词、叙词，并按字的顺序排列。检索者只要根据课题确定了检索词，便可像查字典一样，按字顺序逐一查找，从检索词之下的索引款目找到所需的线索。主题途径表达概念灵活、准确，能把同一主题内容的文献集中在一起，同时检索出来。

2. 外部特征途径

(1)题名途径。是根据文献题名来检索文献的途径。一般较多用于查找图书、期刊、单篇文献。

(2)著者途径。是根据已知文献著者姓名查找文献的一种途径。通过著者途径可以检索到某一著者，对某一专题研究的主要文献信息。

(3)号码途径。是按已知号码来查找文献的途径(如专利号索引，标准文献的标准号索引等)。

(4)其他途径。是辅助性检索途径，可以通过特殊途径找到所需文献的线索(如分子式索引、动植物索引、药物名称索引等)。

总之，文献检索途径与检索方法同样是多种多样和各有利弊。或取其一或多种途径结合，均从课题需要和所选检索工具或参考工具书的编排方法来决定。

(三)文献检索的方法

所谓文献检索的方法，即查找文献的方法，往往与文献检索的课题、性质和所检索的文献类型有关。基本方法归纳起来有以下三种。

1. 常用法

(1)顺查法。是以检索课题的起始年代为起点，按时间顺序由远及近地查找，直到查到的文献信息满足要求为止。此法的优点是查全率高，缺点是费时、费力。

(2)倒查法。是一种逆时间由近及远地查找文献的方法。这种方法多用于新开课题或有新内容的老课题，需要的是近期发表的文献，以便掌握最近一段时间该课题所达到的水平以及研究的动向。因此，一旦掌握了所需的文献信息即可中止检索。此方法优点是节约时间，缺点是漏检率高。

(3)抽查法。是针对研究课题发展特点，抓住学科发展迅速、发表文献较多的一段时期，逐年进行查找的一种方法。此法的优点是能以较少的检索时间获得较多的文献信息，缺点是使用此法必须以熟悉学科发展特点为前提，否则难以取得预期的效果。

2. 追溯法

追溯法又叫回溯法，是利用已有的文献后面的参考文献，由近及远进行追溯查找的方法。此法的优点是直观、方便，不断追溯可查到某一专题的大量参考文献，这是在没有检索工具或检索工具不全的情况下扩大信息源的一种好方法。缺点是检索效率低、查全率低、漏检率高。

3. 综合法

综合法又能称为循环法、分段法或交替法，是常用法和追溯法两种方法的综合。既利用检索工具又利用文献后边的参考文献进行了追溯，两种方法交替使用，直到满足需要为止，它可得到较高的查全率和查准率，是采用较多的方法之一。

总之，文献检索方法多种多样，各有利弊，应以课题需要和所处的文献环境，灵活采用。

第四节　职业教育研究文献的检索与加工策略

文献检索工作是一项实践性和经验性很强的工作，对于不同的项目，可能采取不同的检索策略。

一、文献检索策略

(一)分析课题、制定检索策略

首先要明确课题的主题和研究要点以及主要特征，然后根据课题研究的特点和检索要求制定检索策略。检索策略制定包括检索提问式、检索方法选择、检索工具选择以及检索范围(专业、时间、语种、文献类型)的限定等。其中最关键的是确定检索标识，如关键词、主题词、分类号、作者、作者单位等。编制检索策略，一般要经过以下几个步骤。

1. 选择有关的数据库

如上海图书馆的《中文社科报刊篇名数据库》、人大书报资料中心的《中文报刊社科资料索引数据库》、《中文报刊资料索引光盘》、《复印报刊资料专题目录索引光盘》等，为题录型数据库，专供检索文献篇名。《中文报刊资料摘要光盘》和《中国期刊网专题全文数据库》为全文形式数据库。近年来国外出现了帮助研究者选择检索工具或数据库的系统，系统可自动提供一批可能包含所需情报的数据库或检索工具的名称以及其他信息，研究者可以按需选择。

2. 选择并输入检索词

检索词是人们在编制数据库时赋予每篇文献的检索标识，与文献信息的组织方式和检索途径相对应，是检索途径的具体化。选择检索词是将检索主题中包含的要素和要求转换为数据库中允许使用的检索标识。检索词可用规定的分类表或主题词表进行核对，然后输入计算机。

3. 显示并审查部分命中文献

计算机根据输入的检索词，迅速从数据库中查找所需文献并显示出来，研究者在屏幕上深度命中文献以决定取舍。

4. 形式或全文形式的检索结果并获得复印件

整个检索过程一般只需要几分钟，研究者可以随时调整检索策略，检索速度快，效率高，易获得原文。如果检索出的文献国内无收藏，还可以要求系统提供原文的复印件。

(二)利用检索工具、查找文献线索

根据课题检索需要，选择相关的检索工具，然后用已经构成的检索提问式，按照相应的检索途径查找有关的索引(如主题索引、分类索引、作者索引等)，再根据索引指示的地址(如文摘号)在文献部分或题录部分查得相应的文献线索，如题目、内容摘要、作者及作者单位、文献出处等。一般来说，可以先利用本单位已有的信息检索工具，再选择单位以外的信息检索工具，在与信息检索主题内容对口的信息检索工具中选择高质量的信息检索工具。

(三)根据文献出处索取原始文献

首先对文献出处要进行文献类型辨识，缩写要还原原名称，然后再按文献出处的全称查找相应的馆藏目录并找到收藏单位，再索借或复制原文。如本单位图书馆没有收藏，可利用馆际互借获取。

二、文献检索工具选择策略

(一)国内教育文献数据库资源

1. 维普数据库

该数据库收录 8000 余种社科类及自然科学类期刊的题录、文摘及全文。涵盖自然科学、工程技术、农业、医药卫生、经济、教育和图书情报等学科。年代跨度为 1989 年至今。

2. 万方数据库

万方数据资源系统的数据库有百余个，应用最多的主要是包括了专业文献库、中国科技引文库、中国学位论文库、中国期刊会议论文库等。涵盖自然科学、数理化、天文、地球、生物、医药、卫生、工业技术、航空、环境、社会科学、人文地理等学科领域。

3. 清华数据库

主要应用包括中国期刊全文数据库、中国优秀博士硕士论文全文数据库、

中国重要报纸全文数据库、中国医院知识仓库、中国重要会议论文全文数据库。

(二)国外教育文献数据库资源

1. Springer Link 外文期刊数据库

包括医学；生物医学和生命科学；化学和材料科学；计算机科学；地球和环境科学；工程学；人文、社科和法律；数学和统计学；物理和天文学等学科，是科研人员的重要信息源。

2. EBSCO host 外文期刊数据库

常用的有两种网络数据库资源。一种是学术期刊数据库（Academic Search Premier）：包括生物科学、工商经济、资讯科技、通讯传播、工程、教育、艺术、文学、医药学等领域的 4700 多种外文全文期刊。另一种是商业资源数据库（Business Source Premier）：涉及的主题范围有经济学、经济管理、金融、会计、劳动人事、银行及国际商务等。提供 2300 多种外文期刊的全文。

3. ProQuest 学位论文全文数据库

收录了 1861 年以来全世界 1000 多所著名大学理工科 160 万博、硕士学位论文的摘要及索引，学科覆盖了数学、物理、化学、农业、生物、商业、经济、工程和计算机科学等，是学术研究中十分重要的参考信息源。

4. OCLC(Online Computer Library Center)数据库

即联机计算机图书馆中心，是世界上最大的提供文献信息服务的机构之一。其数据库绝大多数由一些美国的国家机构、联合会、研究院、图书馆和大公司等单位提供。

(三)其他教育文献检索工具

(1)中国国家(数字)图书馆：http：//www. nlc. gov. cn/；

(2)谷歌学术搜索：http：//scholar. google. cn/schhp? hl＝zh－cn；

(3)学术批评网：http：//www. acriticism. com/；

(4)学术交流网：http：//www. annian. net/。

三、文献资料的精加工策略

(一)文献资料摘取的途径

查找文献资料的目的，是摘取与调查课题有关的信息。当文献资料搜集到手后，要从中抽取所需要的内容。文献资料的摘取一般要经历以下几个阶段。

1. 浏览

浏览是把查找到的文献资料普遍、快速、粗略地翻阅一遍，使自己对所搜集的文献资料有初步的认识。浏览要有明确的目的，善于抓住文献资料的筋骨脉络，重点掌握文献的主要观点和数据，了解文献资料内容，初步判断文献资料中所提供的信息的价值，为下一步筛选打下基础。

2. 筛选

筛选是在广泛浏览的基础上，根据调查研究的目的，通过认真的选择，将搜集的文献资料分为必用、可用、备用、不用等几个部分，使手中的文献资料的数量由多变少，质量由粗到精。筛选的依据是文献资料中有用信息的多少和质量的优劣。筛选的关键在于善于比较。筛选的方法是按顺序进行，即可先从大量文献资料中筛选出备用资料，从备用文献资料中筛选出可用文献，再从可用文献中筛选出必用文献，最后剩下的就是不用的文献资料。

3. 阅读

阅读是对筛选出的文献资料进行认读、理解、联想和评价。它一般分为粗读和精读两个阶段。粗读的目的是了解文献资料的基本观点、事实；精读的目的是要全面掌握文献资料的实质内容，挑选出有价值的信息资料。阅读是摘取信息的前提，其中精读是摘取文献资料信息过程中关键的一步。

4. 记录

记录就是把经过筛选确认为有用的信息及时摘录下来，供进一步分析研究之用。记录的方法有标记、眉批、抄录、提纲和札记等。可根据文献资料的质量、时间、资金等条件，或逐字记录（复印），或摘要记录，或拟写大纲，或作综述，并写明文献资料的来源，包括书名、作者、出版社、出版时间、版次页码、收藏单位等内容。

（二）文献资料的阅读与记录方法

1. 文献资料的阅读原则

第一，计划性原则。阅读文献时，应当有一个大体的阅读计划，做出具体的时间安排。阅读进度的确定，应考虑到文献资料的数量、难度、性质以及研究课题的总体安排和进度。

第二，顺序性原则。为了提高阅读效率，在阅读文献时应遵循一定的顺序。一般来讲，应先看一次性文献，然后看文献综述；先阅读一般文献，再阅读专业文献；先读理论文献，后看应用文献；先看书籍，后看论文；先读近期文献，后看远期文献；先读难度小的，再读难度大的；先看中文文献，后看外文文献；先读有新内容的，后读新内容较少的；先看摘要和结论部分，后看中间；先读主要、关键部分，后读次要、细节部分；先读重要期刊杂志上的文献，后读次要期刊杂志上的文献等。在实际阅读的过程中，阅读顺序因人而异。

第三，批判性原则。阅读已有文献时要坚持用批判的眼光去看待其研究成果，多问几个为什么。例如，在阅读一篇论文时，应当注意文章的依据是什么，文章对原有理论有何发展与新贡献，它是如何解决原有理论未能解决的矛盾，等等。

第四，同时性原则。在阅读文献时，研究者并不需要将文献全部收集齐全后才去制订阅读计划，并着手进行阅读。相反，有效的做法是收集和阅读同步进行或交替进行。这样，两者之间将会产生互补效应，有利于进一步推动文献的收集和利用。

2. 文献资料阅读方法

第一，浏览。通过浏览，研究者可以对收集到的文献的内容、价值有初步的认识和判断，并据此确定是否需要对该文献深入研读。浏览的要领是：

(1)目的明确。即大致了解文献的内容，初步判明其价值。

(2)善抓要点。快速了解概况。

(3)速度快。采用扫描或跳跃式阅读，要视读，不要音读。

(4)注意摘抄，记下题目或文章出处，以便日后查找。

第二，粗读。粗读就是为了了解一篇文章的基本观点，搜寻文献引用的主要事实或数据的一种阅读方式。其目的在于广泛阅读文献资料，把握文献的主旨与脉络，获取文献的基本观点与主要事实，明确该文献与研究课题的关系，以决定是否需要进一步精读。粗读的要领是：

(1)着重搜寻表达文献基本观点的重点句子和主要事实、数据。

(2)在理解方面，要从宏观上把握文献的主旨和脉络。

(3)在联想方面，要把文献中的观点与观点、观点与事实、事实与事实之间的关系联系起来思考。

(4)在评价方面，一般只对文献的基本观点和主要事实做出初步的判断。

第三，精读。就是在粗读的基础上进行的一种深入探究，得其精髓的读书方法。其目的在于理解、鉴别、评价、质疑和创新。它是文献查阅中的关键一步。通过精读，不仅要全面掌握文献的实质内容，而且还要明确选出对课题有价值的资料、发现问题和提出新的见解。精读的要领是：

(1)阅读时要眼到、脑到和手到。研究表明，一边读书，一边思考，一边提纲挈领地记下文献的要义、存在的问题、自己的见解有助于提高精读的质量。

(2)要深入思考和分析文献的每一个概念、判断和推理的过程，以及整个文献的逻辑结构，认真把握文献的精神。

(3)准确把握文献阐述的观点与客观事实、阐述的思想与研究课题之间的关系，并做出客观的判断和全面的评价。

3. 文献资料的记录方法

记录资料有以下五种形式可供选用。

第一，标记的方法。标记就是在书上做记号。记号有许多种，最常见的是在字下面加圆点或画线。有时也可以按自己的习惯做标记。但有一点要说明的是，无论什么标记，都不宜过多过密。

第二，批语式的方法。批语式就是所读文献的空白处简单写上自己对文献有关内容的见解、评语、解释、疑问等。其特点是简单、方便、可随读随写。

第三，抄录式方法。抄录式就是把阅读文献所得到有价值的信息抄录下来。抄录的方式有全录和摘录两种方式。全录就是一字不漏，全文照抄。摘录，即只将有价值的、自己需要的信息抄录下来。摘录分两种，一是摘录原文，即整段整句地摘录，连标点符号也是原文一样；二是摘录原意，即根据自己的需要，用自己的语言，把原文的基本观点、主要事实和数据简要地摘录下来。抄录时还需注意的是：第一，一定要注明出处，如作者、文献题目、版本、出版时间、期刊年号和期号以及页码等，以便以后查找、核对或引用；第二，注意一条信息资料使用一张活页纸或一张卡片，并注明题目和所属问题类别。这样，在资料整理时才便于按题目归类。

第四，提要式方法。提要式就是根据研究的需要，用自己的语言、按文献原有的结论对文献全文进行概括和缩写。概括和缩写时，应力求全面、清楚、简明和准确。一般不破坏原文固有的顺序。

第五，札记的方法。阅读文献资料后，把心得、感想、批评、疑点、意见等记下来，就是札记。札记已经带有了研究的色彩，是更高一级的记录形式。为此，应善于对札记的内容进行整理与分析。

第五节　职业教育文献研究案例

在知识大爆炸的时代，文献资料浩如烟海。如何在纷繁复杂的文献中发掘为我所需的文献，的确是一门很大的学问。下面是广西师范学院黄艳芳教授运用文献研究方法，对"北部湾经济区继续教育需求"进行研究的成功案例，希望通过对它的简要分析，能给读者以快速获得职业教育有用文献提供新的启发。

案例：北部湾经济区继续教育需求分析①

本文为教育部重大课题《教育改革和发展战略与政策研究》子课题《广西壮族自治区继续教育改革和发展战略与政策研究》阶段研究成果之一。该课题中系列数据的获得，都是依靠文献研究方法得来的，以此为基础形成了相应的研究成果。

【摘　要】本文以《广西北部湾经济区发展规划》所确定的产业发展目标为研究基础，结合区域人才需求和人才供给现状的分析，主要论述了在北部湾经济区不断开发的过程中，继续教育对于行业、专业人才培养的重要作用，以及北部湾经济开放开发对继续教育的现实需求。

【关键词】北部湾经济区；继续教育；需求

在广西北部湾经济区的开放开发中，人才资源成为最具战略意义的第一资源。面对巨大的人才需求，人才资源开发的重要性日渐凸显。那么，北部湾经济开放开发对继续教育有什么需求？在北部湾经济区的人才开发中，继续教育的定位是什么、应该拓展哪些服务功能？这是一个具有重大现实意义的研究课题。

1. 北部湾经济区人才需求分析

1.1　人才需求预测

广西北部湾经济区的开放开发，关键在人才。为适应《广西北部湾经济区发展规划》实施的要求，为经济区的开放开发和推进泛北部湾经济合作提供必需的人才支撑，自治区党委、自治区人民政府编制了《广西北部湾经济区 2008—2015 年人才发展规划》。该规划对未来 8 年经济区人才需求的总量和结构进行预测为：2010 年，北部湾经济区人才总量达 115 万人左右。在人才需求的能级方面，大学本科及以上学历人才将占全部人才的 33.68%，大学专科学历人才为 40.67%，中专及以下学历人才为 25.65%；在人才需求的产业分布方面，预计第一、二、三产业人才的比重将变为 16.70：36.54：46.76。

2015 年，人才总量将达到 168 万人左右。在人才需求的能级方面，大学本科及以上学历人才占全部人才的比重达 45.62%，大学专科学历人才比重

① 黄艳芳.北部湾经济区继续教育需求分析[J].广西广播电视大学学报，2008(2)

39.99％，中专及以下学历人才比重下降到 14.39％；在人才需求的产业分布方面，第一、二、三产业人才的比重将变为 12.55∶44.09∶43.36。

　　按照《广西北部湾经济区发展规划》所确定的产业发展目标，《广西北部湾经济区 2008—2015 年人才发展规划》重点确定了九大重点发展产业的人才需求。限于篇幅，以下内容略去。

　　简要评析：这是典型的应用文献研究写成的文章，由于文章研究的是"北部湾经济区继续教育需求"的问题，因此必然要涉及北部湾经济发展规划，尤其是北部湾经济发展对人才需求的具体数据。因此，整篇文章把搜集文献的重点放在广西关于北部湾发展规划的文件和公开发表的相关文章研究上。从中获得的都是权威性数据，这样得出的分析数据才具有说服力量。以这些数据为基础，进行归类、列表，找出数据中体现出来的规律性的东西，并与自己的研究有机结合起来，为自身的分析提供研究路向，也为自身研究结论提供有力的依据。作者从人才需求结构层次与职教专业结构对应上进行了深入研究，对北部湾人才"供—需"对应的状况作出了详细分析，形成了富有针对性和前瞻性的研究成果。

第五章
职业教育调查研究法

自 1910 年美国学者肯德尔(N. Kendall)开始将社会科学研究中经常使用的调查研究法引入到教育研究中之后，调查研究法以其独特的优点和效力，随即成为教育科学研究的一种基本方法，为认识和把握教育发展的现实提供了有效的途径和手段。通过调查，可以揭示教育发展中现实存在的问题，暴露矛盾，促进教育问题的解决；可以帮助教育工作者发现和总结教育经验和教训，更好地改进工作，提高教育教学质量；可以为实现不同层次和不同要求的教育管理和教育预测服务。另外，通过调查，搜集教育现象的事实材料，还可以为各级教育行政部门制定政策、法令法规和教育发展计划提供依据。

第一节　调查研究概述

调查研究是人们深入现场进行考察，以探求客观事物的真相、性质和发展规律的活动，它是人们认识社会、改造社会的一种科学方法。毛泽东曾提出"没有调查研究就没有发言权"的论断。并且运用马克思主义的立场、观点和方法，调查和研究中国社会的历史和现状，把马克思主义普遍真理同中国革命实践结合起来，进而提出了指导中国革命的理论和方针政策，赢得了革命的胜利。

一、调查研究的定义与基本功能

(一)调查研究的定义

调查研究是研究者采用问卷、访谈、观察、测量等方式了解现状，考察事实，收集材料，从而探讨教育问题、教育现象的研究方法。

职业教育调查是有目的、有计划地收集有关教育现象的实证资料，通过分析和综合来解释、说明研究问题的活动。这里包含两层意思，一是调查，指运用观察、询问、测量等方式收集事实和数据，这是一种感性的认识活动；二是研究，指通过对事实资料的思维加工，由感性认识上升到理性认识。调查研究的目的在于揭示教育现象的本质特征，正确地解释教育现象的发生和变化的过程。

调查研究是职业教育研究中运用最广泛的一种研究方法，调查通常不受时间、空间的限制，在自然情境中收集数据，效率较高。另外，它不需要控制条件或操纵被调查的对象，涉及范围广，手段多样化，便于实施，特别适用于描述性研究和相关性研究。

(二)调查研究的基本功能

首先，调查研究是正确认识职业教育，进行科学决策的前提和基础。信息是决策的基础，搜集和索取信息是否准确、全面和及时乃是科学决策的前提条件。在进行职教决策时，不仅要了解和认识社会的政治、经济、文化和教育等现状，以及它们的历史发展。而且还要从事实的全部总和，从事实的联系去掌握事实。如果离开了对社会实际的调查研究，不可能正确地认识社会，更不可能作出科学的决策。

其次，调查研究是职业教育教学改革的有效方法。没有教育调查，没有对中国社会的基本国情的深刻认识和了解，要改革职业教育就不可能有正确的决策，就不可能符合中国革命和建设的实际。因此，教育调查研究是理论与实际相联系的桥梁，是一般教育原理与职教改革实际相结合的钥匙。通过教育调查研究，形成的教育思想和理论，要发挥它的指导作用和对教育的改造作用，也离不开调查研究的实践活动。由于客观事物千差万别，千变万化，而各地区的具体情况各不相同，要正确地贯彻执行职教政策、有效实施职教改革，在改革实践中也必须坚持调查研究。

最后，教育调查研究是发现和培养社会主义现代化建设人才的重要途径。我国社会主义现代化建设和改革开放急需大批人才，特别是在新的技术革命兴起的今天，各国的经济、贸易和军事的竞争，实质上是知识、技术和信息的竞争，人才的竞争。为迎接新技术革命的挑战，抓住大好时机，把经济建设搞上去，急切需要大批既能坚持四项基本原则，坚持改革开放，又懂得市场经济，精通各种专业知识和熟悉中国国情的各种人才。如何培养和造就这样的人才？教育调查研究是一个重要途径。

二、调查研究的基本要求

调查研究通常与其他研究方法有机地结合在一起，共同解决问题。作为一种研究途径，调查研究有其自身的基本要求，可以从以下几个方面考虑。

(一)调查对象

根据调查目的合理选择调查对象。调查对象应该有典型性、代表性，当研究对象总体较大时，应采用随机抽样。

(二)调查手段

调查研究应尽可能利用可获得的资源和手段，尽量做到全面、客观、公正地收集资料，注意综合运用不同的研究方法，互相补充，互相印证。

(三)调查记录

调查研究强调要用事实和数据说话，因此必须准确地记录资料，注重量化材料的收集，保证资料的精确性和可靠性，使所得的结论具有说服力。

(四)调查内容

调查要特别注意事物间的相互联系，全面认识事物之间的多重联系，以揭示其本质和寻找事物发展的规律。

(五)调查实施

为了保证获得准确的调查材料，调查的实施应规范，必须采用统一的调查标准和要求，统一记录表格，统一记录方式。

(六)调查情境

调查情境应保持自然状态，在不影响被调查者正常教育活动的基础上实施调查，以免影响调查材料的真实性。

(七)调查分析

调查研究重视材料的整理与分析，能量化的尽可能量化，能统计处理的尽可能统计处理。调查材料应该是真实的、客观的、可靠的。对材料的分析要避免主观臆断，避免夸大或缩小。

教育调查研究作为一种科学研究方式，它的一般过程遵循着科学研究的基本逻辑。虽然说，在科学研究的基本逻辑循环中，研究是没有起点也没有终点的，可以从任意一点开始，但整个研究过程的前后次序是不能改变的。

三、调查研究的基本原则

调查研究不是随意地去获取资料，必须遵循科学研究的一般原则，必须采用科学的方法和态度，必须以科学的理论为指导，只有这样才能获得真实可靠的信息，得出符合客观事实的结论。调查研究的基本原则有两类，一是研究的操作原则；二是研究的伦理原则。

(一)调查研究的操作原则

1. 客观性原则

客观性是指任何现象都是客观存在的，是不以人们的意志为转移的。因此，要求研究者对客观事实采取实事求是的态度，避免个人的主观偏见，不能歪曲或虚构事实。

2. 科学性原则

科学性是指研究和研究结论要以事实为依据，要符合逻辑推理，研究应该是全面的，而不是个别的或偶然的。科学性还要求得出的理论或研究结论必须经受实践的检验，可以重复验证。

3. 系统性原则

系统性是指研究要完整地、全面地认识和概括研究现象和经验事实，要能揭示现象之间的相互联系，要把研究问题放到更大的背景中去考虑。

4. 随机性原则

随机性是从事调查研究的一个基本思想，采用随机化的程序可以避免很多无关因素的干扰，可以使研究更客观、更可靠。

5. 理论和实践相结合的原则

理论是人们根据经验事实对现象所作的尝试性解释，这种解释还需要在实践中加以检验。调查研究必须要有理论的指导，但这种指导并不是要研究者带着框框去研究，而是将现有的理论作为参照系，用调查获得的事实资料来检验理论、发展理论。

总之，调查研究要从教育、教学的客观现实出发，从实际问题出发；坚持实事求是的态度，尊重客观事实；采取认真、严谨的科学态度，遵守科学研究的规范。

(二)调查研究的伦理原则

在具体的调查研究活动中，研究的对象应该是有价值、有尊严并具有各种公民权利的人，而且往往是成长发展中的青少年。由于有些研究可能会对被研究者的身心造成负面影响，会涉及一些伦理问题以及隐私问题，出于道义的考虑并为了保证教育调查研究的顺利开展，研究者必须遵守研究的伦理原则。

1. 自愿的原则

教育研究是出于研究者的目的和意愿进行的活动，被研究者没有义务一定要参加这些活动。因此，被研究者有不参加研究的权利，有中途退出研究的权利。若被研究者是成人应直接征得本人同意，若被研究者是未成年者，应征得其父母或老师的同意再开展研究。

2. 匿名的原则

被研究者有不署名的权利，研究者不能未经同意在研究报告中或在公开的场合披露被研究者的姓名。被研究者的姓名可以用号码来代表。

3. 保密的原则

被研究者有要求研究者对测得的有关自己的数据资料保密的权力。研究者可以用号码而不用姓名登记所有被研究者的资料，可在研究结束后销毁测验的原始材料，不将研究结果告诉未经被研究者同意的其他人。

4. 无害的原则

不管是有意还是无意，研究活动不能够伤害被研究者。当研究者给被研究者身心造成损害，被研究者有追究研究者责任的权力。研究者应在研究实施前向被研究者承诺，研究不会对被研究者身心造成不良影响，不会侵犯他们的隐私权。例如，研究可能会对被研究者身心有影响，应事先向被研究者说明利害关系，以及所采取的补救措施。研究者有责任消除一切不良的后果。

四、教育调查研究法的特点

(一)教育调查研究法重在考察现实教育问题

教育调查研究，是人们对某类教育问题的显示状况，他人曾经付出的努力及其效果等方面获得相关知识，帮助研究者分析问题存在的原因，寻找解决问题的有效途径。例如，职业教育与区域经济发展关联程度、高等职业教育专业结构调整策略的研究、职业教育教学方法改革的问题等，这些在当前教育改革中涌现出来的新课题都可以运用调查研究的方法加以探讨。

(二)教育调查研究法具有较强的严密性

无论问卷调查还是访谈调查，都各有一整套规范的操作程序，要求研究者在实施调查前进行严谨的调查设计，通过尝试性调查验证并修改设计方案。实施调查研究，要求研究者较好地保持与调查对象的联系；要求研究者熟悉和掌握相关的操作技能和技巧。另外，为了保证研究资料的全面性和真实性，研究者应该进行多方位调查。

(三)教育调查研究法受到语言的制约

调查研究法要受研究双方语言感受力、理解力和驾驭力的影响，尤其对研究者的语言能力提出了较高的要求。在调查研究的过程中，研究者以书面语言或口头语言的方式向研究对象提出问题并要求回答，从中获得研究资料，语言传递是个关键环节。因此，研究者的语言形式与风格是否适宜调查对象的阅历、身份和语言能力及语言习惯就是研究者应该认真考虑的问题。

五、教育调查研究的类型

依据调查研究的目的、范围、内容和方法等方面的差异，可将调查研究划分成不同的类别。

(一)依据调查研究目的的不同分类

1. 现状调查

现状调查是一种描述性调查，主要是调查某一类教育现象目前的状况、基本特征和存在的主要问题。目的是对教育现象的真实情况进行具体描述，或寻找一般数据，为改变现状、解决问题和促进发展提供依据和帮助。如"中职学生网络使用情况的调查""农村职业教育教师队伍现状的调查"等。这类调查往往能提供第一手的材料，其调查结果也受到社会和广大教育工作者的极大关注。

2. 关系调查

关系调查是一种相关性的调查，它主要调查两种或两种以上教育现象的性质和程度，分析与考察它们是否存在相关关系，是否互为变量。目的是寻找某一教育现象的相关因素，以探索解决问题的办法。如"就业意向与选学校挑专业关系的调查""教师态度与学生心理健康关系的调查"等。这一类调查往往能为教育工作者提供最直接的材料和理论依据，故经常为教育工作者所采用。

3. 发展变化调查

发展变化调查是一种预测性调查，它主要调查某一教育现象随着时间的变化而表现出的特征、趋势和规律，从而以此为依据推断未来某一时期的教育发展趋势与动向。如"职业院校专业建设适应广西北部湾经济区开放开发的调查""中国与东盟贸易调查"等。这类调查难度较大，其结果相对来说准确性不是很高。因此，在采用这类调查结果时，特别是依此做出预测时，要持谨慎态度。

4. 比较调查

比较调查是一种对比性的调查，它主要调查两个或两个以上群体、地区、时期的教育情况，对比分析不同对象间的差异特点及规律。目的是弄清不同类型的教育对象、不同性质教育现象之间的差异性、相似性及其内在联系。如"职业院校之间学分互认的调查""东、中、西部地区中职教师收入情况的调查"等。这类调查往往能起到总结经验、吸取经验教训的作用，为落后者提供先进的经验。

5. 原因调查

原因调查是一种因果性的调查，它主要调查产生某一教育现象的可能原因。这种调查法在教育实践中应用得较多。如"会计类专业持续热招的原因调查""影响职业教育发展的因素调查"等。这类调查相对来说比较直接，有利于迅速发现问题，尽早解决问题。但由于是一种无干预的自然调查，没有对相关的变量与因素进行控制，其因果关系推论的可靠性不高，容易出现原因混淆或原因不明的情况。在使用其结果时一要慎重，二要不断验证。

(二)依据调查范围的不同分类

1. 全面调查

全面调查又称普遍调查，是指对某一范围内所有被研究对象都进行调查的一种重要的宏观调查方法。全面调查可以是单位性的或地区性的，也可以是全国性的，它能够得到有关调查对象的全部情况，为制订重大的方针、政策和规划提供必要的依据。例如，我们要调查广西高等职业教育院校专业设置与产业对应的情况，就可以对广西高职高专院校所有专业布点、院校分布等指标进行调查统计。根据这些资料与产业结构进行分析比较，从而摸清广西高等教育专业结构与产业对应的关系及是否符合广西区域经济发展的整体状况。全面调查由于是对需要调查的对象进行逐个调查，因此这种方法所得资料较为全面可靠，但调查花费的人力、物力、财力较多，且调查时间较长，实施起来不容易。

2. 非全面调查

(1)典型调查(重点调查)。即在调查范围内选择部分具有代表性、典型性的对象进行调查。调查对象的选择是重点调查成功与否的关键。根据调查任务的不同，调查对象可以是重点行业、重点企业，也可以是重点城市、重点地区、重点机关、重点院校。

实践中能否采用重点调查的方法，是由调查任务和研究对象的特点决定的。一般来讲，当调查任务只要求掌握基本情况，而部分单位又能比较集中地反映所研究项目的情况时，就可采用重点调查。重点调查必须在客观上有重点单位时才能采用，假如调查对象的基本单位之间差异不大，无重点单位，不分主次，就无法采用重点调查方式。例如，要了解广西职业教育对承接东部产业转移的情况，就可以选择桂东经济区的职业院校与承接东部产业转移相关的专业设置情况进行调查，这样就可以以点带面，大致了解承接东部产业转移与广西职业教育的发展关系。

(2)抽样调查。即从被调查对象的全体范围(总体)中，用科学取样法抽取一部分单位(个体)进行调查，并以样本特征值推算总体特征值的一种调查方法。抽样调查是以统计学为基础，具有较高的科学性和准确性，并能大大节省人力、财力、物力和时间，是教育调查中使用最多的一种调查方法。抽样调查的目的在于了解全面资料，而调查方法却又是一种非全面调查方法。抽样调查依据概率论和大数定律，被公认为是非全面调查中用来推算全体最完善最科学的方法。

(3)个案调查。个案调查是对某一具体社会单位进行全面、深入调查研究的方法。例如，某一班级的学生积极性很高，实践性活动开展得有声有色，学校就可以抓住这个机会，进行有目的、有计划的调查研究，把这一经验总结出来，推广到全校以及其他学校或地区。个案调查的重要意义在于能通过深入实际、解剖麻雀，对某一现象进行具体、细致的调查研究，可以详细观察事物的发展过程，具体了解现象发生的原因，并掌握多方面的联系。但由于个案调查的代表性最小。因此，它更多的是具有启发意义，在推广经验时要极为慎重、稳妥。

(三)依据调查研究内容的不同分类

1. 综合调查

综合调查是为了解与掌握被调查事件或现象的全貌与整体而进行的一种调

查研究，它要涉及与调查事件或现象密切相关的多类问题或某个问题的各个方面。例如，"西部地区职业教育发展状况调查"就是一项综合性调查，它要涉及西部地区的经济发展、文化传统、教育经费投入、师资队伍状况、教学设施、教学方法、课程体系、学生的学习动机、入学率、毕业率等与职业教育发展相关的方方面面。当然，综合与专题都是相对的概念，一个专题并不是不可再分的最小单位，它往往含有比它更小、更具体的小专题。一个综合性的专题也并不是最宏观、最综合的专题，往往还有比它更宏观、更综合的专题存在。

2. 专题调查

专题调查是针对一个具体的专题或现象而进行的调查研究，其目的是对这个专题或现象有一个深入地、细致地了解。专题调查又可分为事实调查和征询意见调查。

(1)事实调查。事实调查与前述的现状调查有很大的相似性，都是针对教育现状而进行的调查，但事实调查只要求调查对象提供现成的事实或数据，而不需要其发表自己的看法、见解和意愿等。例如，"广西中等职业教育专业结构调整情况的调查""十一五期间广西职业院校毕业生就业情况的调查"等。

(2)征询意见调查。征询意见调查是将调查的内容从教育事实转向调查对象对教育事实和教育发展的意见、看法和建议，其目的是改进和提高教育教学工作。例如，"广西县级中职学校专业教师需求情况的调查"等。

(四)依据调查研究方式的不同分类

可以把调查研究分为问卷调查和访谈调查两种，对此，我们将在下面两节中进行具体的介绍。

六、教育调查研究的一般程序

(一)明确调查研究的课题

选择课题之后，研究者要通过查阅文献、观察等方法进一步明确研究课题的性质、所涉及的概念及其相互关系、当前国内外的相关研究成果，以便使整个课题组成员形成对该课题正确统一的认识，明确调查研究的问题。

(二)确定调查对象

教育调查研究的方法、研究的内容和范围不同，调查的对象也是不一样的。

在进行调查之前，调查者要明确总体的范畴和所选择样本的含义。根据课题需要选择抽样方式来确定调查对象，再进行科学地抽样，使样本能够充分代表总体。

（三）设计调查手段

问卷和访谈是教育调查研究中最有代表性，应用最为普遍的两种调查方式。研究者应该根据调查课题的具体内容与实施条件，选择主要的调查方式，并做好相应的准备工作。例如，选择问卷调查，研究者应该根据调查中的某些具体问题有一定的构想，并预测得出数据的特点和处理数据的方法，还应了解答题者的背景情况。

（四）制定教育调查研究计划

制定教育调查研究计划旨在使教育调查的初步设想系统化和操作化。调查研究计划要对调查研究的目的、意义、对象与内容、调查实施的时间与地点，资料的搜集方式、整理资料的手段与技术，以及一些补救性措施等方面逐一加以细致阐明。通过调查手段搜集资料，必须要搞好调查计划设计。

调查计划的内容是对调查全过程的分步骤、分阶段的细化描述。设计调查计划内容包括明确调查题目、阐明调查目的、选定调查单位、规定调查规模、研究调查对象、说明调查方法、编写调查提纲、拟定调查顺序和时间安排，等等。调查设计分为纵向设计和横向设计两种。纵向设计是涉及随着时间推移收集资料的调查和在特定时间内及时收集资料的调查，常用于跟踪调查或趋势调查。一般采用在不同的时间段进行多次随机抽取被试并测试。即不断从整体样本中取样，不断地测试随机样本，见图5-1。除此之外，纵向设计还可以对同一组被试在不同时段进行多次测试，即一次抽样，反复多次测量，见图5-2。

与纵向设计相对，横向设计是从总体中同时抽取样本，进行一次测量，即在某一时间从一个样本或者从一个以上代表两个或两个以上总体的样本中收集数据。横向设计收集数据的时间短，一次性就可以解决问题，因此研究者多采用这样设计，见图5-3。例如，对中职学校学生学习心理变化的研究，就可以从专一、专二、专三三个年级随机抽取各100人，对这300人进行一次性的测试。

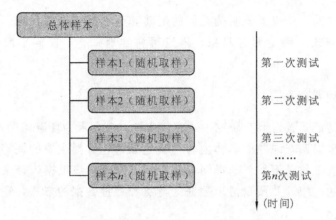

图 5-1 纵向设计多次随机抽样模式图

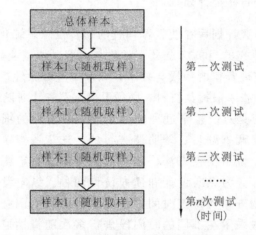

图 5-2 纵向设计一次随机抽样模式图

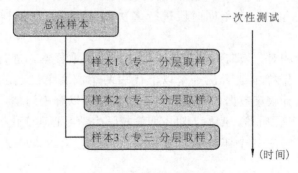

图 5-3 横向设计模式图

(五)设计调查问卷或编制访谈提纲

研究者根据调查研究计划设计调查的具体方案是教育调查研究的关键步骤。如果选择问卷调查的方式，研究中需要设计调查问卷，包括确定问卷中的每个问题、仔细推敲问题的提出方式及所提供的备选答案间的逻辑关系、选择题目的格式和安排问题的顺序等一系列具体工作。如果选择访谈方式，也要考虑问题的顺序与提法，获得信息量不足时所进行的补充提问，访谈过程的记录方法、访谈对象联络方式，访谈时间、地点的安排等一些细节性的问题。上述问题考虑成熟并形成文字后，还要反复斟酌，以便发现问题及时修改。

(六)准备性调查

准备性调查的目的不是获得教育调查研究所需要的资料，而是力求发现并纠正研究者设计的调查问卷或访谈提纲中那些模糊、混乱或者不充分的问题。准备性调查所得到的反馈信息，对于修订调查设计是十分必要和有益的。准备性调查的对象要与实施调查研究所选取的研究对象身份一致，但数量不必多，10～20人为宜。准备性调查不一定一次完成，研究者可以根据需要来进行，但也要考虑时间与经费的限制，尽可能使调查设计趋于完善。

(七)进行正式调查

研究者运用修订好的调查设计实施正式调查，以获得所需要的信息资料，并对教育调查测量工具的可靠性进行一定的检验。

(八)处理教育调查研究资料

对调查所得到的数据资料进行整理分析。从中发现某些具有倾向性的问题，为得出结论提供数据资料。

(九)撰写教育调查研究报告

这是教育调查研究的总结阶段。研究者要对教育调查研究的过程与结果加以详尽介绍和理论分析，依照调查报告的形式和要求，形成教育调查研究的成果。

第二节　问卷调查

问卷，是研究者为调查而设计的一种表格，通常所说的调查表就是一种问卷。问卷调查，是将事先印好的问卷发给被调查者填写后收回，以获得所需要的研究资料，它的性质重在对个人意见、态度和兴趣的调查。问卷的目的，主要是在经由填答者填写问卷后，从而得知有关被测者对某项问题的态度、意见，然后比较、分析大多数人对该项问题的看法，以作为研究者参考。

一、问卷调查的概念和种类

（一）问卷调查的概念、特点及应用

1. 问卷调查的概念

问卷调查是调查者运用统一设计的问卷向被选取的调查对象了解情况或征询意见的调查方法，也称问卷法。问卷法是社会调查中最常用的资料搜集方法，美国社会学家艾尔·巴比称"问卷是社会调查的支柱"。西方国家最早将其用于政治选举、商业推销和经济预测等方面，使其逐步成为调查研究中搜集资料的一种主要方式。我国从改革开放以来，也广泛采用调查问卷的方式来研究社会经济与教育领域里的现象和问题。

2. 问卷调查的特点

（1）调查空间的广阔性。问卷法可以突破地域空间的限制，能在广阔的范围内对地域上相隔千里的众多调查对象同时进行调查，在较短的时间内搜集到大量的信息。它可以通过邮寄把问卷分发到各地进行相关问题调查，尤其开展网上问卷调查更是突破了时空限制。问卷法的这一特点是任何直接调查法所不可比拟的。

（2）调查过程的匿名性。问卷法有着很好的匿名性。调查者可在不直接与被调查者面对面接触的情况下完成调查工作，被调查者填答的问卷不要求署名，填写问卷的地点由被调查者决定，可保证无其他人在场。因此，问卷法便于对被调查者的情况和回答的问题保密，从而使被调查消除顾虑。从这一方面看，问卷法的匿名性对客观地反映社会现实的本来面貌，搜集真实的社会信息具有十分重要的作用。

（3）调查干扰的排除性。问卷法能避免人为原因造成的各种偏差，减少主观因素对调查结果的真实性所产生的不利影响。由于问卷法是一种间接的、书面的、标准化的资料搜集方法，每个被调查者都是在大体相同的时间得到问卷，单独地以大体相同的方式回答问卷，而且在问题的先后次序、问题的表达、答案的类型等方面都是完全相同的。因此，被调查者在各方面受到的影响基本上是一样的。而运用直接调查方法搜集资料，往往受人为因素影响较大。如访谈法，常会因为访谈员的性别、年龄、经历、知识、能力、态度的不同，以及访谈环境、访谈进展情况等方面的不同，产生各种偏见，形成误差。

（4）调查投入的节省性。问卷法可以节省大量的人力、财力和时间。由于问卷法是由被调查者填写问卷，因此，可以在很短的时间内同时调查很多人。一方面可以不必派人分赴各地一一专访；另一方面可以减少大量调查人员及其培训，由此节省人力、财力和时间，用最少的投入获得最多的社会信息。这正是许多调查者采用问卷法搜集资料的主要原因之一。

（5）调查资料的量化性。问卷法有利于资料的定量分析。由于问卷法是一种标准化的资料搜集方法，问卷中所列的问题、预选的答案种类，以及填答问卷的方式都是按统一要求设计的。因此，问卷法所得到的资料很容易转换成数字，也很容易输入计算机处理，进行较为精确的定量分析。

3. 问卷调查的局限

（1）问卷回收率相对低。问卷法回收问卷必须保证一定的回收率和有效率；否则会影响总体样本的代表性，不能满足研究要求。问卷发放给被调查者后，调查对象是否配合调查，往往无法控制。经常出现调查对象收到问卷不接受调查或者不将问卷交回调查人员的情况，特别是采用邮寄问卷的方式，其回收率相对就更低。

（2）受到文化水平限制。问卷法使用的是书面问卷，这在客观上要求被调查者必须具备一定的阅读能力和表达能力；否则看不懂问卷，不理解问卷中所提问题的含义，不清楚填写问卷的方法，也就不能表达自己的态度与意见。因此，问卷法的运用常常受到一定限制，对于那些文化程度普遍较低的群体，问卷调查往往难以进行。

（3）问卷质量难以保证。采用问卷调查时，一方面，调查者不能在现场，因此调查人员无法控制被调查者填答问卷的环境；被调查者是否独立填写，调查者也无从知道。另一方面，当被调查者对问卷中的某些问题不清楚时，无法及时向调查者询问，容易产生误答、错答、缺答的情况。所有这些都使得问卷所得到回答的可靠性往往无法得到检验，搜集到的事实或意见难以分辨或核实，质量难以得到保证。

4. 问卷调查的应用

问卷法的特点和局限性使它有别于以参与观察和深度访谈为主的定性调查。由于问卷法不受地域空间的限制，不需要派遣调查人员分赴各地，可以节约人力、财力和时间，因此问卷法适宜于做大规模大范围调查。由于问卷法所得的资料便于定量处理和分析，因此问卷法适宜于做定量调查。由于问卷法有很好的匿名性，因此适宜于调查那些涉及调查对象个人隐私、伦理道德、政治态度、社会禁忌等敏感问题。由于问卷法要求调查者具有一定的文化水平，因此适宜于调查有一定文化层次的职业群体。由于问卷法的关键在于问卷设计，而在成分复杂的群体中，被调查者之间的相同或相似的因素较少，要设计适合不同人群的问卷，难度较大，因此问卷法适宜于调查总体构成比较单一的调查对象。由于问卷设计的调查问题多为封闭式问题，而封闭式问题适宜于调查一般性的、深度要求不高的问题。

(二)问卷调查的种类

问卷是资料搜集的一种工具，它的形式上是一份精心设计准备的问题表格。按照不同的分类标准，问卷有着不同的类型。

1. 开放型问卷、封闭型问卷与混合型问卷

(1)开放型问卷。开放型问卷是由开放性问题组成的问卷。开放式问题是一种可以自由地用自己的语言来回答和解释有关想法的问题，它没有可供选择的答案，所提出的问题由被调查者自由回答，不加任何限制。例如，您认为应该怎样进行灾区的重建工作？这种提问方式适合于调查者深入了解被调查者的态度、意愿、建议；也可用于不想因为限定答案而出现诱导的错误情况。但是，开放式的问题所搜集到的资料不仅难以编码和进行统计分析，而且对回答者的知识水平和文字表达能力提出较高的要求，有时会因为填写费时费力而被调查者拒绝回答，甚至产生一些无效的问卷。此类问卷常在探索性研究中发挥作用。

(2)封闭型问卷。封闭型问卷是由封闭性问题组成的问卷。封闭性问题是将问题可能出现的答案或者主要答案全部列出，供被调查者选择的一种提问方式。封闭式问题的设计比较困难，可能出现被调查者对列出的答案都不满意的情况，这样就会影响调查结果的准确性。限定答案的同时，其实也限定了调查的深度和广度，使资料失去自发性和表现力。此种问卷一般在大规模的正式调查中使用。

(3)混合型问卷。混合型问卷又称为半封闭型问卷，它是对答卷者的回答作部分限制，还有一部分让其自由回答，或者对答案的数量作出限制、内容不作限制的一种问卷。混合型问卷结合了开放式和封闭式问卷的优点，避免了其某些缺点，适合于对问题没有绝对把握的调查，可以避免一些重大的遗漏。大多数问卷调查所使用的问卷便是这种形式。

2. 自填问卷与访问问卷

按照问卷填答者的不同，可分为自填式和代填式问卷调查。自填式问卷调查按照问卷传递方式的不同，又可分为报刊问卷调查、邮政问卷调查和送发问卷调查；代填式问卷调查，按照与被调查者交谈方式的不同，可分为访问问卷调查和电话问卷调查。

二、问卷的设计

(一)问卷的一般结构

问卷一般由卷首语、问题与回答方式、编码和其他资料四个部分组成。

1. 卷首语

卷首语的内容应该包括调查的目的、意义和主要内容，选择被调查者的途径和方法，对被调查者的希望和要求，填写问卷的说明，回复问卷的方式和时间，调查的匿名和保密原则，以及调查者的名称等。为了能引起被调查者的重视和兴趣，争取他们的合作和支持，卷首语的语气要谦虚、诚恳、平易近人，文字要简明、通俗、有可读性。卷首语一般放在问卷第一页的上面，也可单独作为一封信放在问卷的前面。

案例："广西中职生阅读兴趣与习惯调查"卷首语

亲爱的同学：

你好！我是广西师范学院教育科学学院的学生。由于研究需要以及个人的兴趣，想对广西中职生的阅读兴趣与习惯做深入的了解。在此向你请教一些问题。

这份问卷的目的，只是为了学术研究，问卷中问题的答案无所谓"对"或"错"！你越能依据真实的经验和感受回答，研究所得到的结果就越有意义。

问卷分为两部分，第一部分是选择题，请在认为符合你的情况的答案标题上打钩；第二部分是简答题，你只要如实反映自己的想法即可。希望你看清楚所有题目，以免漏答！

谢谢你的合作！

李××

广西师范学院教育科学学院

2000 年 11 月

2. 问题和回答方式

它是问卷的主要组成部分，一般包括调查询问的问题、回答问题的方式以及对回答方式的指导和说明等。

3. 编码

就是把问卷中询问的问题和被调查者的回答，全部转变成为 A，B，C……或 a，b，c……等代号和数字，以便运用电子计算机对调查问卷进行数据处理。

4. 其他资料

包括问卷名称、被访问者的地址或单位(可以是编号)、访问员姓名、访问开始时间和结束时间、访问完成情况、审核员姓名和审核意见等。这些资料，是对问卷进行审核和分析的重要依据。

此外，有的自填式问卷还有一个结束语。结束语可以是简短的几句话，对被调查者的合作表示真诚感谢，也可稍长一点，顺便征询一下对问卷设计和问卷调查的看法。例如，在问卷的最后可设计这样一组问题：

您填写完这份问卷感到还有什么需要补充吗？如有，请写在下面：

_____

_____。

您填写完这份问卷后有何感想？

①很有意义　　　□　　②有些用处　　　　□

③没有意义　　　□　　④不清楚　　　　　□

您以后还愿意填答问卷吗？

①愿意　　　　　□　　②不愿意　　　　　□

如果是访问问卷，在结束语(或卷首语)后，还应该有以下一些内容：

问卷编号：_____　访问地点或单位_____

完成情况：完成_____。未完成(不在家_____，拒绝回答_____。其他_____。)

访问时间：_____年_____月_____日_____时_____分至_____时_____分，合计_____分钟。

访问员姓名：_____　对回答的评价：可信_____基本可信_____不可信_____。

复核员姓名：_____　复核员的意见：合格_____基本合格_____不合格_____。

(二)问题的种类和设计原则

1. 问题的种类

(1)背景性问题：主要是被调查者个人的基本情况。

(2)客观性问题：是指已经发生和正在发生的各种事实和行为。

(3)主观性问题：是指人们的思想、感情、态度、愿望等一切主观世界状况方面的问题。

(4)检验性问题：为检验回答是否真实、准确而设计的问题。

2. 设计问题的原则

(1)客观性原则：即设计的问题必须符合客观实际情况。

(2)必要性原则：即必须围绕调查课题和研究假设设计最必要的问题。

(3)可能性原则：即必须符合被调查者回答问题的能力。凡是超越被调查者理解能力、记忆能力、计算能力、回答能力的问题，都不应该提出。

(4)自愿性原则：即必须考虑被调查者是否自愿真实回答问题。凡被调查者不可能自愿真实回答的问题，都不应该正面提出。

(三)问题的表述

1. 表述问题的原则

(1)具体性原则：即问题的内容要具体，不要提抽象、笼统的问题。

(2)单一性原则：即问题的内容要单一，不要把两个或两个以上的问题合在一起提。

(3)通俗性原则：即表述问题的语言要通俗，不要使用被调查者感到陌生的语言，特别是不要使用过于专业化的术语。

(4)准确性原则：即表述问题的语言要准确，不要使用模棱两可、含混不清或容易产生歧义的语言或概念。

(5)简明性原则：即表述问题的语言应该尽可能简单明确，不要冗长和啰唆。

(6)客观性原则：即表述问题的态度要客观，不要有诱导性或倾向性语言。

(7)非否定性原则：即要避免使用否定句形式表述问题。

2. 特殊问题的表述方式

(1)释疑法：即在问题前面写一段消除疑虑的功能性文字。

(2)假定法：即用一个假言判断作为问题的前提，然后再询问被调查者的看法。

（3）转移法：即把回答问题的人转移到别人身上，然后再请被调查者对别人的回答做出评价。

（4）模糊法：即对某些敏感问题设计出一些比较模糊的答案，以便被调查者做出真实的回答。例如，对青春期性健康教育是一个比较敏感的问题，许多人不愿做出具体回答。但是，如果这样设计：

您认为目前青春期性健康教育对中职生的成长

①有很大的促进作用，无坏作用

②有很大的促进作用，也有一些不好的作用

③促进作用较少，不好的作用较大

④没有好的作用也没有坏的作用

这样，被调查者就有可能做出比较符合自己想法的回答了。

（四）回答的类型和方式

回答有三种基本类型，即开放型回答、封闭型回答和混合型回答。

1. 开放型回答

指对问题的回答不提供任何具体答案，而由被调查者自由填写。例如：

您认为广西北部湾经济区开放开发对广西职业教育带来什么样的机遇与挑战？

开放型回答的最大优点是灵活性大、适应性强，特别适合于回答那些答案类型很多、或答案比较复杂、或事先无法确定各种可能答案的问题。同时，它有利于发挥被调查者的主动性和创造性，使他们能够自由表达意见。一般地说，开放型回答比封闭型回答能提供更多的信息，有时还会发现一些超出预料的、具有启发性的回答。开放型回答的缺点是：回答的标准化程度低，整理和分析比较困难，会出现许多一般化的、不准确的、无价值的信息。同时，它要求被调查者有较强的文字表达能力，而且要花费较多填写时间。这样，就有可能降低问卷的回复率和有效率。

2. 封闭型回答

指将问题的几种主要答案，甚至一切可能的答案全部列出，然后由被调查者从中选取一种或几种答案作为自己的回答，而不能作这些答案之外的回答。封闭型回答，一般都要对回答方式作某些指导或说明，这些指导或说明大都用括号括起来附在有关问题的后面。

封闭型回答的具体方式多种多样，其中常用的有以下几种：

(1)填空式，即在问题后面的横线上或括号内填写答案的回答方式。例如：

您所学的专业是＿＿＿＿＿＿＿＿

您最喜欢的专业课程是（＿＿＿＿＿）。

这种回答方式，适用于回答各种答案比较简单的问题。

(2)两项式，即只有两种答案可供选择的回答方式。例如：

您的性别？（请在适用的括号里打○）

男（＿＿＿＿）；女（＿＿＿＿）

您有笔记本电脑吗？（请在适当的方格内打√）

有□；　　无□

这种回答方式，适用于互相排斥的两择一式的定类问题。

(3)列举式，即在问题后面设计若干条填写答案的横线，由被调查者自己列举答案的回答方式。例如：

请问您选择专业时最看重什么条件？（请列举最重要的 2 个条件）

第一个条件：＿＿＿＿＿＿＿＿＿；第二个条件：＿＿＿＿＿＿＿＿＿

这种回答方式，适用于回答有几种互不排斥的答案的定类问题。

(4)选择式，即列出多种答案，由被调查者自由选择一项或多项的回答方式。例如：

您认为发展职业教育亟须解决的问题有哪些？（请在您选择的项目后打√，可任选 3 项）

教育经费投入不足＿＿＿＿＿＿　土地＿＿＿＿＿＿　师资力量＿＿＿＿＿＿

专业设置＿＿＿＿＿＿＿＿　教育理念＿＿＿＿＿＿

这种回答方式，适用于有几种互不排斥的答案的定类问题，在几种答案中，可规定选择一项，也可规定选择多项。

(5)顺序式，即列出若干种答案，由被调查者给各种答案排列先后顺序的回答方式。例如：

您认为影响我国职业技术教育发展的问题有哪些？（请按影响程度给下列问题编号，困难最大的为 1，最小的为 8）

□高职教育理念　　　　　　□社会需求与人才培养矛盾

□传统观念与现代意识矛盾　□产业结构与人才结构矛盾

□高职教育的地位与作用　　□职业技术教育滞后于经济发展

□专业设置不合理　　　　　□课程与岗位不对接

这种回答方式，适用于要表示一定先后顺序或轻重缓急的定序问题。

(6)等级式，即列出不同等级的答案，由被调查者根据自己的意见或感受选择答案的回答方式。例如：

您对您所学专业的教学工作是否满意？（请按您的感受在下列适当的空格内打√）

① _____很满意　　② _____比较满意　　③ _____无所谓

④ _____不满意　　⑤ _____很不满意　　⑥ _____不知道

您是否赞成高等院校在教学计划中加大实践教学的比例？（请按照您的看法在下列适当的括号内打√）

①非常赞成（　　）　　②赞成（　　）　　③中立（　　）

④反对（　　）　　⑤坚决反对（　　）　　⑥拿不定主意（　　）

这种回答方式，适用于要表示意见、态度、感情的等级或强烈程度的定序问题。

（7）矩阵式，即将同类的几个问题和答案排列成一个矩阵，由被调查者对比着进行回答的方式。例如：

您认为当前最严重的社会问题是什么？（请在适当的方格内打√）

	非常严重	比较严重	一般	不太严重	无所谓	不知道
①下岗失业问题	□	□	□	□	□	□
②社会治安问题	□	□	□	□	□	□
③贫富分化问题	□	□	□	□	□	□
④国民素质问题	□	□	□	□	□	□
⑤官员腐败问题	□	□	□	□	□	□
⑥社会公德问题	□	□	□	□	□	□

这种回答方式，适用于同类问题、同类回答方式的一组定序问题。

（8）表格式，即将同类的几个问题和答案列成一个表格，由被调查者回答的方式。它实际上是矩阵式的一种变形，如表5-1所示。

表5-1　百姓心中当前最严重的社会问题调查表

项目	非常严重	比较严重	一般	不太严重	无所谓	不知道
下岗失业问题						
大学生就业难问题						
贫富差距问题						
看病难问题						
官员腐败问题						
房价上涨过快问题						

说明：请在您认为最合适的栏目内打√。

与矩阵式一样，这种回答方式也适用于同类问题、同类回答方式的一组定序问题。

封闭型回答有许多优点，它的答案是预先设计的、标准化的，它不仅有利于被调查者正确理解和回答问题，节约回答时间，提高问卷的回复率和有效率，而且有利于对回答进行统计和定量研究。封闭型回答的缺点是：设计比较困难，特别是一些比较复杂的、答案很多或不太清楚的问题，很难设计的完整、周全，一旦设计有缺陷，被调查者就无法正确回答问题。

3. 混合型回答

指封闭型回答与开放型回答的结合，它实质上是半封闭、半开放的回答类型。例如：

您目前最迫切需要解决的问题是：（请在适合的空格内打√）

①提高专业水平＿＿＿＿＿　②加入中共组织＿＿＿＿＿

③增加收入＿＿＿＿＿　④改善住房条件＿＿＿＿＿

⑤调换工作单位＿＿＿＿＿　⑥找对象＿＿＿＿＿

⑦得到理解和支持＿＿＿＿＿　⑧其他（请说明）＿＿＿＿＿

您对解决这些问题是否有信心？为什么？＿＿＿＿＿＿＿＿＿＿＿＿

这种回答方式，综合了开放型回答和封闭型回答的优点，同时避免了两者的缺点，具有非常广泛的用途。

(五)设计答案应该注意的问题

1. 设计答案的原则

(1)相关性原则：即设计的答案必须与询问问题具有相关关系。

(2)同层性原则：即设计的答案必须具有相同层次的关系。

(3)完整性原则：即设计的答案应穷尽一切可能的，起码是一切主要的答案。

(4)互斥性原则：即设计的答案必须是互相排斥的。

(5)可能性原则：即设计的答案必须是被调查者能够回答、也愿意回答的。

2. 相关问题的接转

在回答方式的设计中，应该特别注意相关问题的接转。一般地说，相关问题的接转有下列几种方式：

(1)用文字说明。例如：

12. 您＿＿＿＿＿所学的专业吗？

①喜欢。

②不喜欢_____。（若不喜欢，请直接答 13 题）

13. 您最愿意学习的专业是哪个？

(2)分层次排列。例如：

您是否在业余时间学习某种专业技术？

①正是　　　□　　　为什么？_____

②没有　　　□　　　为什么？_____

(3)用框格表示。例如：

您在大学期间是否利用过课余时间或假期打工？

①是（　　　）

②否（　　　）

| 如果是：您第一次打工时年级是　　　　年级 |

(六)编码

所谓编码，就是对每一份问卷和问卷中的每一个问题、每一个答案编定一个唯一的代码，并以此为依据对问卷进行数据处理。对答案的编码有前编码和后编码之分，封闭型回答的每一个答案，在设计问卷时就设计了代码，叫前编码；开放型回答的答案，一般是在调查结束后根据答案的具体情况再编定代码，叫后编码。

为了便于计算机录入和处理，一般编码都由 A，B，C，D……等英文字母和 1，2，3，4……等阿拉伯数字组成。编码的主要任务是：①给每一份问卷、每一个问题、每一个答案确定一个唯一的代码。例如：A1，A2，A3，A4；Q1，Q2，Q3，Q4，等等。②根据被调查者、问题、答案的数量编定一个代码的位数。例如，被调查者在 100 人以下，就编定 2 位数；1000 人以下，就编定 3 位数。同样，根据问题、答案的数量，也分别编定它们的位数（即 1 位数为 0～9；2 位数为 0～99；3 位数为 0～999；4 位数为 0～9999）。③设计每一个代码的填写方式。

例如，被调查者的地址、类别和户编码，可以设计为：

省编码　地市编码　县市编码　乡镇编码

A1　　　　A2　　　　A3　　　　A4

□□　　　□□　　　□□　　　□□

村编码　类别编码　户编码

A5　　　　B1　　　　C1

□□　　　□□　　　□□

又如，问题及其答案的编码，可以设计为：

Q1　您的性别：

01　男（　　　　　　　）；　　　　　02　女（　　　　　　　）

Q2　您的文化程度：

q1　文盲或半文盲　　□　　q2　小学　　□　　q3　初中　　□

q4　高中或中专、技校　□　　q5　大专　　□　　q6　大学本科　□

q7　硕士　　　　　　□　　q8　博士　　□　　q9　博士后　　□

此外，还应该对某些数字赋予特定的含义，如规定 7，97，997 为"不适用"；8，98，998 为"不清楚"；9，99，999 为"不回答"等。

三、问卷调查的实施

与访问调查相比较，问卷调查的实施有许多不同特点，特别是要努力提高问卷的回复率，搞好对无回答和无效回答的研究等问题。

（一）问卷调查的一般程序

问卷调查的一般程序是：设计调查问卷，选择调查对象，分发问卷，回收和审查问卷。然后，再对问卷调查结果进行统计分析和理论研究。由于问卷调查的回复率和有效率一般都不可能达到 100%，因此选择的调查对象应多于研究对象。确定调查对象数量的公式是：

调查对象＝研究对象/（回复率×有效率）

例如：假定调查对象是 400 人，回复率是 85%，有效率是 90%，那么研究对象就是：400/（85%×90%）＝306（人）

分发问卷有多种方式，可随报刊投递，可从邮局寄送，派人送发，也可安排访问员通过电话访问或登门访问。在后三种情况下，访问员应向被调查者做些口头说明，这将大大有利于提高问卷的回复率和有效率。

回收问卷是问卷调查的重要环节。一般地说，访问问卷和送发问卷回复率高，电话访问问卷的回复率可能较高。报刊问卷和邮政问卷的初始回复率一般较低。因此，在规定的回复时间之后，应每隔 1 周左右向被调查者发出 1 次提示通知或催复信件(每次的内容应有所区别)。经过 1 至 3 次的提示或催复，一般可使回复率达到一定的、也是可能的高度。

对于回收的问卷必须认真审查。回收的问卷(特别是报刊问卷和邮政问卷)中，总会有一些回答不合格的无效问卷。如果对回收的问卷不经审查就直接加工整理，就会造成中途被迫返工或降低调查质量的严重后果。因此，对回收的每一份问卷进行严格审查，是问卷调查不可缺少的环节。

(二)努力提高问卷的回复率

(1)要争取知名度高、权威性大的机构支持。问卷调查主办者的权威性和知名度，往往会影响被调查者对问卷调查的信任程度和回答意愿。

(2)要挑选恰当的调查对象。调查对象的合作态度和理解、回答书面问题的能力，对问卷的回复率往往产生很大影响。

(3)要选择具有吸引力的调查课题。调查课题是否有吸引力，往往会影响被调查者的回答意愿和兴趣。

(4)要提高问卷的设计质量。问卷的设计质量，对问卷回复率和有效率会产生巨大的甚至决定性的影响。

(5)要采取回复率较高的问卷调查方式。调查方式对问卷的回复率有重大影响。实践证明，报刊问卷的最终回复率一般为 10%～20%，邮政问卷的最终回复率一般为 30%～60%，电话问卷的最终回复率一般可达 50%～80%，访问问卷和送发问卷的最终回复率可接近 100%。因此，在条件许可的情况下，应尽可能采取电话问卷、送发问卷和访问问卷的方式进行调查。

(三)对无回答和无效回答的研究

问卷调查总会出现无回答和无效回答的现象，对这两种现象都不能轻易放过，而应进行认真研究。因为：(1)它是正确评价调查结果的需要。只有弄清了无回答和无效回答调查对象的具体情况，才能正确说明调查结论的代表性和有效范围。(2)它是总结和改进调查工作的需要。无回答和无效回答有被调查者方面的原因，但主要原因却在调查者方面。因此，弄清无回答和无效回答的原因，有利于总结经验教训，改进调查工作。

对于无回答的研究，不同的调查方式应采取不同的方法。对于电话问卷、访问问卷的无回答现象，应当弄清无回答的原因。送发问卷一般是通过有关机构下发的，因此回收问卷时就应通过有关机构了解无回答者的情况和原因。报刊问卷和邮政问卷的无回答研究比较困难。因为回答的问卷是无记名的，很难弄清回答者和无回答者究竟是谁。但也不是毫无办法。例如，报刊问卷可根据回复问卷的邮戳，弄清哪些地区的回复率高，哪些地区的回复率低，然后派人到回复率低的地区去有重点地访问报刊订户，当面询问他们的回复情况和原因。邮政问卷的无回答研究，除用上述办法外，还可在寄发问卷的同时附上回寄问卷的信封（或将信封印在问卷上），并在信封上编号。这样，根据回寄信封的情况就能判明无回答的群体对象，然后再对他们无回答的原因进行研究。

对无效回答的研究，应以审查中被淘汰的无效问卷为主要依据。要研究无效回答的原因、类型和频率，看看哪些是个别性错误，哪些是带共性的问题。一般地说，凡是带共性的问题都与问卷的设计有关，或者是问题选择不当，或者是问题的结构不够合理，或者是问题的表述不准确，或者是回答方式的设计不符合实际，或者是对回答的指导和说明不清楚，或者是问题的接转不明晰等。总之，应把问卷设计中存在的问题作为研究重点，并根据研究结果来改进问卷设计工作。

四、对问卷调查法的评价

问卷调查是标准化的、间接的、书面的调查，这就决定了问卷调查法既有许多突出的优点，又有许多明显的缺点。

问卷调查法的最大优点是，它能突破时空限制，在广阔范围内，对众多调查对象同时进行调查，便于对调查结果进行定量研究，对调查的双方都比较方便，节省人力、时间和经费。

问卷调查法的缺点也是非常明显的。其中最突出的一点就是它只能获得书面的信息，而不能了解到生动、具体的情况，缺乏弹性，很难作深入的定性调查。调查者难以了解被调查者是认真填写还是随便敷衍，是自己填答还是请人代劳，有的被调查者或者是任意打钩、画圈，或者是在从众心理驱使下按照社会主流意识填答，这都使得调查失去了真实性。问卷调查的回复率和有效率低，对无回答者的研究比较困难。

第三节　访谈调查

访谈调查法是一种最古老、最普遍的资料收集方法，也是教育科学研究中最重要的、最常用的调查方法之一。它适用于向被访者了解心理体验，情感，以及对教师、课程、职业态度、职业倾向等方面信息所开展的职业教育研究。

一、访谈调查的特点与应用

（一）访谈调查法的定义

访谈调查法是指通过与研究对象交谈收集所需资料的调查方法，又称访谈法、谈话法或访问法。访谈调查的最一般程序是由访谈员（访谈者）探访调查对象，把要调查了解的问题逐一讲给调查对象听，由被调查者根据调查者的要求一一作答。与此同时，访谈员必须将访谈对象的观点、意见及访谈记录进行汇总分析，从而得出调查结论。访谈调查广泛适用于教育调查、心理咨询、征求意见等，更多用于个化和个别化研究。

（二）访谈调查的特点

1. 灵活性强

访谈是以口头形式，根据被询问者的答复搜集客观的事实材料，其方式灵活多样，方便可行。

2. 搜集材料准确可靠

访谈中，访谈员可以与访谈对象单独交谈，直接观察访谈对象的非言语行为，从而判定访谈对象的回答是否真实可信。同时，访谈员的巧妙提问和幽默语言，可以使访谈对象消除顾虑，放松心情，做周密的思考后再回答问题，提高了调查材料的真实可靠程度。

3. 有利于调查的深入

团体访谈，可以听到访谈对象的自发性观点和意见，使访谈员和调查主持者受到启发，从而使调查更加深入。

（三）访谈的局限性

1. 依赖大

由于访谈是面对面的交流，访谈员是控制访谈过程的主体。因此，访谈结果和质量在很大程度上取决于访谈员的素质、能力和现场表现。如果访谈员主观存在偏见，或不当提问，会对访谈结果构成干扰；访谈员对受访者的回答理解有误，或在记录回答资料时出现错误，会对调查结果造成偏差；访谈员的人际交往和沟通能力以及访谈技术的现场发挥状况，会直接影响被访者的合作态度、理解和表达，从而影响调查的成败。这说明访谈法对访谈员的素质要求高，依赖性很大。

2. 投入多

投入多是指访谈法需要投入的人力、物力、财力和时间较多。因为运用访谈法，那种数访不遇或某些原因无法交谈或对方不愿接待的事时有发生，加之被访问者分布的地区可能较广。因此，一个调查员有时一天只能访问一个或几个被访问者，有时甚至要花上好几天时间等待和寻找被访者，如此，访谈时间可能拖得较长，为此就需要投入更多的人力、物力、财力和时间。

3. 匿名差

访谈法面对面交往无法匿名，由此被访谈者顾虑较多，特别是对一些敏感、尖锐、隐私的问题，被访谈者往往加以回避，或者不作真实回答，这些都会对访谈调查的结果带来不利影响。

访谈法由于成本高，所需人力、物力、财力和时间花费多，所以访谈法一般在调查对象较少的情况下采用，而且常与问卷法、测验法等结合使用。

二、访谈调查的类型

(一)访谈调查的类型

在实际调查中，访谈调查有多种多样的表现形式，可以从不同角度进行划分，主要有以下几种类型。

第一，根据访谈方式的不同，可以分为直接访问和间接访问。

直接访问就是调查者和被调查者面对面的交谈。这种调查方式具体又有"走出去"和"请进来"两种。间接访问是指访问者通过电讯或书面工具对被调查者进行的访问。

第二，根据访谈规范程度的不同，可分为标准化访问和非标准化访问。

标准化访问又称结构性访问，是由调查者按照事先拟好的调查项目，有顺序地依次发问，请被调查者作答。这种方式的优点是便于对调查资料进行统计处理和定量研究，缺点是研究问题不够深入、具体。非标准化访问又称非结构性访问，是指调查者按照一个粗提纲与被调查者自由交谈，了解情况。优点是调查者可根据访谈中的具体情况对访问提纲做出调整，有可能获得访问者意料之外的某些情况；缺点是对访问结果难以做统计处理和分析。

第三，根据访谈内容传递方式的不同，可分为小组座谈法、个别面谈法、电话调查法。

小组座谈法属于定性调查方法。调查者常使用这种方法来判明调查问题及调查方法可能会产生的问题，使用这些方法在调查上能达到更深的程度，使结果更丰富，但不那么有结构性，对结果难以做统计验证。此外，在定性调查中被调查者数量较少，因此只能部分地代表要调查的目标总体。当需要询问大量可能拥有所需信息的被访者以获得相关资料时，常采用个别面谈等方法。

(二)几种主要的访谈调查法

1. 面谈访问法

面对面访谈也称直接访谈，它是指访谈双方进行面对面的直接沟通来获取信息资料的访谈方式。它是访谈调查中一种最常用的收集资料的方法。在这种访谈中，访谈员可以看到被访者的表情、神态和动作，有助于了解更深层次的问题。

(1)面谈访问法的优点。回答率高；可通过调查人员的解释和启发来帮助被调查者完成调查任务；可以根据被调查者性格特征、心理变化、对访问的态度及各种非语言信息，扩大或缩小调查范围，具有较强的灵活性；可对调查的环境和调查背景进行了解。

(2)面谈访问法的缺点。人力物力耗费较大；要求调查人员的素质要高；对调查人员的管理较困难；此方法受到一些单位和家庭的拒绝，无法完成。

2. 电话访谈法

电话访谈也称间接访谈，它是借助某种工具(电话等)向被访者收集有关资料。电话访谈可以减少人员来往的时间和费用，提高了访谈的效率。

(1)电话访谈的优点。取得市场信息的速度较快；节省调查费用和时间；调查的覆盖面较广；可以访问到一些不易见到面的被调查者，如某些名人等；可能在某些问题上得到更为坦诚的回答。易于控制实施的质量，由于访问基本上是在同一个中心位置进行电话访问，督导员或研究人员可以在实施的现场随时纠正访问员的不正确操作，例如，没有严格按问答题提问、说话太快、吐字不清楚等可能出现的问题。

(2)电话访谈的缺点。不如面对面的访谈那样灵活、有弹性；不易获得更详尽的细节；难以控制访问环境；不能观察被访者的非言语行为等。

3. 网上访谈法

网上访谈是访谈员与被访者，用文字而非语言进行交流的调查方式。随着互联网的普及，在一些城市中，网上访谈也开始出现。网上访谈也像电话访谈一样属于间接访谈，它有电话访谈免去人员往返因而节约时间和人力的优势，它甚至比电话访谈更节约费用。可以预见，这种访谈方式将会成为一种新的高效的谈话方式。

（1）网上访谈的优点。①成本低。②网络速度快，利于统计分析。③网络调查隐匿性好。④网络具有互动性。网络调查不受时空的限制，可以 24 小时向天南地北、世界各地进行调查，抽样框相当大，调查范围也相当广泛。

（2）网上访谈的缺点。最大的缺点恐怕就是上网的人不能代表所有人口。而上网者的身份、经历与学历、喜好等因素影响着网上访谈的效果。提高安全性是网络有待解决的重要问题。如果同一个人重复填写问卷的话，问题就变得复杂了。

三、访谈调查的实施

（一）做好访问前的准备

（1）准备访问提纲，学习与调查内容有关的知识。
（2）选准访谈对象，尽可能了解被访问者。
（3）选好访谈的时间、地点和场合。

（二）建立良好的人际关系

要建立良好的人际关系，就必须：第一，表明来意，消除疑虑。第二，虚心求教，以礼待人。第三，平等交谈，保持中立。

（三）重视访谈过程中的非语言信息

同样的非语言信息，在不同对象、不同情景下往往具有不同含义。衣着、服饰、打扮等外部形象，是一个人的职业、教养、文化品味等内在素质的反映。动作、姿态等行为都是受思想、感情支配的。面部表情是内心感受的外部表现，是传达思想、感情信息的一种方式。眼睛是最富于表情的器官，被称为"心灵的窗口"。这些因素都会影响到访谈效果，都应该引起访谈者足够的重视。

（四）做好访问记录

记录有两种方式，即当场记录和事后追记。标准化访问的记录比较好办，按照规定的记录方式，把被访问者的回答记录在事先设计好的表格、问卷、卡片上就行了。非标准化访问的记录则比较困难，因为当场记录会分散访问者注意力，降低访谈质量和进度。

笔记有三种方法：速记、详记和简记。无论是详记还是简记，在记录内容上都应抓住几点：(1)记要点，即主要事实、主要过程、主要经验或教训、主要观点和建议等。(2)记特点，即具有特色的事件、情节、语言、表情等，特别要注意捕捉那些"闪光"的思想或语言。(3)记疑点，为了不打断对方的思路和回答，应把各种有疑问的问题记下来，留待以后去询问或做调查。(4)记易忘点，如人名、地名、组织名称、时间以及各种数据等。(5)记主要感受点，即把自己的主要感受和"闪光"思想及时记下来，以免时过境迁遗忘了。

(五)对无回答的处置

在访问调查中，经常会出现无回答现象。这有两种情况：一是计划访问的对象出差、请假或不在家；二是计划访问的对象不合作，拒绝回答问题。这两类对象都不应轻易放弃，因为他们都是按原设计方案选定的，都代表着某些类型的调查对象。缺少了对他们的调查，全面调查就会不全面，典型调查就会不典型，抽样调查就会使样本失去代表性。

对于不在家的人，一般有四种处置方法：一是了解他们什么时候回家，然后去做补充调查，直到找到他们为止；二是在条件许可的情况下，追踪到他所去的地方做访问；三是如果访问调查只涉及一些事实(如人口普查)行为问题，而不涉及观念、情感问题，那么也可考虑找一些熟悉情况的人代他回答，即用备用调查对象代替或者放弃。

对于不合作者，首先应认真研究不合作的原因，然后再对症下药。根据以往经验，不合作者大体有六种情况，其处置方法应各不相同：(1)认识问题。(2)利害问题。(3)时间或情绪问题。(4)信任问题。(5)政治态度问题。(6)罪错问题。

四、访谈过程及其技巧

(一)接近被访问者

接近被访问者的第一个问题，是如何称呼的问题。称呼恰当，就为接近被访问者开了一个好头。对被访问者的称呼，应注意几个问题：(1)要入乡随俗、亲切自然。(2)要符合双方的亲密程度和心理距离。(3)既要尊重恭敬,又要恰如其分。(4)要注意称呼习俗的发展和变化。

接近被访问者大体上有几种可供选择的方式:(1)自然接近,即在某种共同活动过程中接近对方。(2)求同接近,即在寻求与被访问者的共同语言中接近对方。(3)友好接近,即从关怀、帮助被访问者入手来联络感想、建立信任。(4)正面接近,即开门见山,先进行自我介绍,说明调查的目的、意义和内容,然后做正式访谈。(5)隐藏接近,即以某种伪装的身份、目的接近对方,并在对方没有觉察的情况下访谈。这种接近方式,一般只在特殊情况下,对特殊对象才采用。

(二)提问的种类与方式

访谈过程中提出的问题,可分为两大类,即实质性问题和功能性问题。所谓实质性问题,是指为了掌握访问调查所要了解的情况而提出的问题。它大体上可分为四类:(1)事实方面的问题;(2)行为方面的问题;(3)观念方面的问题;(4)感情、态度方面的问题。所谓功能性问题,是指在访谈过程中为了对被访问者施加某种影响而提出的问题。它也可分为四类:(1)接触性问题。提出这些问题的目的,是比较自然地接触被访问者。(2)试探性问题。提出这些问题是试探一下,看访谈对象和时间的选择是否恰当,以便决定访谈是否进行和如何进行。(3)过渡性问题。让访谈过程显得比较连贯和自然。(4)检验性问题。是为了检验前一个问题的回答是否真实、可靠。

提问的方式多种多样,究竟采取哪种方式提出问题,应该考虑三个方面的因素:(1)要考虑问题本身的性质和特点。(2)考虑被访问者的具体情况。(3)考虑访问者与被访问者之间的关系。

(三)听取回答的技巧

实践证明,要有效地听,就必须做到以下几点:

1. 要有正确的态度

首先,要认真地听,即聚精会神,一丝不苟地听;其次,要虚心地听,即对被访问者的回答,懂就说懂,不懂就请教,决不可不懂装懂;再次,要有感情地听,即要理解被访问者的感情,并做出感情移入式的反应。

2. 要排除听的障碍

(1)偏见性障碍,即由于不喜欢被访问者这个人,而不能认真地听;(2)判断性障碍，即由于主观判断被访问者不可能了解情况、他的回答不可能真实等，而不能客观地听；(3)心理性障碍，即由于听取回答的兴趣不浓、情绪不好，而不能积极地听；(4)生理性障碍，即由于疲劳或昏昏欲睡，而不能集中精力地听；(5)习惯性障碍，即由于习惯于打断对方讲话，急于发表自己意见，而不能耐心地听；(6)理解性障碍，即由于访问者与被访问者对同一问题的理解不同，而不能正确地听。

3. 要提高记忆能力

(1)重复，即请被访问者复述，或自己默默复述。(2)浓缩，即把听到的回答浓缩成几个要点。(3)联想，即利用视觉联想、意义联想、情景联想来促进记忆。(4)比较，即通过内容比较、形式比较、环境比较来帮助记忆。(5)改组，即把一长串本无意义的数字改组成几组短小的有一定意义的数字。(6)使用，即用被访问者的回答来询问情况、探讨问题。

4. 要善于做出反应

反应可分为两类：(1)无反射反应，即对被访问者的回答不插话、不表态、不干扰，保持沉默。(2)有反射反应，即不时用"嗯！""对！""讲得好！""真有意思""增长了见识"等语言信息，或者用点头、肯定的目光和手势等非语言信息鼓励对方继续谈下去。对被访问者的回答做出恰当反应，是保证访谈过程正常进行的必要条件，也是有效倾听的必要条件。

(四)引导和追询

在什么情况下引导呢？一般地说，当被访问者对所提问题理解不正确，答非所问，文不对题的时候；当被访问者顾虑重重、吞吞吐吐、欲言又止的时候；当被访问者一时语塞、对所提问题想不起来的时候；当被访问者口若悬河、滔滔不绝，而又漫无边际、离题太远的时候；当访谈过程被迫中断、又重新开始的时候……总之，当访谈遇到障碍不能顺利进行下去或偏离原定计划的时候，就应及时引导。

如何引导呢？要具体情况具体对待。如果是被访问者对问题理解不正确，就应该用对方听得懂的语言对问题做出解释或说明；如果是被访问者有顾虑，就应该摸清是什么顾虑，然后对症下药消除顾虑；如果是被访问者遗忘了某些情况，就应从不同角度、不同方面帮助对方回忆；如果是被访问者的回答离题太远，就应采取适当方式，有礼貌地把话题引上正轨；如果是中断的访谈重新开始，就应该简略回顾一下前面交谈的情况，复述一下尚未回答的问题……总之，只要排除了干扰和障碍，使访谈过程得以按预定计划发展下去，就算达到了引导的目的。

追询不同于提问，也不同于引导，它是为了促使被访问者更真实、具体、准确、完整地回答问题。在什么情况下追询呢？一般来说，当被访问者的回答明显说谎、不肯吐露真情的时候；当被访问者的回答前后矛盾、不能自圆其说的时候；当被访问者的回答含混不清、模棱两可的时候；当被访问者的回答过于笼统、很不准确的时候；当被访问者的回答残缺不全、不够完整的时候……总之，当被访问者的回答没有真实、具体、准确、完整说明问题的时候，就要追询。

追询有多种方法。有正面追询，即直接指出回答不真实、不具体、不准确、不完整的地方，请对方补充回答；有侧面追询，即调换一个侧面、一个角度、一个提法来追问相同的问题；有系统追询，即何时、何地、何人、何事、何因、何果……系统地追问下去；有补充追询，即只追问那些没有搞清的、需要补充回答的问题；有重复追询，即对前面已经回答过的问题，到后面再追问一次，以检验前后回答是否真实和一致；有反感追询，即"激将"追询，看看在"激将"的情况下对方有何表现、作何反应。

追询一定要适当。它有两层含义：一要适时，二要适度。

(五)访谈的结束

访谈结束应该注意两个问题：一是要适可而止，二是要善始善终。

所谓适可而止，主要掌握两条：(1)每次访谈时间不宜过长，一般以一两个小时为宜，特殊情况则应灵活掌握。(2)访谈必须在良好气氛中进行。

所谓善始善终，主要做好两件事：(1)表示感谢和友谊。即真诚感谢被访问者对调查工作的支持，感谢从对方那里学到了许多知识；同时还应肯定通过访谈建立或加深了友谊，说明访谈是短暂的，友谊却是长存的。(2)为以后调查做好铺垫，即表示今后可能还要登门请教；如果第一次访问没有完成任务，就应具体约定再次访问的时间和地点，最好简要说明再次访谈的主要内容，以便对方做好思想和材料准备。

(六)再次访问

访问调查应力争通过一次访谈完成调查任务，能否做到这一点取决于三个因素：一是取决于调查内容和方法；二是取决于访问者的素质和工作；三是取决于被访问者的合作态度和具体情况。

再次访问，大体可分为三种类型：（1）补充性再次访问，是指为了完成第一次访谈中没有完成的调查任务，可补充、纠正第一次访谈中的遗漏和错误而做的再次访问。（2）深入性再次访问，是指为了深入探讨某些问题，按计划在第一次访问了解一般情况、熟悉被访问者后做的第二次或多次访问。（3）追踪性再次访问，是指为了了解被访问者的变化，在第一次访问后间隔一段时间对原调查对象进行的再次或多次访问。

第四节　问卷调查研究案例

问卷调查法在实证研究中是一种非常普遍的方法，通过阅读案例《校园经济与消费调查问卷》，你可以了解到问卷法在职业研究中的具体应用。

校园经济与消费调查问卷

提起您的笔，反馈一份真实。祝你健康快乐每一天！

——华工求是调研队

学校：＿＿＿＿＿＿＿　　　年级：＿＿＿＿＿

□理工科　　□艺术类　　□文科类　　□医科类　　□男　　□女

请在与你情况相符的选项前画钩

1. 您的平均月收入

（1）家庭

A. 300 以下　B. 300～600　C. 600～1000　D. 1000～2000 E. 2000 以上

（2）有没有其他来源（复选）

A. 无　　B. 兼职　C. 创业　　D. 奖学金或助学金　　E. 其他＿＿＿＿＿

（3）其他收入总和

A. 200 以下　B. 200～400　C. 400～600　　D. 600～800　　E. 800 以上

2. 您每月的支出

（1）伙食和日用品

A. 200 以下　B. 200～400　C. 400～600　　D. 600～800　　E. 800 以上

（2）恋爱

A. 无　　　　B. 100 以下　C. 100～300　　D. 300～500　　E. 500 以上

（3）逛街购物

A. 100 以下　　B. 100～300　　C. 300～600　　D. 600～1000　　E. 1000 以上

（4）平时娱乐（如上网、唱 K）

A. 50 以下　　　B. 50～100　　　C. 100～200　　　D. 200 以上

（5）通讯费

A. 20 以下　　B. 20～50　　C. 50～100　　D. 100～200　　E. 200 以上

（6）用于学习方面（如学习资料、工具、培训等）

A. 20 以下　　B. 20～100　　C. 100～300　　D. 300～800　　E. 800 以上

（7）交际（如请客、聚会、学生工作）

A. 50 以下　　B. 50～100　　C. 100～200　　D. 200～500　　E. 500 以上

3. 月结余情况如何？

A. 经常出现　　　B. 偶尔出现　　　C. 没有　　　D. 超支

4. 你是否有计划消费的习惯？

A. 有　　　　B. 没有

5. 买东西时，你最注重

A. 实用　　　B. 价格　　　C. 品牌　　　D. 喜欢就好

6. 你对校内饭堂，超市及其他店铺的物价是否满意？

A. 很满意　　B. 还可以接受　　C. 不满意

7. 你对校园周围现有商业设施的种类及数量有何意见？

A. 很丰富　　B. 基本足够　　C. 太少啦

8. 你对大学生经济消费现象有何看法＿＿＿＿＿＿＿＿＿＿＿＿＿＿＿

［案例讨论］

1. 问卷初稿和研究设计是否符合研究目标？

2. 对于问卷中的内容，还有哪些值得修改的地方？

第六章
职业教育实验研究法

　　一提实验研究，人们通常会想到实验室的研究和教学改革实验研究，为了不至于产生误解，笔者首先需要声明这里的实验研究只是教育科学研究中进行定量研究的一种方法，它不包括教学改革实验和实训基地中的实验室实验。那些实验研究也属于职业教育实验研究的范畴，但是它是研究内容上指向的实验研究，而本章所介绍的仅仅是教育实验研究的方法，强调的是一种量化分析职业教育现象的手段与方式。

第一节　职业教育实验研究的特殊性

　　职业教育旨在解决学生职业技能培养与道德品质形成等问题，其最大的特点是应用性强。其次，职业教育技术和设备的易于检测特性，决定了职教实验研究具有非常强的可操作性。

一、职业教育实验研究指向操作技术的特性

　　职业教育实验研究内容指向教育教学改革实践。职业教育实验研究主要不是指向理论或者学术问题的研究，而是指向教学第一线的实际问题。因为职业教育研究最重要的因素是专业技能与知识，它往往无法用显性语言进行确切描述，里面包含太多隐性的工作过程知识，这些隐性知识和技能存在于具体的工作任务和过程之中。职业教育研究就是要通过调查工作情境与教学中的问题，来确定研究对象，挑选典型工作任务和工作过程，分析和描述典型工作流程、教学环节与方法的对应关系等，并以特定的定量研究设计来表征实验流程和教学设计，从而研究出职业技术学校学生的技能形成与学习规律。这一系列问题的解答，研究假设的形成，都需要依靠实验设计的检测数据加以证实，将实验内容指向教学第一线，才能确保研究的可行性与成功后的推广价值。职业教育

实验研究虽然也需要理论，但理论主要是告诉职业教育实验研究应该怎样设计与实施，而不是作为演绎的工具和材料，职业教育实验研究更多关注做的程序和精确化的方法。

职业教育实验研究需要广大教师和领导的参加。因此，其实验设计要求简便易行，易于理解和解释。职业教育改革实验活动的展开需要依靠广大的师生员工，同理，职业教育实验研究的推进也需要各个专业、分管部门领导的大力支持和参与。因此，就要求相关人员都能懂得基本的实验设计概念和操作规程，理解有关研究设计的基本因素和结构，明白测试手段所起作用和测得数据的用途。这就要求职业教育实验研究在知识编排上抓住关键环节，讲出其实施的意义，而不能按照一般学术书籍那样编排，搞得烦琐不堪。在举例说明上，也要来自职业教育现实问题，紧扣职教研究实际展开，让广大职教师生员工具有可感性，这正是本章所力求实现的目标。职教实验研究极强的可操作性又有赖于一线教师和技术工人的参加，因为其研究设计本身需要关注教育、教学过程的整体性，完成职业岗位任务所需要的创造性，关注操作程序的关联性，把职教研究专家与技术工人的实践性知识提高到一个新的水平。因此，为了便于讲述的程序化，根据职教师生理解的一般规律，笔者尽可能对相关操作步骤进行列表分析，由易到难地展示实验设计类型及其操作程序。

职业教育实验研究指向微观课堂和小组教学情境。因此，结合本校实际关注微观研究就成了职业教育研究的鲜明特征之一。职业教育实验研究的重点主要是研究职教实施过程中的微观问题。诸如针对职校不同学生和不同专业的具体教学方法、教学改革、专业建设、课程建设、师资队伍建设、实践教学体系、实习基地建设、实训教学的考核方式、学生管理、教学质量监控等问题的研究。这些具体微观问题的研究，要求职业教育实验研究必须结合本校实际，重点研究自身的问题，旨在突出自己的特色。这是因为职业技术学校不仅层次多，既有高职院校，又有中职学校，将来还会有职业技术大学及其研究生层次的学历教育。而且专业繁多，各专业间教学内容、教学方式差异很大，只有结合不同层次学校的实际，从与自己对口的学校类型和对应的专业展开研究，才能针对各自教育过程中面临的特殊情况，充分利用各自的优势，改变自身的劣势，找准研究的切入点。正因为这样，所以本章在说明实验研究设计的类型与例举实例分析上，总是立足于职业学校和学科教学、实训方法的研究。

二、从国外职教研究考察我国职教实验研究特征

职教实验研究主要适合微观层次的量化研究。发达国家和地区的职业教育

研究可分为宏观研究、中观研究和微观研究三个不同层次。宏观研究包括：职业教育政策研究；人力资本与职业教育关系研究；提升综合国力、技术发展与职业教育贡献和投资回报研究；职业教育国际合作与教育输出现状、趋势研究；职业教育培训促进消除贫困问题与投资社会资本关系研究；欧盟国家职业资格通用性与互认研究；跨文化与职业教育研究。中观研究有：区域经济发展与职业教育互动发展研究；学校职业教育、企业职业教育、社会培训资源整合与资格互认、质量管理研究；科技发展与职业胜任能力、职业素质培养研究；生涯发展与职业咨询专业化发展研究等。微观研究主要有：职业教育课程与教学研究；职业教育教学手段与技术应用研究；职校生学习潜能研究（多元智能实验研究）；职业教育教师、实训教师、培训师专业化发展研究等。① 国外职业教育的三个研究层次中，就广西而言主要是中观和微观层次的研究，并且应该把研究重点放在东盟区域经济发展与广西职业教育互动发展研究上。值得注意的是，在宏观和中观研究层次上，由于涉及面太广，涉及的因素繁多，几乎没法做到严格控制的量化研究。所以，即使从国外的已有研究看，定量的实验研究设计也主要适合于学校职业教育、企业职业教育、教育教学质量管理等微观领域的研究。

职教合作研究方式的内在机制。合作研究是德国职业教育研究的主要方式。德国大多数职业教育研究成果的取得都是双方或多方密切合作，共同研究的结果。合作研究之所以成为德国职业教育的主要方式，有其内在的原因。首先，在于德国社会有关各方对职业教育的协调合作。德国的职业教育是一个由全社会供养的"宠儿"，在这项事业中汇集了社会多方的人力、财力和物力，它们从各自的原则立场和利益需要出发，参与、举办或管理职业教育。即使是属于一方职权范围的事，亦必须得到参与职业教育有关他方的同意，这样便从根本上确立了德国职业教育有关各方相互依存的关系，从而保证了职业教育有关各方协调合作的精神。在这种协调合作精神的作用下，合作自然成为德国职业教育研究工作者经常采取的研究方式。其次，在于德国职业教育研究决策与执行机构成员的多方构成。在德国的职业教育研究机构中，其决策机构和执行机构通常是由数量相等的企业主、雇员和政府代表共同组成。例如，联邦职业教育研究所的决策机构——总委员会就是由企业主、雇员和州代表各 11 人以及联邦代表 5 人组成。联邦代表拥有 11 票表决权，但这 11 票在表决时只能统一使用。联邦

① 卢洁莹. 职业教育研究视阈的转换[J]. 职业技术教育（理论版），2007，（1）

职业教育研究所的研究人员开展职业教育研究必须根据总委员会讨论通过的研究计划来进行，该研究计划必然要反映总委员会各方代表的意见。[①] 澳大利亚职教研究也非常重视建立一个多元互动，讲求功效的研究体系。一是重视建立理论研究与相关数据分析、成果传播、资料检索、文献分享和应用相互配合的研究体系；二是强调国家研究机构与地方国家机构以及地方或本单位研究机构相结合的相互作用的研究体系；三是强调理论研究与实际工作相结合；四是重视成果鉴定和应用评价工作，以此来检验和推动研究工作。最后，重视应用最新技术来提升研究成效。澳大利亚非常重视用最新网络技术来促进职业教育与培训的研究，这一点使职教研究获得了新的动力。[②] 借助现代教育技术，开展多方合作研究，不仅有利于有关各方专家从各自特定的角度提出自己的观点和见解，更有利于博采众长、集思广益，破解职教实验研究中检测标准制定难、实验设计难、检测数据处理难等问题。

职教实验研究需要研究机构、学校、企业三方密切合作的研究方式。德国职业教育合作研究方式，有必要引入到我们的职教实验研究之中。职业教育实验研究相对于定性研究而言比较复杂和精细，在技能检测标准的制定上，特别需要企业岗位技术人员、研发专家来制定，才能使我们的实验研究达到真实的岗位前沿水准。如果仅仅是职教内部闭门造车臆想出的技术检测标准，那是很难适合现实工农业生产需要的。即使是对实验研究结果的检测，也最好由企业界派出专门人员进行验收，更有说服力。因为校内的教师检测，很难发现自身认识和教学中存在的问题，而企业专业人员检测学生习得的职业技能和职业态度，他们根据岗位实际需要很容易就会测出达标情况，发现存在的问题。

三、精确性：职业教育实验研究的特点

教育实验研究方法是研究者按照研究目的，合理地控制或创设一定条件，人为地变革研究对象，从而验证假设，探讨教育现象因果关系的一种研究方法。[③]

实验研究的基本目的在于揭示变量之间的因果关系，即要回答"为什么"的问题。在这一点上职业教育研究与普通教育研究是一样的。因此，在基本原理和假设上都是相同的，实验设计也相同，所以下一节的实验设计也是从普通教

① 黄日强，周琪. 德国职业教育研究的主要特色[J]. 职教论坛，1998，(3)

② 杨婷匀. 澳大利亚职业教育研究：经验及启示[J]. 教育发展研究，2006，(12)

③ 裴娣娜. 教育研究方法导论[M]. 合肥：安徽教育出版社，1995，224

育研究的实验设计演变而来的。主要的不同点在于职业教育实验研究测试的具体内容和数据的精确度要求不同,职业教育实验研究测试的内容更加具体,联系实践的内容相对较多。特别是在学生工农业生产技术和产品销售技巧方面,可以直接用技能检测标准、具体的物品数据、合同书等测试观察所得的结果。表现在职业教育实验研究案例或者举例说明上,我们将更加贴近职业技术学校的研究实际。

教育实验是为了变革现实而进行的探索和创新设计。它以假设为先导,围绕验证假设而操纵自变量,再根据自变量引发的结果——即因变量测试数据,进行实验前后的对比测试。因此,准确确定引发变革的因素及其产生影响的量化程度,以便用精确的数据开展研究,验证实验假设就尤为必要。实验中待判明的因果关系以假设的形式表现出来,并以特定的符号和结构方式加以表征。在实验研究中,研究者根据假设区分研究过程中的各种变量,把复杂的条件分解为一些界限清晰、可测量的自变量。实验的实施就是操纵自变量(改变自变量的值或水平)、控制无关变量、测量因变量的过程。这些概念,对于初次接触职业教育实验研究的教师和管理人员,显得有些难以理解。因此,树立精确化的量化意识非常重要。必须首先弄清其符号所代表的意义,知道每一组数据的来龙去脉,特别是要分清楚哪些是自变量,哪些是因变量,哪些是干扰因子。

教育实验的特征决定了职业教育必须讲究精确化,这是与一般的定性研究不同之处。职业教育实验研究必须要做到尽可能的精确,排除系列干扰因素的影响。为此,一是确定好实验对象的数量,并对实验对象进行随机化处理。二是控制变量。实验研究要操纵或控制变量,人为地创设一定的情境。除了对实验对象进行精心抽样外,还需要控制其他一些参与或者影响实验因素的干扰,以便突出实验操作对实验效果的影响。职业教育实验研究之所以采取各种控制方法,主要是为了提高实验的效度。所谓实验效度,就是指实验设计能够回答所要研究问题的程度,即能够把实验结果及其所要解决的问题说得清楚的程度。实验效度有两种:内部效度和外部效度。内部效度就是指实验者所操纵的实验变量对因变量(实验结果变量)所造成的影响的真正程度。实验内部效度的高低,取决于对无关变量控制的程度。无关变量控制越好,实验结果越能解释为由实验处理所造成;反之,控制差,其结果究竟是实验处理所产生,还是由其他无关因素所导致,将难以确定。由此可见,内部效度是实验研究的基本条件。外在效度,是实验结论的可推广程度,是由实验样本得到的实验结论推广到全体研究对象的有效程度。与定性研究不同的是,实验研究主要采用数据进行精确的比较说明，而定性研究则是进行推理论证。因此，收集系列数据并进行归类整理，以便有效地解释、说明实验的真实效果，就成了实验研究不可回避的关键环节。

从实验效度来看，职业教育实验研究效度应该高于普通教育研究。由于职业教育研究实践性强的特征，以及学生操作技能的可精确测试性，市场和生产产品的数量易于统计等特征，决定了职业教育研究中除思想品德、教育管理、师生情感等研究领域难以精确测试外，其他"硬技术""硬件设施"等领域，都能相对精确的进行测试。所以，职业教育实验研究对内在效度和外在效度要求，应该普遍高于普通教育的实验研究。也就是说，为了切实让职业教育实验研究能够准确解释、解答职业教育中的问题，并将研究成果在职业教育中加以真正推广，对职业教育实验研究中的量化设计必须讲究真实有效，能真正反映研究的思路，切实解决研究所面临的问题。不能以"数量化"的精确处理来装饰研究成果，以显得研究认真和有效，而是要建立在真做和科学、精确测量的基础上，要把实验设计作为一种量化研究的有力手段。只有这样研究的结果，才具有大面积的可推广性，这是以学术研究为重心的普通教育研究难以达到的。

第二节 职业教育实验研究的分类设计

为了让从事职业教育研究的人员更好地明白职业教育实验研究的主要类型及其设计模式，笔者紧紧围绕各类实验的内在结构及其标示符号所表达的意义，根据变量控制的严密程度进行阐述。这样区分出前实验、准实验和真实验三个层次的操作方法，以便在职业教育改革实践中，各研究者根据自身控制干扰因素的条件选择实验操作技术，进而选择出符合自身条件的实验设计类型。

一、职业教育实验设计的一般步骤

在分类讲述实验设计的结构模式及其用途之前，有必要对开展实验设计的一般步骤进行叙述，以便读者有一个概略了解，同时也是从总体上介绍各类实验设计所应遵循的一般程序。只有照此程序开展实验设计，才有一个基本的章法，然后再结合各个适合的类型进行精心设计，也就完成了适合自己研究的实验设计。一般讲，计划一个教育实验，要遵循如图所示的基本程序。[①]

---

① 裴娣娜. 教育研究方法导论[M]. 合肥：安徽教育出版社，1995，276

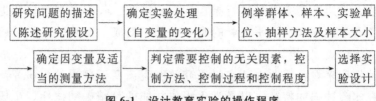

图 6-1 设计教育实验的操作程序

职业教育实验设计的基本操作步骤如下：

1. 陈述研究课题并提出研究假设

一个实验课题的提出，是研究者的理论知识和实践经验相结合的产物。与其他研究课题的选题一样，实验课题应当具有理论或实践意义。职业学校中的实验课题，一般应当是职业教育教学实践中面临的实际问题。例如，针对中职学生基础差的实际情况，研究如何在班级教学中开展因材施教如何处理两极分化，如何培养差生学习兴趣，等等，可以说是任何职业学校都存在的问题，从中可以产生许许多多的实验课题。实验假设则是对问题的结果、两个或多个变量之间的关系的推测。

实验假设是在实验之前对所研究的教育现象做出的一种推测性论断或假定性解释，是暂定的结论。一个实验课题往往根据一定的科学理论和经验事实，提出一些新设想、新见解、新方案、新做法，研究者希望（或假设）这些新东西在某种意义上是可行的、恰当的、比现有的东西要优越、等等，这样就有了实验假设。大的课题可以包含许多假设，同一个课题可以有不同的假设。实验假设的提出，是一件需要创意的工作。可以是对已有理论的继承与发展，也可以是对经验事实的提炼和筛选。例如，工作过程导向教学改革实验，所要解决的问题是传统职业教育模式培养中，存在重理论轻实践，职业教育学校培养的人才与工农商业的实际岗位技能相脱离的问题。由此可以采取以下假设：根据工作任务的分解来设计教学目标；按照工作实施的条件、环境及情景来设计实训环境；依据工作岗位技能来设计学生技能结构达成目标。这样按照工作过程中涉及的相关要素，来实施职业技术教学就能培养出技能和职业态度等方面都能适应劳动力市场需求的合格毕业生。一般来说，一个实验至少被一种假设指导，陈述两列变量间所期望的因果关系。在工作导向过程教学改革实验假设中，就陈述了职业教学改革按照工作过程涉及的任务、条件、技能目标开展教学，将会产生能满足市场需求的合格毕业生这样一个因变量，阐明了工作过程导向教学改革与人才岗位适应工作能力增强之间的因果关系，从而为自变量和因变量的确定指明了方向。

2. 明确实验目的，确定指导实验的理论框架

这种指导性理论，启发研究者按照研究目的对实验研究的方向、范围以及如何搜集、分析和解释数据资料作出明确的具体规定。如果上述工作过程导向教学改革实验目的，是解决职业教育技能培养与岗位技能需求密切结合的问题。那么，其依据就是德国职业教育的双元理论，强调校企密切合作，共同制定培养人才的目标，规划人才培养方案，设计培养方法。为了使德国的工作过程导向教学改革这一理论与实践方法更贴近本校实际，需要做先期的调查研究，查阅有关文献资料与课题组全体成员充分的讨论。没有这一步骤，就不能从实验目的和研究假设过渡到具体的实验设计上去。

3. 确定实验的自变量

选择被试和形成被试组，决定每组进行什么样的实验处理，并确定操作定义。就上述工作过程导向教学改革而言，教学目标和方式的改革就是其自变量，根据假设将其细化即可形成操作性定义。我们可以做出以下操作定义："通过按照工作过程中各环节对技能的要求，来设定每一步教学目标，按照真实的工作环境设计教学环境，按照工作过程设置教学阶段，就能培养出适合对应岗位的技术人才。"

4. 列举群体、样本、实验单位、抽样方法及样本大小

群体指样本的总体。要研究中职学生技能发展，那么目标总体就是在校学习的中职学生。接近总体则是指实验进行的具体单位、场所的样本。实验单位，可以是学校、班级，也可以是一个实训基地、小组等，必须独立接受实验处理并作出反应。关于抽样的有关问题，已在抽样方法中阐述，在此不再重复。

5. 选择因变量及适当的测量手段

对因变量的测定要考虑以下几个问题：第一要确定所选择的反应变量是能够提供有关研究问题的信息；第二是选择适合的测量工具，并决定采用什么样的统计方法。在工作过程导向教学改革中，我们就可以采用技能达标检测工具，对实验组和控制组学生进行技能水平的检测，借助检测结果对比分析实验效果。第三要考虑测量数值的可能准确度。

6. 判定实验需要控制的无关因素，选择控制方法

所谓无关因素是指那些在实验研究中，除所规定的自变量外的一切能影响实验研究结果的因素，包括外部的、介入的，或主试者变量等。由于不可能做到控制所有干扰因素，因此要集中考虑会影响实验结果的主要因素，而对实验结果影响不大的干扰因素则可以忽略不计。例如，要研究在中职技能教学中，

如何分配训练时间才能收到好的练习效果。其自变量是训练时间的分配方式，因变量是被试学生的技能测验成绩，而被试的智力水平、数学基础、练习内容、练习时间总量等，则是影响学生技能测试成绩的因素，是需要控制的无关变量。如果凭经验，男女生在技能训练上没有太大差别（统计意义上的差别），那么可暂不列入，但在结果分析时要加以说明。

7. 选择适合的实验设计类型并提出相应的统计假设

为便于操作，一般设计成表格形式，如表 6-1 所示。

表 6-1　教育实验的设计

步骤	内　　　容
1	问题：在中职进行计算机教学(CAI)的效果分析。 研究假设：采用计算机辅助教学方式与不采用计算机辅助教学相比，对学生的学习成绩、学习兴趣方面将产生积极影响，但对学习态度、学生认知能力影响不显著。
2	处理 1：在数学课上，利用微机进行辅助教学，课后上机对所学内容进行练习（每人上机练习量 10 课时左右）。 处理 2：按课堂正规教学传统方式，只作书面材料的练习，不使用微机。
3	目标总体：广西中职学校一年级学生。 接近总体：南宁市一所城市重点中职学校一年级学生。样本大小：80 人。 取样方法：从接近总体中随机指派两个自然班，将每个班随机分为实验组和对照组各 20 名，注意男女人数相等。 实验单位：每一个独立的学生。
4	因变量：学习成绩、学习兴趣态度、认知能力。 因变量的操作定义：(1)数学函数部分学习成就测验(函数运算技能，数学学习保持和迁移效果)；(2)隐藏图形与认知推理能力测验。
5	采用的控制方法： (1)随机指派形成被试组，实验组、探制组数学知识，认知推理能力、识别镶嵌图形能力，初始状态前测，以保持两组均衡。(2)控制性别差异。(3)教学内容相同。 (4)同一时间进行教学，练习作业相同，练习时间相等。(5)采用同样的后测。 (6)设计了补充实验：在该校短训班选取一个班 44 名学生，根据语文基础成绩采用配对法，随机形成实验组和对照组，进行对照实验。
6	实验设计：前后测对照组设计。 统计假设：两个处理组得到的平均数之间差异没有显著性意义。

这一程序不仅适合于教育实验设计，同时也为评价分析某一教育实验提供了可操作的步骤。事实说明，教育实验设计的形成是一个从明确研究目的，形成研究假设，确定变量，到决定取样方法，选择实验设计的一系列活动过程。实验设计质量的高低，与该过程的每个环节、多个因素直接相关。

二、职业教育实验研究中常见设计类型

教育实验设计应考虑哪一种设计适合课题研究，能检验研究假设，能较好地控制无关变量的影响，有助于研究结果的鉴定和推广等。

在讨论实验设计时有两个术语——前测和后测，常常在与收集数据有关的研究中用到。前测是指在实验处理之前对被试进行的测量或测验，后测是指在实验处理后进行的测量或测试。前测及后测要求一一确定被试，这样才能使前测后测得分能够配对。不是所有的设计均需前测，但后测是决定实验处理有效性所必须的。

实验设计有组别之分。可以是单组、两个组或更多的组。如仅施后测对照组设计最简单的形式包含两个组：接受实验处理的组和对照组。在实验前被随机分为两组，实验组接受实验处理。

实验设计中根据被试是否被随机分配，设计模式不同。下面以变量控制的严密程度为主线，介绍一些常见的实验设计。为了简化叙述，在讨论实验设计类型时，我们引入下面一些符号。

X：表示一种实验处理，即操纵的自变量水平组合。

O：表示一次观测结果，在实验处理前为前测，在处理后为后测。

R：表示随机分组。

"—"：表示没有进行实验处理。

"…………"：表示上下被试组为不等组。

(一)前实验设计

前实验设计只操纵自变量，除了某些实验外，一般都不能有效地控制无关变量，实验过程比较简单，容易操作，但内、外在效度往往很差。这里介绍这种实验设计的两种表现形式，能否使用要视实验课题而定。

1. 单组前后测实验设计

基本模式：实验组　O_1　　　X　　　O_2

这种实验只有一个被试组且不是随机选择，无对照组；有前测、后测。这

种设计的要求是：对受试者进行实验处理前的测验，然后给予受试者实验处理，再给予受试者一次测验。最后比较前测和后测的分数，通常采用两个相关样本平均数差异的显著性检验，以检验前后两次测验平均数的差异显著性（统计检验的具体方法可参阅本书第九章）。例如，在中职数学教学中，教师在讲完每个单元以后都要进行复习和测验，为了考察复习后学生的成绩是否有明显提高，复习前先进行一次测验。每个学生复习前后的测验成绩构成配对样本。

这种实验设计的优点是：相同的受试者都接受前测和后测，"差异的选择"和"受试的流失"两因素即可被控制。其缺点是：实验效果可能受到"历史""成熟""工具""选择与成熟的交互作用"干扰。

2. 固定组比较设计

基本模式：实验组　　　X　　　　　　O_1

　　　　　　　　　…………

　　　　　　对照组　　　　　　　O_2

这种实验两个组都无前测，仅有后测。使用了不接受实验处理的对照组，以便与接受实验处理的实验组比较。实验组与对照组都是在实验处理前已组织起来的原组，不是随机选择，也未控制选择偏差。两组后测成绩构成两个独立样本，其平均数差异的显著性检验用独立样本的 t 检验。例如，在某中职学校，一个班用传统讲授法教学，在黑板上开机床；另一个班用基地实训法进行教学。在期末，测验两个班学生的技能达标成绩，以比较两种教学方法的效果，就属于这种实验设计。在这一实验研究中，由于实验设计使用了实验组和对照组，所以对控制实验的内在效度起了一定的作用，尤其是可以控制经历、成熟的影响。

这种实验的局限在于：由于被试不是随机分组，又没有一个前测数据说明实验组和对照组在处理前是否相同。当对后测成绩进行分析时，如果检验结果是两组平均数差异显著，研究者有时很难确定这种差异是处理以前就存在，还是由于实验处理引起的。

(二)准实验设计

准实验设计用于在真实的教育情境中不能用真实验设计来控制无关变量，即适用于不能采用随机化方法分派被试的情况。准实验设计一般是以原有的自然教学班为实验单位。因此，具有一定的外在效度，但只能控制一部分无关变量。通过适当的设计可提高对无关变量的控制能力。这里介绍准实验设计的两种类型，其中不相等实验组对照组前测－后测设计在教育实验研究中应用最为广泛。

1. 不相等实验组对照组前—后测设计

基本模式：实验组　　　O_1　　　X　　　O_2

. . . .

对照组　　O_3　　—　　O_4

这种实验有实验组和对照组，并且每组都有前、后测。一般在原有环境下按自然教学班、年级或学校进行，不是随机取样分组，因此对照组与实验组是不等组。由于不能以随机等组或配对方法去分配被试，只能试图去寻找与实验组大致相当的对照组。

可根据两组前测成绩的具体情况采用如下不同的统计方法：

(1)当两组的前测分数基本相同时，也就是两组成绩在统计上没有显著差异时，可以直接对两组被试的后测分数进行差异显著性检验。

(2)当两组的前测分数有显著差异时，要先求出实验组与对照组各自的实验效果(即求前后测的差：$O_2 - O_1$ 与 $O_4 - O_3$)，然后对两组数据相减的结果进行差异显著性检验。不管哪种情况，两组平均数差异的显著性检验都用独立样本的 t 检验。

由于有对照组，有前测后测比较，因此可以控制成熟、经历、测验等因素的影响。局限在于没有随机取样分组，样本选择与其他因素的交互作用可能会降低实验的内在效度。而且，实验结论不能直接推论到无前测的情境中。这种设计要尽可能从同一总体中抽取样本，以减少组间差异对实验结果的影响。此外，如果前测和后测没有可比性，用前后测差数作为实验效果也成问题。

2. 时间序列设计

基本模式：　　O_1　O_2　O_3　O_4　X　O_5　O_6　O_7

时间序列设计是指对一个被试组或个体做一系列周期性测量，并在测量的时间序列中引进实验处理，将引进实验处理后的一系列测量结果与引进实验处理前的一系列测量结果相比较，研究实验处理插入前后测量结果的变化趋势，从而推断实验处理是否产生效果。这种设计测试的是实验因子是否产生了稳定的长期影响，其实质就是测试"路遥知马力，日久见人心"中的能力、态度、情感等变化情况。通过时间序列测试，可以使实验处理的效应得到充分显示。

图 6-2 表示在实验处理 X 引入后(竖直线)，时间序列设计的一些可能的结果，每种结果用一条折线表示，折线上的点是对应时间序列中某一次测量值。根据图示，我们可以初步分析出处理 X 产生的效应。如果处理前后折线的图形

和走势明显不同，则实验处理效果明显；如果实验处理前后折线的图形和走势不变，则实验处理无效。其他情形则未能确定实验效果。见图 6-2，A 和 B 在处理 X 前后出现了跳跃，折线走势明显变化，基本可以分析出两线在处理 X 前后的成绩有一定的提高，实验呈正效应；对 C 而言，实验呈负效应；D 和 E 在处理 X 前后的实验结果 O_4 和 O_5 之间的跳跃幅度虽然很大，但从整体趋势上看实验效应不明显。

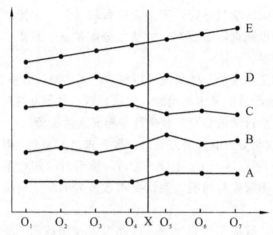

图 6-2　时间序列设计实验处理的若干可能图式

这种实验设计，可以较好地控制成熟的影响，在整个时间序列中，成熟仅发生在 O_4 和 O_5 之间的可能性不大。由于只有一组被试接受实验处理且经过多次测量，所以样本选择、测验误差、中途退出等对内在效度的影响不大。不过，由于没有对照组，不能控制包括经历在内的与自变量同时出现的无关变量；测验与处理的交互作用作为影响实验外在效度的因素不易受到控制；多次测验可能会增加或降低被试对实验处理的敏感性。因此，研究过程中应该注意：第一，研究者必须保持实验环境不变，以避免其他因素对实验结果的干扰，使实验结果有利于进一步研究和推广。第二，通过这个单一的实验并不能做出最后的、决定性的结论。应选用有对照组参加的实验设计，或者由不同实验人员对不同的被试进行相同的实验，以做出综合的实验结论。第三，还应该考虑是否有突发的事件影响了实验结果，尽可能对实验做出准确的评价。

下面是时间序列设计的两种变式：

(1)单组相等时间样本设计：

基本模式：X　　O_1　　—　　O_2　　X　　O_3　　—　　O_4

当仅有一组被试进行实验时，常使用两个相等的时间间隔，在其中的一个时间间隔中安排实验处理 X，在另一个时间间隔中安排非实验处理"—"，即采用常规安排。O_1、O_3表示接受实验处理后的测验结果，O_2、O_4表示接受常规安排后的测验结果。例如，教师希望了解批改作业与不批改作业对学生成绩的影响。他在第一个 2 周时间内对课后所留的作业不批改，仅提供正确答案，以这种方法作为实验处理 X。2 周后，对学生进行知识测验，测验结果作为 O_1。接着，他在第二个 2 周时间内对课后所留的作业进行全批全改，即没有实验处理，随后对学生进行测验，测验结果作为 O_2。类似地他又用与第一个 2 周同样的方法进行实验处理，取得后测成绩 O_3。接着，他用与第二个 2 周同样的方法进行实验处理，取得后测成绩 O_4。最后比较 O_1 和 O_3 的成绩之和与 O_2 和 O_4 的成绩之和是否有差异，用配对样本的 t 检验进行统计说明。

这种变式实际上是进行了重复实验，可以有效控制经历等对内在效度的影响，因为每次实验处理中都出现相似的无关事件与实验处理 X 共同影响实验结果的可能性极小。但由于一组被试多次测验、多次接受不同的处理，可能引起新奇效应、练习效应、疲劳效应或敏感效应，以及样本选择与实验处理的交互作用、重复实验处理的干扰等，都会影响外在效度。

（2）不等组对照组前—后测时间序列设计：

基本模式：　　O_1　　　O_2　　　O_3　　　X　　　O_4　　　O_5　　　O_6

　　　　　　　…………　　…………　　…………　　………

　　　　　　　O_7　　　O_8　　　O_9　　　—　　　O_{10}　　　O_{11}　　　O_{12}

此实验设计用不等的固定组，统计方法可采用不相等实验组对照组前—后测设计的统计分析方法，即将实验组前测（平均数）、后测（平均数）的差数与对照组前测（平均数）、后测（平均数）的差数用独立样本的 t 检验进行比较。这种变式设立了对照组，既有纵向比较，又有横向比较，从许多角度看有更高的可比性，成熟、经历、测验误差等得到较好控制。

（三）真实验设计

真实验设计是在随机化原则的基础上，选择和分配被试，从而基本控制与实验目的无关的变量对实验结果的影响，使实验结果能客观地反映实验处理的效果。它对实验条件的控制程度要求较高，同时实验者可以有效地操纵自变量。在设计符号上，明显地区别于准实验设计的是有 RG_1、RG_2、RG_3、RG_4 等随机化分组处理的符号，即表明严格控制了实验条件。

1. 实验组对照组前—后测设计

基本模式：RG$_1$　　O$_1$　　X　　O$_2$

　　　　　　RG$_2$　　O$_3$　　—　　O$_4$

特点：随机分组；有实验组和对照组，实验组接受实验处理，对照组则不给予实验处理；两组均进行前测和后测。

由于利用随机分派方法分出两个等组，从而可以控制选择被试的中途退出以及选择与成熟交互作用等因素对实验结果的干扰。另外，由于安排了实验组和对照组，在实验过程中，发生在前测到后测这段时间内的事件对实验组和对照组的影响相同，因而可以控制经历、成熟、测验误差等影响内在效度的因素对实验结果的影响。本实验的局限在于，前测验与实验处理的交互作用可能影响外在效度。此实验的统计方法，与准实验设计中的不相等实验组对照组前测后测的统计方法一致，即两组平均数差异的显著性检验用独立样本的 t 检验。

下面给出此实验设计的两种变式：

变式 1：RG$_1$　　O$_1$　　X$_1$　　O$_2$

　　　　RG$_2$　　O$_3$　　X$_2$　　O$_4$

变式 2：RG$_1$　　O$_1$　　X$_1$　　O$_2$

　　　　RG$_2$　　O$_3$　　X$_2$　　O$_4$

　　　　RG$_3$　　O$_5$　　X$_3$　　O$_6$

应该注意的是，当组数为 2 时，实验数据的统计分析用独立样本的 t 检验；当组数为 3 或超过 3 时，统计分析用单因素方差分析和 F 检验。

2. 实验组对照组后测实验

基本模式：RG$_1$　　X　　O$_1$

　　　　　　RG$_2$　　—　　O$_2$

随机化选择被试和分组，仅实验组接受实验处理。两组均只有后测，没有前测。例如，研究实训教学对学生技能学习成绩的影响。随机取样，形成两个等组，再随机指派实验组，进行实训教学，对照组仍按常规黑板上描绘加讲授。一段时间后进行测验，将测验成绩用独立样本 t 检验进行分析。

实验组对照组后测设计的模式几乎具有实验组对照组前测后测设计的所有优点。此外，由于两组被试没有进行前测，从而控制了测验与实验处理交互作用对实验外在效度的影响。但要注意取样总体的特征，在总体不够大，被试数目较少的情况下，尽管是随机分组，但是两组也不一定是等组。如 N<30，个体差异影响较大。所以在可能的情况下样本宜大些，并且要有较高的代表性。

此实验设计的变式有：

变式 1：RG_1 X_1 O_1

        RG_2 X_2 O_2

变式 2：RG_1 X_1 O_1

        RG_2 X_2 O_2

        RG_3 X_3 O_3

统计分析方法与上面实验组对照组前测后测设计相同。

3. 所罗门四组测试

(1)实验组对照组前一后测设计：

基本模式：RG_1 O_1 X O_2

         RG_2 O_3 — O_4

(2)实验组对照组后测实验设计：

基本模式：RG_1 X O_1

         RG_2 — O_2

将实验组对照组前一后测设计和实验组对照组后测实验进行综合，就变成所罗门四组设计：

RG_1 O_1 X O_2

RG_2 O_3 — O_4

RG_3 — X O_5

RG_4 —   — O_6

因为是 4 组设计，实验包含 4 个组，只有一种实验处理。比较实验组和对照组后测得的分数可确定为实验效果。只有一种实验处理，X 就无下标。组 1 和组 3 是实验组，组 2 和组 4 是对照组，图中没有 X。所罗门 4 组设计的优点在于能使研究者检验前测带来的可能效应。前测影响后测得分，前测与实验处理相互作用都是可能的。也就是说，实验处理的效应对前测过和没有前测过的组是不同的。因为在实际的课堂实践中前测不是规定要做的，所以它是提高效度所要考虑的问题。所罗门四组设计，以最简单的形式把前一后测对照组设计和仅施后测对照组设计组合起来，所得到的一种新设计，既能有效测出前测成绩，又能排除前测对后测的干扰，可以说它吸收了前一后测设计与仅施后测实验设计的优点，又消除了它们的缺陷，唯一不足的是设计和操作都比前两者复杂，且每组被试都要求随机分组。

下面举例说明所罗门 4 组实验设计。

例如，某中职学校在做一个关于工作过程导向教学改革的实验研究中，一共抽取了四个班，其中1班和3班参与了工作过程导向的教学改革实验，而2班和4班则作为对比班没有参与实验。教学改革实验前，4个班中1班和2班都参与了数控技术测试，成绩很接近，因为都没有经历过实战技能训练，所以测试后都没人合格；而3班和4班都没有参加数控技术检测。其改革实验设计如下：

RG_1（1班）　　O_1（1班前测）　　X（数控工作导向教学改革）　　O_2（1班后测）

RG_2（2班）　　O_3（2班前测）　　——　　　　　　　　　　　　O_4（2班后测）

RG_3（3班）　　——　　　　　　　X（数控工作导向教学改革）　　O_5（3班后测）

RG_4（4班）　　——　　　　　　　——　　　　　　　　　　　　O_6（4班后测）

————————————为期一学期————————————

假如经过一学期的工作过程导向教学改革，实验1班和3班参与一学期实验后，进行数控技能检测，学生合格率分别为$O_2=85\%$；$O_5=80\%$。而用传统的粉笔学科知识传授教学方法的2班和4班，数控技能检测合格率分别为$O_4=65\%$；$O_6=60\%$。而前面已经说明，因为实验前四个班的学生都没有学习过数控技术，所以$O_1=O_3=0$，也就是说没有一个学生检测合格。而将同样是对照组的2班和4班比较，即$O_4-O_6=65\%-60\%=5\%$，这5%的增幅可以认为是2班的学生在前测中知道了技能考试检测的重点和方法，在平时的练习中能够抓住关键技术进行操练，在考试过程中也获得了一些应试技巧所致。由此我们推知：实验1班高于实验3班的成绩，即$O_2-O_5=85\%-80\%=5\%$的增幅不是实验影响的结果，而是前测影响的结果。这样，我们就可以确认，工作过程导向教学改革实验的真正效果为：$O_5-O_6=80\%-60\%=20\%$，即参与了工作过程导向教学改革实验的学生，比没有参加教学改革学生的技能合格率高出20个百分点。

三、实验结果的验证

教育是复杂的社会现象，影响某一教育现象发生的因素是很多的，教育实验所得的结果不可能达到像自然科学实验研究结果那样准确的程度。为了有效地检验教育实验结果的准确程度，就需要对实验结果进行检验，而要对实验结果进行验证需要借助系列实验资料来完成。因此，收集实验资料就成了开展实验验证的基础工作。实验资料包括实验实施过程中观察、谈话、测量所得的信息，如观察、谈话记录、测验分数等，对检验假设有用的资料都要搜集。搜集时，记录要客观、简洁、准确，还要考虑资料的可靠性。资料的整理与分析，既可定量统计，也可定性描述，但要按一定的统计程序和分析思路进行。

为了便于大家掌握检测实验的技术，下面介绍几种常用的检验实验结果的方法。

(一)从实验程序上检验

任何实验研究的进行都有一定的程序(包括设计、抽样、分组、控制等工作)，实验程序的科学性、先进性将影响实验结果的准确性。因此，要验证实验结果，首先必须全面地考察整个实验的全过程，检查实验过程的各个环节是否抓好，实验设计效度如何，无关因素控制得怎样。只有这样，才有可能对实验结果的准确性有比较全面的认识和评价。

(二)用实验系数进行检验

应用系数检验法要求有扎实的教育统计学基础，熟悉其专用术语和检验工具才行。因此对于不太熟悉统计学的研究者而言，则需要事先学习必要的统计学知识，而后才能有针对性地采用系数检验方法。

实验处理所产生的效果如何，主要是从前后测验所得数据的比较，及对不同实验处理效果测验所得数据的比较中来看的。实验结果可靠程度的大小一般可用下列求实验系数的办法来检验：每一实验因子的平均进步数求得后，可据以求得这个平均进步数的平均标准差，进而求得优胜点的标准差。实验系数的大小可用来表示实验可靠程度的大小；实验系数越大，就表明实验结果越可靠。一般说来，实验系数为1或接近于1时，就表明实验结果相当可靠。如果在0.5以下，就不能认为是可靠的。[①]

(三)与其他有关的已确立的定理定论对照进行检验

任何理论都不是孤立的，我们可以把实验所得结果以及由此推出的理论，拿来和已经确立的有关定理、定论对照，进行验证。如果相一致，就证明实验结果及由此产生的理论是可靠的，否则就应有疑问。不一致有两种可能：一般情况下，可能是实验结果不可靠，但有时也可能是已成定论不可靠，应予以推翻。当然，后一种情况是很少的。所以，当实验结果与已成定论不一致时，问

---

① 李秉德.教育科学研究方法[M].北京：人民教育出版社，1987，76—77

题就非常复杂了，这时往往需要把研究范围再扩大，即连同所谓已成定论的结论，也要再拿来分析研究一番。

（四）用重复实验来检验

这种检验办法是另行抽样，改变实验对象，进行重复实验。重复实验的关键是实验对象改变，实验处理不变，其他条件尽可能保持不变。重复实验的结果若与原实验结果相符或差别不大，就证明实验可靠。如果差别太大，还可重复实验多次，看究竟哪个实验结果比较可靠。真正的科学结论是应该经得起多次重复检验的。不过，这种检验办法是比较麻烦的。

前文就比较具体的问题所进行的有控制的小型实验而言，而对于牵涉面比较广的问题所进行的自然实验，就不能拿前面所讲的那些要求去硬套，特别是对于牵涉面比较广、规模比较大的实验，要想对于各方面的情况严格加以控制是不可能的，而且控制过多了反而会失去实验的真实性。在这种情况下，自然实验就非常必要，它绝不是严格控制的真实验所能代替的。当然，自然实验也是一种科学实验，也一样需有假设，需有实验因子，并需有各方面应有的数据。它与真实实验和准实验的主要区别在于它是在自然状态下，在正常生活、工作、学习条件下所进行的实验；它需要进行更深入的分析与检验，并不断调整其实验措施；它要求实验者站在更高的角度，具有敏锐的观察能力与更高的分析综合能力。

第三节　职业教育实验研究的操作

职业教育实验研究的目的主要是开展定量研究，因此对实验研究中的细小变化都要加以考虑，必须树立精确化操作的指导思想。无论在实验对象的抽样，还是操作变量过程中对干扰因素的控制，以及实验结束后对数据的收集和处理，都必须尽可能做到精确操作。在整个实验研究过程中，都要尽可能体现出理想的控制环境和严密的操作流程，需要配套的精确观测和计算的精神，它与一般的定性研究可以相对粗放地开展完全不同。

一、精确操作实验因子的必要性与可行性

从操作要素的角度来看，实验设计主要是对如何操纵自变量，控制无关变量以及如何测量因变量的操作。为了便于一线职教教师和领导对精确量化处理

的必要性和处理技术，有一个感性的具体认识，笔者以我们现实中最常见的教育现象加以说明。

(一)精确操作实验因子的必要性

在职业教育实际工作中，我们常常发现一俊遮百丑的现象。比如技能大赛获全国一等奖的学校，所在班级、学科、教研组都拿这件事情来证明其业绩显著；只要就业率高，就用就业率说明该校所有工作都富有成效，而且功劳还主要是领导和教师的，似乎学生的勤奋、基础好、劳动力市场不饱和等关键因素就不存在了。从量化研究的角度看这是很不科学的，在量化研究中，学生的就业率高，不仅要考虑学生的基础、努力程度、劳动力市场的饱和程度这些关键因素，而且还要考虑这批学生的机遇，学校联系就业人员与企业人际关系中的偶然属性、国家就业方针政策的变化、这批毕业生就业包装技术提升、就业方式变化，乃至男女生比例和毕业生家庭背景等。一切可能影响就业的因素都应该纳入考察范围，进行定量分析。一般的做法是把影响某一实验结果的所有因素看成一个整体，比如100％或者一个圆周360度，然后分析真正影响的因子在所有结果中到底占多少份，即百分之几或者360分之几。为了说明的简便，笔者以百分数加以标示。

先看一个经常见到的实例。每年高考结束后，我们随处可见"热烈祝贺×××荣获我区高考理科(文科)状元""热烈祝贺×××荣获我区高考单科(语文、数学、英语、生物等)第一名"的横幅。其蕴涵的意思是：看，我校的教学质量是全区第一；看，我校某学科在全区水平一流。而社会上的人也通常这样认识，于是千方百计把孩子送到这样的学校，并托人让子女进入状元老师所带的新班级。其实，从量化研究的角度考察，我们不仅要问该状元一直以来就是我区状元吗？如果不是，那么他(她)的分数是否有偶然成分的，比如所考内容恰好是他(她)集中复习并熟练掌握的呢？或者是我们的老师信息灵通，踩点准确，恰好复习对路，导致高分集中于该班，而该生在该班又出类拔萃，考出状元分数。如果真是这样，那么如果换一套难度和覆盖面一样的试题，他(她)是否又能获得状元呢？进一步说，即使该生依然获得状元，我们要问他初中阶段是否也是某市乃至全区状元？如果是，你能说高中教师对该状元的贡献是100％吗？即使不是，通常情况下也是优秀学生，也就是说学生的基础知识十分扎实，学习方法也比较恰当，往往家庭也比较支持学习，学生本人也很勤奋，再加上考场上心理状态良好，学生临场经验丰富等影响，才在这次考试中获得了状元分数。

这样一分析，我们不难看出，教师教学以及课外辅导等所起的作用绝不是100％。那么到底是多少呢？我们一般认为这是没法测量的，正因为如此所以通常学校和老师都把学生的成绩归功于自己的教学与管理，而学生则更多地归因于自身的基础、刻苦和天赋因素，这样就成了学校广为宣传"状元"的依据，而且宣传状元是从来不提其入学分数——即实验研究中的前测，只告诉结果——即实验研究中的后测。

（二）精确操作实验因子的可行性

就目前的量化研究水平看，我们的确没有办法来精确测定老师、学生、偶然机遇、考试信息、临场技术等在状元分数中到底能占多少份额，起多大作用。但是我们可以通过实验设计，对无关变量进行控制，消除无关变量的作用，以此来突出某一方面的实验作用，再通过与对照组的比较就可以看到实验因素所产生的教育效果到底有多大。就上述状元分数而言，假如我们要研究教师的教学方法在考出状元分数中到底起多少作用，我们可以把获得状元分数的教师抽取出来，组成一个小组作为实验教师。由于教出状元的教师多是自治区示范性高中教师，为了保持对照组教师的同质性，因此再在自治区示范性高中教师中随机挑选出同等数额的学科教师组成对照组，然后随机抽取一个中等水平的自治区示范高中，在该高中的某一年级进行实验，该年级的所有高中生全部按入学成绩均匀分班，再由两组教师抽签组成实验班和控制班。这样实验组教师和对照组教师都在一个陌生的学校，熟悉环境的程度一样，学校管理和学生的学习时间、生活环境也大体一致，教学设备、教学参考书、考试信息也完全一样，学生均匀化处理和随机抽签分班后也基本相同。而且这个地区的学生家庭背景也基本一致，将那些家庭背景和天才、弱智学生剔除出去。这样经过严格控制后，如果实验班的教师依然能够教出状元，而且所有原教出状元的教师，在实验班中教出的学科状元率普遍高于对照组所在的班级，那么就可以认为先前状元的获得，主要是教师教得好所产生的结果。如果实验班与控制班考出的状元数差异不明显，则说明原有状元分数的获得主要不是教学的结果，而是学生的天赋、基础、偶然因素或者信息灵通等所产生的结果。这样通过控制无关变量来凸显实验因子的做法，就能让我们清晰地看到真正起作用的因素是哪些，还能比较准确地检测出所起作用的因素到底有多大。所以，控制无关变量就是量化研究非常关键的一步，也是提高实验研究内在效度的关键。

其实，职业教育研究中也有许多"状元"成就现象，比如大赛获奖、作品展示获奖，特别是职业教育中的论文获奖等，在许多课题研究的结题报告中都把它们作为成果汇总上报。也不管这些成果是否与自身的研究有关，关系到底多大也不予说明，这是职教研究中常犯的错误。科学的态度应该是必须与研究有关，而且必须对如何取得的研究成果加以详细说明，最好能列出对比数据，证实研究成果与实验操作的关系，明确其关系程度的大小。这样才能证明职业教育研究的有效性，从而提高解释效力，增强实验研究的内在效度。为了提高职业教育实验研究的效度，研究人员必须像上述精确处理影响高考状元的实验因子那样，首先列出实验结果的一切可能因子，然后采取匹配、随机化、等组化处理等技术，把不能精确计算的因素尽可能消除掉，集中观测实验因子对实验效果的影响，并对测得的数据进行统计处理。

二、主要变量的处理与测量技术

从上面的状元现象研究中，我们可以看出一个具体的教育研究课题，往往涉及多个变量及其相互关系，即多因多果。因此，在职业教育实验研究中，必须根据研究目的详细列出实验所涉及的所有变量，并从众多变量中确定好影响研究的关键变量，即实验研究中的实验因子。在上文状元现象中，如果我们需要研究的是教师的作用，那么可以教出状元教师的教法及其教学内容就是实验因子，即自变量。它是由研究者主动操纵而变化的变量，是能独立地变化，并引起因变量变化的条件、因素或条件的组合。由自变量的变化引起被试行为或者有关因素、特征的相应反应的变量，即是因变量——如上述考出状元分数，它是实验研究中需要观测的指标。

(一)自变量的选择与操纵

研究者在考虑实验研究设计时，首先要对该研究中自变量和因变量将呈现什么样的关系进行初步判断。要根据研究目的确定研究的变量，考虑研究变量的性质特点和相互关系，搞清楚是相关关系还是因果关系。如果是相关关系还要进一步确认是正相关还是负相关，乃至零相关——即自变量单位的每一次增加，都不伴随反应数量的恒定变化。进而依据已知的客观事实、科学理论、科学方法，去探索和推测未来的发展趋势，做出相应的实验设计。

根据研究类型确定操纵性自变量和非操纵性自变量，并确定自变量的数目和水平。所谓操纵性自变量是指研究者可以主动加以操作的变量——即实验因子；而非操纵性自变量是研究者无法主动加以操作的变量，如被试(被研究对象)的年龄、性别、家庭背景等，可能对实验结果产生影响的因素，它们通常作为干扰实验的因素加以控制。只有在自变量中明确区分出实验因子和非操纵性质变量，才能避免自变量的混淆，从而提高实验效度。由此可见，自变量就分为了一种是由实验者主动操纵而变化的变量，如实训内容、职教课程改革、教学方法、教学组织形式改革等。另一种是由实验者在选择实验对象时随之而来的自变量，如学生性别、教学条件、学生自身的成长等因素，它们是实验者没法操作的因素，却是可以对实验结果造成影响的自变量，因此是实验中需要加以控制的变量。

给自变量规定操作性定义。所谓操作性定义就是用在现实中实际操作的行为来对自变量进行描述，即不直接描述、定义事物的特征、性质，而是说明观察或测量被定义事物或变量所做的实际活动。比如研究"疲劳对技术学习的影响"这一课题，其中"疲劳"的含义就比较模糊，一是将"从事某种体力运动的时间数"作为"疲劳"的操作性定义。这样就可以将从事某种体力运动1小时、2小时、3小时……作为判断不同程度疲劳的指标，从而使"疲劳"这一自变量能够被操纵。实验研究中给自变量下操作性定义是必不可少的，通过操作性定义以使研究者的思路具体、清晰；以增进不同研究者之间的沟通，在检测指标制定和检测手段与方法上达成一致意见；也便于对自变量的量化处理。

"自变量"[①]操纵水平的确定。自变量的可能取值称为因素的水平，它反映了因素所处的状态或等级。如中职英语教学中"生词密度对阅读理解影响"的实验，阅读材料使用同一种体裁、同一种主题、字数几乎一样的三篇文章，但生词密度分别是1/20、1/30和1/40，则生词密度这个因素有三个水平。如何选择实验因子并确定其水平呢？许多时候可以从实验假设中找到答案。如上述"生词密度对阅读理解影响"，自变量是"生词密度"，有三个水平，即生词密度分别是1/20、1/30和1/40。这样，每个实验因素各取一个水平得到一个水平组合，称为一个实验处理。一般地，实验处理的个数等于各实验因素的水平数的乘积。上述实验组为一个因素生词密度，三个水平，所以应该分为1×3＝3组。如果还要加上"年级"水平差异，比如有"低年级"和"高年级"两个水平，则共有2×3＝6组实验处理。为了证明实验的有效性，实际研究中常常设立一个非实验处理的组，相应的被试为对照组(也称为控制组)，这是教育实验研究中最常见的

---

① 为了与流行教材说法一致，本文后面提及的"自变量"都是指的可操纵自变量，即实验因子，实验中通常用 X 标示。实际上如果把自变量分为实验操纵的自变量即实验因子和不可操作的自变量，更易于理解。

情形。因此，在实验设计中通常要在实验组后加上对照组，这样才是一个完整的实验。

有时候，一个实验中有许多自变量，它们都是可操纵的（如各种教学改革措施），但实验者有意将它们复合在一起，当做一个自变量来看待，只分实验处理与非实验处理。如职业教育研究中，对实习方式的研究就涉及顶岗实习、订单实习、基地实习等多种方式。如果每一种方式都进行研究就非常复杂，为此常常把他们综合为"实习方式"单个实验因子。这样做一方面是因为一项教育改革实验往往包含一整套措施，这些措施的合力作用才能使实验产生效果；另一方面是为了便于实验设计、实施和分析。比如职教实习研究中，各种实习方式也是很难截然分开的，它们往往都与岗位技能的实习有关，而且在实际实习中也常常综合发生作用。因此，归纳为一个单一的实验因子，也便于将其他比如理论基础、管理方式、指导方式等控制起来，集中研究实习方式的变化。需要特别说明的是，虽然实验因子只有一个，但是为了研究的深入和精确，必须根据其内在的水平差异或者方式差异进行进一步的划分。如上述实习因子的研究，就应该至少划分为校内实习和校外实习；或者划分为工作岗位实习和模拟操作实习两个水平，这样才能研究出各类实习的特征。只是把原来的订单实习、岗位实习、现场实习等统一归入上岗实习；而把原来的局部操作、网上实习、看录像等，都归入到模拟实习方式之中，相对简化了研究的过程。但是，如果研究需要分清每个自变量所起的作用，或者需要寻求最优的水平组合，则要进行多因素设计和分析。例如，职业教育中由于学生数学基础很差，需要进行数学教学改革实验，而这种改革涉及的因素有教法、教材、学生起点等因素。那么，就需要列表设计出不同起点水平学生所需要的不同教学方法和教材。假如每个因素有两种水平，那么得到的设计为下表所示。比较表中 O_1 到 O_8 的数据，即可确定什么样的教学方法和教材，适应中等水平的组还是低水平的组，进而说明研究的效果。

表 6-2　教育实验因子的水平分解

学生水平分组	教　材		教学方法	
中等水平组	简易教材 O_1	中等难度教材 O_2	讲授为主的方法 O_3	合作发现的方法 O_4
低基础水平组	简易教材 O_5	中等难度教材 O_6	讲授为主的方法 O_7	合作发现的方法 O_8

最后，要注意校准测量自变量的仪器，保证研究的内在效度。操纵仪器的要求是：仪器不仅能对自变量的操作达到严密准确，同时也应具有控制无关变

量的能力。在选择仪器时应注意：仪器本身要准确、精密而不失真；仪器要具有稳定性。即仪器不能随使用时间长短等发生变化；操作必须方便、灵敏；仪器的显示范围必须满足自变量变化范围的需要；仪器不应干扰、阻碍和改变所要研究的现象。

(二)因变量的分解与测量

因变量是由自变量变化引起的与被试行为反应相关联的变量，是实验者感兴趣的指标。职业教育实验中，最常见的因变量是由实验因子所产生的考试分数、及格率，技能检测合格率、优秀率；品德的转化率，以及实训基地建设达标率等。何种指标作为因变量，要以实验课题的性质而定。选择的指标既要能反映操纵自变量——即实验因子所引起的变化，又要能反映实验的目标。教育实验的目标，一般是指向学生的就业、素质、能力、知识、品德、个性，等等，因变量往往与这些因素有关。

为了便于观察和测量，一是要将因变量分解为可测量的指标；二是要定义这些指标的测量方法。如"中职学生道德品质培养的实验研究"，可将因变量道德品质分解为四个指标：道德认知、道德情感、道德意志和道德行为分别编制测验题目，来测量中职学生道德品质的这些指标，根据测验分数将每个人的道德品质分成四个方面加以度量。而对其中的道德认识，可以实行命题考试的方式，把需要测试的与中职学生密切相关的道德知识点作为笔试题目，要求学生回答。根据学生考试得分情况，分出优良中差四个等级。而对道德情感和道德意志的测试，则只能根据相关道德情感或者制造道德两难困境来检测学生。比如工作现场中让学生判断应该怎样做，检测学生的道德情感表达及克制力等，然后根据被试的表现，结合测试等级量表给予相应的等级评定。也可以采用道德品质情感和意志力量表的测试方法，让学生做选择题，根据学生选择的结果判定每小题的得分，然后汇总分数评定该生道德品质情感和意志力的等级。至于道德行为的评定，可以让同学、师生根据其实际行为的表现，按照预先制定的等级标准加以评定。当然，这是从测量的难点来举例说明怎样分解因变量及其测试方法。实际上，在职业教育研究中，面对像道德品质这类难以测试的研究对象，一般最好不用定量测试，而直接采用定性研究，只有那些便于测试的研究项目才采用量化研究。

从测量理论来说，选择的因变量指标要尽可能满足以下条件：

(1)客观性，这是测量对指标的基本要求。所选的指标，应该是客观存在的，不仅能通过一定的方法和手段进行测量、记录，而且在同样方法的实验中，它仍然可作为因变量。

（2）可靠性，就是指标测量的结果要有较高的信度，同一组被试的实验结果，因变量在不同时间的测量要有稳定性，不同实验者的测量要有一致性。

（3）有效性，就是指标要能反映实验目标，并且可以预期它会随自变量的变化而变化。

（4）可量化，便于数据处理和进行统计检验。

三、常见无关变量对效度的影响及控制办法

无关变量，是与某特定研究目标无关的非研究变量，有些教科书又称之为控制变量。它与实验目的无关，但与因变量有关，会对实验结果产生干扰影响。就像前述"状元"现象的产生，可能是因为试题对路，学生勤奋、具有较强的天赋等。而我们要研究的是教师教法在状元分数获得中到底起什么作用，这样就必须控制那些无关变量，这是提高实验设计效度的关键问题。在教育实验中，由于所涉及的因素往往较多，所有可能做自变量的因素都可能在某个实验中成为无关变量。就像上述状元现象中，如果确定学生对状元分数的贡献作为研究对象，则学生知识基础、天赋、刻苦程度等就成了实验因子，而其他诸如教师的作用、高考命题信息、偶然运气等则成为需要实验者进行控制的无关变量。所以，实验因子和控制变量之间，会因为研究对象或者研究重心的转移而改变，并不是一成不变的。

（一）无关变量的确定

在一个实验中，与实验目的无关的变量可能很多，实验者应当依据理论推演和经验常识，圈定少数几个可能对因变量影响较大的无关变量，合理控制。在职业教育实验研究中，学生的性别、年龄和智力，如果不作为自变量，是通常要考虑的无关变量。因为学生性别对其专业选择和就业有直接影响，年龄和智力则对学生技能的形成和知识的掌握，有着重要影响，对学生技能和考试分数会产生干扰。但一个变量是否成为无关变量，要视因变量而定，而因变量则由实验课题而定。例如，一个语文教师要在中职一年级的两个班进行不同教法的实验，这两个班原有的学习成绩是否相当，是他要考虑的一个因素。如果两个班入学时语文成绩相差大，班级就成了无关变量。然而，如果是一个实训教师要在这两个班进行不同训练方法的实验，他并不需要考虑两个班原来的操作

技能是否相当。因为两个班都是新生，都没有技术基础，可以假定为操作水平相等，所以从实训技能的角度，可以认为是随机分班，班级不是无关变量。

一般来说，不管什么实验，在实验前或多或少存在无关变量，但由于教育实验的对象是人，因而在实验过程中还会产生许多无关变量。一类是由时间的延续引起的变化，如被试成长引起的身心变化、经历的偶然事件等；一类是由实验设计和操作引起的变化，如（被试）样本选择、测验等出现的误差；还有一类是实验过程中由实验参与者（包括被试）态度变化引起的负效应，如实验人员积极或消极的态度、被试积极或消极的态度等。下面介绍一些常见的无关变量对效度的影响情况及控制办法。

（二）常见无关变量及其控制方法

1. 经历

在实验过程中，被试可能会经历一些实验以外的偶然事件，尤其是周期较长的实验。如果某个特定的事件影响到实验结果，经历就成为一个新异变量，它会影响内在效度。如实训技能训练中，实验学生因为偶然结识了该领域的行家里手，在吃饭的过程中请教了一个关键性问题，从而使他（她）豁然开朗，掌握了该领域的关键技术，水平上了一个台阶。对这类经历的控制方法是使用对照组，让实验组和对照组同时经历相同的事件，同时接受相同事件的影响，如果不能做到这一点，则采取去掉最高分的做法，把其他常态分数作为观测数据。

2. 成熟

在一些长达一二年的实验研究中，随着时间的推移，被试身心会发生变化，如生理、心理的发展和成熟，知识、经验、技能的增长等。这些变化可能会影响实验结果，从而影响内在效度。使用与实验组有相同成熟和发展的对照组，可以克服成熟因素的影响。

3. 样本选择

如果实验组与对照组不是等组，实验结果就会出现偏差。如研究者为了证明他的教学方案具有优越性，挑选一些成绩好的学生作为实验组，实验结论自然就证实了他的研究假设。这种由选择引起的组间差异会影响内在效度。解决的办法是随机分组或按照能力高低进行一对一的匹配，即对照组和实验组一个能力高强的一个相对次一点，就像普通教育中按照名次进行分班那样，每班一个相同或接近分数的学生，从高到低一一匹配。如果被试（包括实验组和对照组）不是从研究总体随机抽样选择的，样本就可能缺乏代表性。这种由取样引起的偏差会影响外在效度，如重点学校的实验结论不能推广到一般学校。解决的办法是从研究总体中随机抽样或选择有代表性的样本。

4. 测验

在一些类型的实验设计中，安排了对被试进行实验前的前测，这种测验对实验处理实施后进行的后测可能产生积极或消极的影响。如职业教育中英语的适应考试、模拟考试等，就可以在学生英语知识和技能并无提高的情况下，因为练习模拟题效应，提高学生的应试技巧，从而提高考试成绩，但这里的成绩提高既不是教师教学效果，也不是学生学习的效果，不能归入实验效果之中，必须加以控制。因为前测使被试有一次练习的机会，熟悉题型、了解测验特点，在后测中的表现较为熟练。有时被试也会因前测产生思维定式，按照固化的思路去解决问题，结果降低了测试成绩，这样测验的结果都可能影响内在效度。消除这种前测影响的办法有：一是不做专门的前测，用学生的平时成绩、入学成绩等作为前测成绩；二是把测验安排在正常教学中进行，不引起学生的注意；三是增加一个无前测的对照组，就可以分析前测对实验结果的影响。

5. 被试中途退出实验

在实验过程中，如果因种种原因使实验组或对照组有较多的被试中途退出实验，则可能使实验组和对照组由原来的等组变成不等组。比如成绩差或对实验没兴趣的学生离开实验组，实验组后测的成绩就会偏高，从而影响内在效度。增加被试人数，可以减少因被试退出实验造成的影响。如果实施了前测，也可以了解影响情况。

6. 重复实验的干扰

如果同一组被试在短期内接受两种或两种以上的实验处理，那么后一实验处理会受到前一实验处理的干扰，使被试产生学习效应或疲劳效应。这种干扰影响外在效度，其实验结果不适用于非重复实验处理的情形。

7. 实验参与人员的态度

实验处理往往有别于平常的一套做法，被试会有一种新鲜感，因而在实验中格外兴奋、注意力格外集中，从而各项任务都完成得格外好，这就是"新奇效应"。实验组因为意识到参与实验，产生优越感而以积极的态度全力投入，其结果也会超乎平常，就会产生"霍桑效应"。就教师层面来说，可能对实验组严格要求和管理、增加辅导时间或作业量等。就学生层面来说，可能因参加实验而受到鼓舞，觉得自己被重视，比平时更加刻苦用功，使后测的成绩比预想的要好。另一方面，对照组成员知道他们不在实验组，产生一种竞争意识，发奋学习，要与实验组一比高低，这种现象称为"约翰亨利效应"。这些由实验引起的刺激和竞争，会影响实验结果归因的正确性，因而影响内在效度。而且这些效应在非实验状态下是不存在的，因而直接影响外在效度。控制的办法是不让实验组知道他们正在作为被试进行实验，更不让他们知道实验的性质。如果实验组已经知道他们在做实验，可以告诉对照组他们也是实验组，让各组受到同样的影响。

8. 其他

还有其他一些无关变量会影响实验效度。如缺乏有效的测量工具、前测后测题目难度不同、评分标准宽严不一致等引起的测量误差；用后测成绩减去前测成绩作为实验效果，也可能缺乏可比性；随机变量向其平均值靠拢的趋中回归现象等。有时上述一些新异变量其本身对实验结果虽然影响不大，但它们之间的交互作用可能产生较大的影响。面对这些引起的误差，则需要根据误差产生的原因，从源头做起加以控制。

四、对实验结果的解释

一项职业教育实验研究，设计科学恰当，自变量操纵恰到好处，因变量和无关变量的控制严格，测试数据准确，应该说就为得出科学结论打下了坚实基础，剩下的就是对有关数据的统计处理和解释。

(一)解释的基本方法

理解前后测符号及其代表分数的实际含义，根据数据确定前后测之间是等于"＝"、小于"＜"还是大于"＞"关系。再对比实验组之间，实验组与对照组之间的数据等于及大、小于关系，进而得出实验影响大小及持久性。下面举例加以说明。

(二)举例

例 1：一个 4 组前—后测控制设计，它采用了 3 个不同的实验处理 X_1、X_2 和 X_3 以及一个控制处理。对所有组进行了前测和后测。设计图示如下：

$$RG_1 \quad O_1 \quad X_1 \quad O_2$$
$$RG_2 \quad O_3 \quad X_2 \quad O_4$$
$$RG_3 \quad O_5 \quad X_3 \quad O_6$$
$$RG_4 \quad O_7 \quad — \quad O_8$$

1. 结果：$O_1 \neq O_2$，$O_3 \neq O_4$，$O_5 \neq O_6$，$O_2 = O_4$，但 O_2、$O_4 \neq O_6$ 和 $O_1 = O_3 = O_5 = O_7 = O_8$。

解释：所有实验处理都有影响。X_1 和 X_2 影响相同，但与 X_3 不同。

2. 结果：$O_1 = O_3 = O_4 = O_5 = O_6 = O_7 = O_8$，但 $O_1 \neq O_2$。

解释：X_1 和 X_2 不产生影响。仅 X_1 产生影响。

3. 结果：$O_1 = O_3 = O_5 = O_7$ 和 $O_2 = O_4 = O_6 = O_8$，O_1、O_3、O_5、$O_7 \neq O_2$、O_4、O_6、O_8。

解释：没有实验影响，即 $X_1 = X_2 = X_3 = 0$。某些变化可能是成熟影响导致的前测与后测之间的变化。

4. 也可以反过来思考：如果 $X_1 = X_2 = 0$，$X_3 > 0$，检测结果可能是

$O_1 = O_2 = O_3 = O_4 = O_5 = O_7 = O_8 < O_6$ 也可能是 $O_1 = O_3 = O_5 = O_7 < O_2 = O_4 = O_8 < O_6$。（包含了成熟影响）

应该说明的是，没有办法对该设计中前测的影响进行检测，因为是对所有组进行检测，而非前测比较组。如果有两个或更多的实验处理区别它们也很重要，因为它们可能有不同的影响。

例 2：研究者使用 3 组设计。包括两个不同的实验处理 X_1 和 X_2 以及控制处理。对各组不进行前测，但对其进行两次后测，一次在实验处理完成后不久，另一次用来确定是否存在延迟的影响。设计如下：

$$RG_1 \quad X_1 \quad O_1 \quad O_2$$
$$RG_2 \quad X_2 \quad O_3 \quad O_4$$
$$RG_3 \quad - \quad O_5 \quad O_6$$

1. 结果：$O_1 = O_3$，但 O_1、$O_3 \neq O_5$，而 $O_2 = O_4 = O_6$。

解释：立即有实验影响。实验处理 X_1 和 X_2 影响相同，但不存在长期影响。

2. 假如实验既有短期影响也有长期影响，且长期影响与短期影响无差别，但实验处理 X_1、X_2 有差别，请写出最后可能的数据结构式。

即：$O_1 \neq O_3$，但 O_1、$O_3 \neq O_5$ 且 $O_2 \neq O_4$，O_2、$O_4 \neq O_6$，但 $O_1 = O_2$，$O_3 = O_4$，$O_5 = O_6$。

3. 结果：$O_1 = O_3 = O_5 = O_6$，但 O_2、$O_4 \neq O_6$，且 $O_2 \neq O_4$。

解释：无短期实验影响。实验处理 X_1 和 X_2 长期影响有差别。

4. 结果：$O_1 = O_3$，但 O_1、$O_3 \neq O_5$，O_1、$O_3 \neq O_4$，$O_2 = O_4$；O_1、$O_4 \neq O_6$。

解释：有短期实验影响。而且 X_1 和 X_2 实验影响相同，也有长期影响，而且 X_1 和 X_2 长期影响也相同。但长期影响与短期影响有差别。

5. 做什么比较才能断定是否存在长期影响，并断定 X_1 和 X_2 长期影响也相同？

比较：要有 O_2，O_4 和 O_6 间的比较。如果 O_2、$O_4 \neq O_6$，说明有长期实验效果。然而，如果 $O_2 \neq O_4$，就说明 X_1 和 X_2 实验效果是不同的。

6. 作出何种比较可以确定时间的推移是否影响被试中的因变量。

比较：要有 O_5 和 O_6 之间的比较。这些观测结果都是对照组方面的，是没有接受实验处理的。如果 $O_5 \neq O_6$，那就说明时间的推移产生了影响。如果 $O_5 = O_6$，那就说明时间的推移并未产生任何影响。

7. 有什么办法可以确定三个组最初（实验前）是一样的？这一点有重要意义吗？有，为什么？没有，为什么？

回答：由于未进行前测，所以就像无法确定实验前的 O_S 一样。但有无这一点并不重要，因为随机编组时，已经假定各组是等同的了。

第四节　职业教育实验研究案例

由于实验研究要求条件高，实验设计比较繁杂，又要进行定量统计，因此在职业教育研究中许多教师都觉得比较难办。下面这个案例，就为我们提供了实验研究在常规教学中应用的具体步骤，有助于广大一线教师结合自身教学改革实验，加以应用和推广。

案例："职高网络基础课实施'先做后讲'教学模式的实验研究"[①]

一、"先做后讲"教学模式的含义及目的

（一）"先做后讲"教学模式的基本含义

"先做后讲"教学模式，就是在教学中，根据学生的特点，让学生在教师指导下先实践操作，在实践中建立对学习内容的感性认识，遇到困难以后由学生分组讨论解决，在讨论中抓住学习的难点和重点。在明确学习内容以后，再由教师有针对性的讲解理论，帮助学生突破难点，获得新知。学生知识的建构主要在"做"中完成，即"做中学"。

（二）实施"先做后讲"教学模式实验的目的

从分析来看，职高学生在网络基础课的学习上存在以下问题：1. 学生学习

---

① 吴必鹏．职高网络基础课实施"先做后讲"教学模式的实验研究——重庆渝中区职业教育中心教学改革微型实验[D]．西南师范大学硕士学位论文，2004

中存在厌理论学习，好动手实践的倾向。2. 动手能力强，理论学习差等。教师强行"灌输"理论知识，不仅不能投其所好，还让学生感到厌倦，只能导致"耗时低效"的客观现实。让学生在操作性较强的网络基础课中，先动手实践，由于学生已有知识和技能与解决问题所需知识和技能之间存在差距，从而在学生心里制造一种"不平衡"，在学生对理论内容有迫切的学习愿望基础之上，再有针对性地实施教学活动。3. 把理论的学习融入到实践之中，实践活动既激发学生的学习兴趣，促进了学生理论知识的学习，又锻炼和提高学生的动手能力。

二、实验研究方法

(一)实验设计

1. 实验采用单因素等组实验设计。本实验假设为：在职高网络基础课中，实施先做后讲的教学模式有利于提高专业课理论学习成绩，激发学生学习兴趣，有利于培养良好的学习习惯和学习态度，增强主体意识。

自变量是实施"先做后讲"教学模式，因变量是网络基础专业课理论学习水平相当的学生学习成绩，学习兴趣和学习态度的变化和提高，主体意识的变化。

2. 无关变量控制。为了能够保证实验的效度，在实验中对无关变量进行控制，具体操作如下：

(1)被试变量的选择上，选择在学习基础、学习兴趣、学习习惯、学习态度都无明显差异的班级作为实验班和对照班。

(2)师资变量的选择上，为排除由于教师对实验的影响，保证让教学水平相当的教师任教，实验班的教师由一直从事计算机实验教学研究的教师任教。

(3)教学内容变量上，实验班与对照班使用相同教材，统一教学进度。实验器材、实验课题，实验班与对照班也保持一致。

3. 统计分析。采用双总体 Z 检验对网络基础专业课理论学习成绩相当的学生进行本专业课理论学业成绩以及学习兴趣、学习习惯、学习态度、主体意识等的实验效果作实验班与对照班的横向差异显著性比较。

(二)被试

被试选择重庆市渝中区职业教育中心 B 区 2001 级 1、2 班分别作为实验班和对照班。

(三)材料

1. 教学材料。中等职业学校计算机专业系列教程，重庆大学出版社版《局域网基础教程》。

2. 测试材料。

(1)2002—2003 学年度上期重庆市鹅岭职业高级中学网络基础期中试题

(2)2002—2003 学年度上期重庆市鹅岭职业高级中学网络基础期末试题

(3)2002—2003 学年度下期重庆市渝中区职业教育中心网络基础期中试题

(4)2002—2003 学年度下期重庆市渝中区职业教育中心网络基础期末试题

(5)自编调查问卷

(四)实施

1. 前测。由于《网络基础》课开设时间为一年，我们以学生在高二上期的期中考试成绩为主要依据，对学生在该课程学习兴趣、学习习惯和学习态度等方面综合比较分析，尽量保证实验班和对照班在以上各方面无显著性差异。

2. 处理。在实验班实施"先做后讲"教学模式进行教学实验，在对照班采用常规教学。时间为一年。

3. 后测的统计处理。在高二下学期，使用相同试卷对学生进行测试，对测试结果在实验班和对照班进行各方面横向差异的显著性检验。使用自编调查问卷对实验班和对照班进行问卷调查，对学生在学习兴趣、学习习惯、学习态度、主体意识等方面作对比分析。

三、实验结果

(一)实验班与对照班网络基础课前测数据统计表

表 6-3   实验班与对照班网络基础课前测成绩比较

班别	高二上(期中)				
	N	S	$\overline{X}$	及格率	优生率
实验班	34	11.3	58.9	58.8%	11.8%
对照班	34	10.4	60.6	61.8%	14.7%
Z	-0.645				
P	P>0.05				

从表 6-3 可以看出，实验班与对照班在进行实验之前，其网络基础成绩大体相当，其平均成绩无显著性差异。

(二)实验班与对照班中、后测结果统计表

表 6-4 实验班与对照班高二上(期末)、高二下(期中、末)网络基础课成绩比较

班别	高二上(期末)					高二下(期中)					高二下(期末)				
	N	S	$\overline{X}$	及格率(%)	优生率(%)	N	S	$\overline{X}$	及格率(%)	优生率(%)	N	S	$\overline{X}$	及格率(%)	优生率(%)
实验班	31	8.4	62.7	61.3	22.6	31	10.8	73.5	77.4	41.9	31	12.8	76.9	83.9	45.2
对照班	32	11.1	60.4	53.1	18.8	32	14.6	62.4	62.5	18.8	32	13.2	64.7	71.8	21.9
Z	0.929					3.229					3.276				
P	P>0.01					P<0.01					P<0.01				

表 6-4 数据信息表明，由原来成绩相当的两个班，经过一年的实验，实验班的平均成绩、及格率和优生率都比对照班高，差异显著。说明实验效果明显，在职高网络专业课中"先做后讲"教学模式的实施，对大面积提高学生的学业成绩有很好效果。

(三)实验班与对照班学习兴趣、学习习惯和学习态度的比较

在实验过程中，笔者发现，实验班学生在课堂上能主动参与学习活动，上课积极思考，主动回答问题，课余作业也能较好完成了。学生在学习兴趣、学习习惯和学习态度等方面都有较大改善，而对照班的学生没有大的变化。为量化其变化，实验者利用自编调查问卷对其进行了测查，具体结果如下：

1. 实验班与对照班网络基础学习兴趣比较

表 6-5 实验班与对照班对网络课学习兴趣统计量表

班别	很有兴趣	有兴趣	一般	没兴趣
实验班	35.5%	29.0%	25.8%	6.5%
对照班	15.6%	31.25%	29.0%	25.0%

表 6-5 数据信息表明，实验班学生对网络基础学习很有兴趣和有兴趣的占64.5%，而对照班占46.85%，说明实验班多数学生对网络基础学习有兴趣，实验班的学生在网络基础学习兴趣上有明显的差异，而同时对网络基础学习没有兴趣的学生实验班也比对照班少。

2. 实验班与对照班网络基础学习态度比较

表 6-6 数据表明，学生上课能集中注意力的实验班占74.15%，而对照班占53.125%；在课堂上，实验班有87.1%的学生能听懂，对照班只有40.6%；上

课时，实验班有 61.3％的学生能动手做实验，而对照班只有 44.2％；在课后实验班有 83.9％的学生能独立完成作业，对照班能独立完成作业的只占 53.2％，实验班都较对照班好，差异显著。

表 6-6　实验班与对照班学生对网络课学习态度统计量表

网络学习态度方面	班别	是	多数情况是	一般	不是
上课注意力是否集中	实验班	41.9％	32.25％	19.35％	6.5％
	对照班	21.875％	31.25％	28.125％	18.75％
是否能独立完成作业	实验班	48.4％	35.5％	9.7％	3.2％
	对照班	31.3％	21.9％	25.0％	21.9％
上课是否能听懂	实验班	38.7％	48.4％	9.7％	3.2％
	对照班	15.6％	25.0％	40.6％	18.8％
上课是否能动手作实验	实验班	25.8％	35.5％	29.0％	9.7％
	对照班	16.1％	28.1％	21.9％	34.4％

3. 实验班与对照班网络基础课学习习惯比较

表 6-7　实验班与对照班网络基础课学习习惯统计表

学习习惯	实验班	对照班
自觉上交作业情况	90.3％	75％
对错题订正	96.8％	84.4％
上课时学习用具和教材准备齐备	87.1％	68.8％

表 6-7 数据表明，实验班能自觉上交作业的学生占 90.3％，而对照班占 75％，对于做错作业题进行订正的实验班占 96.8％，对照班占 84.4％，差异明显。而上网络基础课时，学习用具和教材准备齐备的学生，实验班也较对照班好。

（四）实验班与对照班学生主体意识的比较

表 6-8 数据表明，实验班和对照班学生，在两项有关主体意识的测评中差异显著，说明该实验充分发挥了学生的主体作用，使学生主体意识明显增强，对探索、创新精神的培养也有明显的效果。

表 6-8 实验班与对照班学生主体意识评价统计表

项目	班别	赞同	说不清楚	不赞同
我现在能积极主动地学习	实验班	74.2％	22.6％	3.2％
	对照班	43.75％	31.25％	23.8％
我是学习的主人	实验班	80.6％	12.9％	6.5％
	对照班	40.6％	46.9％	12.5％

(五)学生反馈评测的效果

经过一年的教学实验，为了检验实验过程中教师在教学中实施"先做后讲"教学模式实验的落实情况，实验者编订了调查问卷，了解教师是否按照设计者的意图教学。通过对实验班和对照班学生的反馈，进行比较分析，从统计数据结果我们就可以知道教师在教学中是否真正落实实验设计意图进行教学。

表 6-9 学生对教师教学反馈的统计

比较项目	实验班	对照班
认为教师教学方法与以前相比有较大差异	64.5％	34.4％
赞成老师进行"先做后讲"	83.9％	
认为"先做后讲"对自己学习有帮助	90.3％	
认为自己结业考试能取得80分以上	61.3％	28.1％
结业考试能及格	93.5％	62.5％

表 6-9 数据表明，实验班有 64.5％的学生认为教师教学与以前相比有较大差异，而对照班只有 34.4％，赞成教师进行"先做后讲"的在实验班占了 83.9％，并且有 90.3％的学生认为该实验对自己的学习有帮助；对于"认为自己结业考试能得 80 分以上"的问题，实验班有 61.3％的学生认为能，而对照班只有 28.1％；在实验班有 93.5％的学生认为结业考试能及格，而对照班只有 62.5％，差异也非常显著，说明实验班学生对自己学习更有信心。综合以上数据分析表明，实验教师已经了解了实验意图，并且在实验班较好地实施了"先做后讲"的教学，较好地落实了实验意图。

四、结论

本研究实验借鉴了中小学尝试教学法、研究性学习等教育的先进经验，以现代教学理论为指导，通过在职高网络专业课中实施学生先做实验，教师后讲理论的实验研究，探索职高网络基础教学中针对学生基础差、学习兴趣低的有效教学模式和策略，取得较好的效果。经过一年的实验，可以得到以下几条结论：

1. 实施"先做后讲"教学模式，能够有效提高学生的学业成绩，提高学生的素质。实验班与对照班后测效果显著（$P<0.01$）。

2. 实施"先做后讲"教学模式，充分体现教师主导、学生主体性的发挥，能够增强学生的主体意识，增强学生学习兴趣，改变学习态度，促进学生主动、积极地学习，获得成功体验。

实验表明，实施"先做后讲"教学实验，其教学策略符合学科特点和职高学生的认知特点及发展规律，提高职高网络基础专业课教学质量，促进学生全面发展，效果明显。

第七章
职业教育行动研究法

行动研究(action research)是一种方法技术，也是一种新的科研理念和研究类型。20 世纪 40 年代在美国的社会科学研究中开始出现，50 年代它被应用于教育科学研究领域，70 年代以来越来越受到教育研究工作者的欢迎，不同领域的教育工作者纷纷采用行动研究反思教育教学。因此，目前在教育学领域尤其是在职业教育领域，教育行动研究已经成为一种主要的研究方法。

第一节　职业教育行动研究法的概述

行动研究是一种方法技术，也是一种新的科研理念和研究类型。20 世纪 40 年代在美国的社会科学研究中开始出现，50 年代它被应用于教育科学研究领域，70 年代以来越来越受到教育研究工作者的欢迎，不同领域的教育工作者纷纷采用行动研究反思教育教学。

一、教育行动研究与职业教育行动研究法的概念

最初，"行动研究"是"二战"时期美国社会工作者柯立尔、著名社会心理学家勒温等人，在对传统社会科学研究的反思中提出来的。柯立尔、勒温根据自身研究需要，提出了一种用于社会科学研究的新思路、新方法，即从实际的工作中寻找课题，在实际的工作过程中研究，由实际工作者与专业研究者共同参与，使研究成果为实际工作者理解、掌握并应用于实践中，最后达到解决实际问题、改变社会行为的目的，做到"没有无行动的研究，也没有无研究的行动"。这种理念可以看作是"行动研究"定义的雏形。

(一)教育行动研究的概念

20 世纪 50 年代，由哥伦比亚大学师范学院院长寇利(M. S. Corry)等人的大

量宣传、倡导，"行动研究"概念引入到教育研究领域，它是一种适用于小范围内教育改革的探索性的研究方法，其目的不在于建立理论、归纳规律，而是针对教育活动和教育实践中的问题，在行动研究中不断地探索、改进和解决实际的教育问题。

首先，教育行动研究，就是教师在研究人员的指导下，针对本校本班教育、教学中的实际问题，通过行动和研究的紧密结合，创造性地运用教育、教学理论，改进教育、教学工作，使不断变化的教育、教学问题得以解决，进而不断提高教育、教学实践的水平和质量。[①]

首先，教育行动研究的研究者主要是教师。教师是研究者就意味着教师不仅要直接运用教育理论，从事教学实践，而且还要从事教育研究，改变了过去教师游离于科研之外的局面。教师本身还是研究的主体，与一切专业理论研究者一样有着自己的知识、思想、理念，有着理解能力、思考能力的实践者。在与专家的关系上，不再是被动地按专家设计好的研究方案行事，而是与专家建立一种平等协作的关系。教师可以依据实际研究修正研究方案，可以向专家提出参考意见，也可以提出自己的观点。

其次，研究问题具有情境性。研究的问题来自研究者本人的亲身实践活动。教师要研究的问题不是专家或其他人安排的，而是教师自身所从事的教育教学实践活动中所遇到的问题或困惑。教师在进入行动研究之前，已经有了很多实践情境中的"问题"，这些问题作为教师进行研究的前提，是教师在教育教学过程中无法用经验可以直接进行解决而必须进行研究才能得到解释的问题。正因为研究问题是教师在具体教学情境中遇到的，可能在专家看来太"小儿科"而不屑一顾，或许问题太特殊，不具普遍性。但是，它确实是阻碍教师教学发展的问题，通过对这些颇具针对性的问题进行行动研究，找到解决的方法，从而可以促进教师的成长和学生的发展。

最后，研究具有动态性。行动研究不同于实验室研究，教师所从事的研究，就是教师在每日所进行的教育教学活动中、活生生的课堂、师生的互动等都可进行的研究。其所获取的因变量可能是多个自变量交互作用的结果，而非单一因素。所以，行动研究一般为多因素研究，研究更具实际意义和价值。行动研究也不是一次性研究行为结束即告终，它是在实践中不断发现问题，寻求解决问题的一种方式。

---

① 杨德伦．试论教育行动研究[J]．幼儿教育，2004，（1）

(二)职业教育行动研究法

教育行动研究只是一种方式，还不是一种方法。只有将教育行动研究的相关方法运用到具体的职业教育领域的研究之中，即在职业教育领域内进行行动研究所形成的具体方法，才能称得上职业教育行动研究法。职业教育行动研究法就是运用行动研究方式研究职业教育问题所创生的方法。相对职业教育行动研究方式来说，职业教育研究方法更加具有可操作性。

二、教育行动研究的缘起

(一)行动研究的起步阶段

早在 20 世纪 30 年代美国印第安人事务局局长科立尔(J. Collier)在自己的研究中已经采用了"行动研究"的方法并使用了"行动研究"这一术语。1945 年科立尔发表《美国印第安人行政管理作为民族关系的实验室》一文，提出科学家、行政人员和群众密切合作共同研究是民族管理的主要途径。[1] 该文体现了行动研究法的基本思想，开创了行动研究法的先河。20 世纪 50 年代，美国哥伦比亚大学师范学院院长寇利(M. S. Corey)把行动研究法引入教育领域。"他强调行动研究的对象应该是研究者和教师共同感兴趣的问题。不过……他认为行动研究得出的结论只适用于此时此地的教育情境，而不具有普遍的意义"。[2] 1953 年寇利出版《改进学校实践的行动研究》一书，对教育中的行动研究法作了详细阐述。此后，行动研究法在美国教育领域迅速发展起来，被专家和教师广泛运用于解决课程编制和教师业务提高等问题。

(二)行动研究曲折发展阶段

行动研究在教育领域发展了近 10 年，50 年代末走向衰落，其衰落的主要内部原因是，专家与教师在对具体问题的研究中，专家倾向于把自己与教师的责任区分开来，即专家主要负责研究问题，制定解决方案，而教师主要负责实施方案，验证方案的效果。这样，教师本人的具体问题被忽视，研究受到限制，专家的研究也逐渐回归于一般化。

---

[1] 李茜亭，邹芳. 行动研究法与教育[J]. 上海师范大学学报，1995，(1)
[2] 李臣之，刘华良. 行动研究若干问题探讨[J]. 教育科学论坛，1995，(5)

20 世纪 60 年代 R—D—D 模式在教育领域创立并受到推崇，R—D—D 模式即"研究—开发—推广"(RDD)模式，该模式虽然注重教育理论与教育实践的结合，但强调教育实验，强调理论应用于实践的开发研究环节。在此模式中，研究由专家主持，教师或者成为被试，或者成为推广对象。由于行动研究法的发展趋于 R—D—D 模式，所以，随着 R—D—D 模式在欧美教育领域的普遍确立，行动研究法被其所代替，彻底衰落。

(三)行动研究的复兴

20 世纪 70 年代行动研究在英国再度兴起，其后在美国，澳大利亚及其欧洲、亚洲等地，都开展了各种形式的行动研究。复兴的主要背景是 R—D—D 模式在教育领域的失败。由于该模式以专家的理论和设想为中心，把参与教师及其活动当成为专家提供数据和资料的工具，主张教育实验，远离常态下的学校环境，所以其成果脱离教育实际，难以推广实施。一些教育研究专家在开始反思其衰落的原因同时，认识到行动研究法在解决问题中立竿见影的实效。行动研究法复兴的主要因素是斯腾豪斯、埃利奥特、凯米斯等人对其所作的持续不断的努力改进和完善。

英国课程论专家斯腾豪斯是复兴行动研究法的先驱，其复兴行动研究法的切入点不仅是为了改进教育实践，更是为了中小学教师的自身解放。他指出，教师解放的本质是专业自主，实现专业自主最重要的途径是"教师成为研究者"。在斯腾豪斯看来，教师既有研究的权利，也有研究的条件。"教师是教室的负责人，而从实验主义者的角度来看，教室正好是检验教育理论的理想的实验室。"[1]对那些钟情于自然观察的研究者而言，教师是当之无愧的有效的实际观察者。斯腾豪斯所说的教师的研究"在本质上只是一个实践问题"，因而是行动研究，他认为行动研究法"就是教师或者其他实际工作者针对实际问题进行研究的一种方法"。[2]

澳大利亚的凯米斯在斯腾豪斯的研究基础上进一步指出，行动研究法应由教师研究共同体通过自我反思进行研究。他认为斯腾豪斯的理论仅重视教师个人的研究，而教师更缺乏集体层面的专业自主，因此他主张教师集体共同来开展行动研究。对于专家的任务，他认为专家只应是帮助教师形成自我反思的研

---

① 高慎英.教师成为研究者："教师专业化"问题探讨[J].教育理论与实践，1998，(3)

② 郑金洲.行动研究：一种日益受到关注的研究方法[J].上海高教研究，1997，(1)

究共同体。至此，行动研究法在欧洲及美国、澳大利亚等国受到高度重视，得到普遍推行。英国建立了"课堂教学行动研究网络"，美国"辅导与课程编制协会"提出每一个合格的会员都应对行动研究法有足够的理解和应用能力。近年来，行动研究法在我国教育界也受到越来越多的关注。

(四)教育行动研究的未来发展趋势

由于行动研究摆脱了研究只是专家们特种活动的神秘面纱，使研究与行动结合起来，每个人都有可能成为研究者，导致教育行动研究有时甚至遭到"不够严密科学"的批评。然而，在 20 世纪 70 年代后却能兴盛起来，甚至成为比其他研究方法更受公众关注的研究方法，笼统地讲，其原因是行动研究能够比较有效地纠正以往研究中存在的一些弊端。以往的研究方法通常凭研究者个人的兴趣选择研究课题，研究的内容脱离社会实际，不能够反映社会现实，不能够满足实际工作者的需求。而行动研究倡导实践者自己通过研究手段来对实践做出判断，在研究者的帮助下进行研究工作，然后采取相应的行动来改善自己所处的环境。因此，行动研究被认为是一个解决理论与实践的分离问题的好办法，是未来社会科学研究发展的一个方向而日益受到人们的重视和欢迎。

职业教育的行动研究是在大力发展职业教育的背景下发展起来的，并涌现出大量的研究成果。对于一线的职业学校教师来说，行动研究把研究的主动权交给了教师，教师在日常教学实践中就可以开展研究，对提高自己的教学水平，改善自己的教学环境，都具有重大意义。

三、影响教育行动研究的因素

如果我们从更为广阔的背景下去考察，就可以发现影响教育行动研究的因素，既有其外部原因，也有其内部的因素。

(一)外部原因

影响研究者进行教育行动研究的外部原因主要有三个方面：一是已有的教育理论无法满足教育实践发展的新需要；二是原有的研究方法受到教育实践发展的挑战；三是人文精神的张扬引起了人们对于教师作为主体的重视。

20 世纪 70 年代以后，由于世界性的经济危机和政治动荡以及新技术革命的猛烈冲击，西方繁荣一时的教育事业陷入了前所未有的危机之中。一方面，社会不断向教育提出新的要求，如要求教育培养未来人才，提高全民素质，提供职业技术培训等；另一方面，学校在社会的种种冲击下，"功能性文盲""教育荒废""社会拒绝学校毕业生"等使人们对教育失去了信心。面对这场危机，面对这些前所未闻的新问题，无论是赫尔巴特教育思想，还是杜威的实用主义，似乎都失去了效力。这就迫使教育研究人员和广大教育工作者把从理论中寻找答案的目光收回来，转向实际，携手共同去研究教育问题。行动研究恰恰是一条鼓励人们从实际问题出发，通过研究者和实际工作者的参与协作、共同研究，从而解决问题、探索新理论的思路。

人们对以往研究方法的再认识，激发了教育科研者和广大教师对研究实际问题、考虑实践者作用的研究方法的希望。这一切就为教育行动研究的兴起创造了条件，铺平了道路。

从人文精神来看，实践者不应作为研究者的工具或"理论证明的中转站"而存在，实践者的实践本身就有着研究的动力和基础，实践者才是把握自身、发挥自主性、对行动和研究承担责任的个体。

（二）内部原因

1. 教育行动研究本身的魅力促使其自身不断发展

长期以来，教育研究与教育实践相互分离，理论工作者与实践工作者相互封闭，造成了教育理论与实践之间产生了巨大的距离。教育行动研究缩短了这一距离，同时打破原有教育研究由专家、学者所把持的局面，建立一种面向教育实践本身的研究新格局。教育行动研究可以容纳各种对解决问题可能有益的设想、理论、技术和方法，但是，在研究中，理论、设想、技术和方法都不是预先设定并假定其为有效的，然后再用于实践，而是在实践中证明其有效性。

2. 教师自身发展的需要

教师是一个研究者，且可以成为研究者。教师参与行动研究可以提升自己的反思意识和能力，了解自己行为的意义和作用。教师参与研究有利于改进自己的教学工作，提出切实可行的教育改革方案。同时，由于教育行动研究肯定了教育实践工作者在研究中的作用，为教师所接受。行动研究的目的在于解决实际问题，它充分肯定了教育实践者在认识实践及知识产生中的不可缺少的作用，既要求研究者参与实践，又要求实践者反思研究，充分调动教师的积极性，促进教师专业化发展。

第二节　职业教育行动研究的类型

职业教育行动研究是当前国内职业教育大力发展背景下广泛流行的一种职业教育研究方法。从不同的分类角度，采用不同的分类依据，可以将职业教育行动研究分成不同的类型。

一、职业教育行动研究的类型

(一)按照研究的侧重点不同分类

根据研究的侧重点不同，职业教育行动研究可以归纳为三种类型。

1. 技术性行动研究

也被称为科学性行动研究或技术科学性行动研究。这类研究特别强调用"科学工具"来观察行动过程。技术性行动研究更注重形式而非实际的行动，过分关注"科学工具"和"统计方法"。技术性行动研究不尊重行动者的主动性和创造性等，受到很多批判。例如，在职业教育课程改革中，教师一味地按课程改革的计划、步骤实施，不考虑区域经济、学校、学生的实际情况。在这个过程中，教师会根据自己对理论的理解，在课堂中实施变革理论和教学方法。由于教师还没有完全理解这种理论，所以只能"照猫画虎"。这样的行动研究，教师主要发挥了执行者的角色，他们所关心的是能找到好的方法去执行好专家的理论，而不会思考为什么变革？怎么变革会更好些？

2. 实践性行动研究

这类研究主张专家和研究者之间是合作伙伴关系，在研究的过程中，专家往往以"咨询者"的角色帮助研究者提出假设、拟定计划、评价行动和反思结果。研究者则以自己的智慧来选择课题、拟定计划、进行研究、得出结论、指导行动。这样研究调动了研究者的主动性和积极性。但是，实践性行动研究也有缺陷，那就是它只是在原有的实践中采取小心翼翼的行动方式，忽视了其他观点。此外，研究者也盲目地相信自己的主张，导致专家的主张与研究者行动的脱节。

3. 独立性行动研究

就是研究者通过批判性的思考而采取独立的研究行动。正因它具有"批判"的特征，在某些独立性的行动研究中，专家甚至没有出现的必要，整个研究过程完全由研究者自己或在教师团体的帮助下而进行。

分析上述三种职业教育行动研究，可发现彼此各有侧重。第一种类型强调行动研究的科学性；第二种类型强调行动研究对社会实践的改进功能；第三种类型强调行动研究的批判性。但没有哪一种研究类型是十全十美的。因此，我们进行实际研究时，往往需要综合运用，才可能收到理想的效果。

(二)按照职业教育行动研究内部的发展历程分类

按职业教育行动研究内部的发展历程，职业教育行动研究还可分为如下四种类型。

1. 试验型

以科学的方法探讨社会问题，由研究引发的行动改变被认为是理性的活动，可以被规划和被控制。这种类型与上面的第一种类型十分相似，都追求研究的科学性和理性特征。

2. 组织型

将行动研究应用于对组织问题的解决，其核心在于创造富有生产力的工作关系。研究者与参与者共同确定问题，寻找可能导致问题的原因以及可行的改变措施，研究是一个相互合作的过程。这个类型与上面的第二种类型也有相似之处，都强调研究对社会现实的改造功能。

3. 专业型

研究植根于实际的社会机构之中，目的是促进和形成新的职业，如护理、社会工作等职业；通过研究发展这些专业人员的社会实践活动，对自己的价值观念进行反思，设法改变自己早已熟悉的行为实践。

4. 赋加权力型

这种研究与社区发展紧密相关，以反压迫的姿态为社会中的弱势团体摇旗呐喊。研究的目的是结合理论和实际解决社区的具体问题，研究者协助参与者确认研究的问题，提高彼此相互合作的共识。

(三)按照参与对自己的行动所作的反思角度分类

根据参与者对自己行动所作的反思，行动研究还可以分成如下三类。

1."行动中认识"(Tacit knowledge-in-Action)

通常实践者对自己的实践知识及其来源缺乏意识，他们无法将自己的思考和行动分开，他们经常会说"我们知道的比我们能说的要多"。从事职业教育的教师可能往往也会犯不善表达的缺陷，出现茶壶里煮饺子的现象。教师可以把一个具体的操作进行展示，但不能用言语进行表达。"行动中认识"的研究便是对实践者日常行动进行的研究，通过观察和反思挖掘实践者的内隐性知识。

2."行动中反思"(Reflection-in-Action)

西雄(D. Schon，1983)的研究发现，当一个人在行动中进行反思时，他就成了实践脉络中的一位研究者。这样的研究者不是依靠现存的理论或技巧来处理问题，而是针对一个独特的情形来思考问题。他将目标和手段视为一种相互建构的关系，同一种目标可以用不同的手段去完成。因此，需要教师在行动中反思自己的手段，调整自己的目标，逐渐实现目标和手段的完美统一。在行动中推进自己对事物的探究，在行动中反思，能促使参与者将自己的思考转换为行动，比较不同的策略，将相同的因素提出来，排除不恰当的行为。

3."对行动进行反思"(Reflection-on-Action)

在这种类型的研究中，参与者明白地用口语建构或形成知识，把自己抽离出行动，对自己的行动进行反思。虽然这么做减缓了参与者行动的速度，但催化了他们对自己行动的细微分析，有利于他们规划变革。同时，将参与者的内隐知识明朗化，还可以促进相互之间的沟通，是研究者所属专业发展的必然要求。

(四)按照参与研究成员的成分不同分类

根据参与研究成员的成分不同，行动研究还可以有如下三种模式。

1. 合作模式

在这种研究中，专家(或传统意义上的"研究者")与实际的研究者一起合作，共同进行研究。研究的问题是由专家和实际的研究者一起协商，提出研究结果的评价标准和方法。这样专家和研究者彼此相互尊重、相互协作、批判反思、共同进步，形成共同的目标和行动理念。

2. 支持模式

在这种类型中，研究的动力来自实际的研究者，他们自己提出并选择需要研究的问题，自己决定行动的方案，专家则作为咨询者的角色帮助实际研究者形成理论假设，并计划具体的行动以及评价行动的过程和结果。这种研究模式需要研究者有较高的成就动机，较强的理论思维能力，深入理解教育实践的能力，明确教育理念和行动的能力。

3. 独立模式

在这种类型中，研究者实际上是独立进行研究，不需要专家的帮助和指导。

他们摆脱了传统的研究理论和实践规范的限制，对自己的研究进行批判性的反思，并且采取相应的行动对现实进行改造。独立模式的行动研究要求研究者具有比较高的能力，较高的进取动机，较强的批判思考能力，能够在习以为常的生活中发现问题，并有较强的分析问题和解决问题的能力。

二、职业教育行动研究的适用范围

职业教育行动研究的适用范围，主要着眼于解决实际问题。概括起来，职业教育行动研究主要针对以下问题进行研究。[①]

(一)职业教育教学实践中急需解决的问题

实践教学是职业教育的主要方式，然而长期以来缺乏有效的教学手段。因此，探讨职业教育实践教学领域所面临的教育理念、教学形式、教学内容、师资及实践基地建设等诸多问题，都是职业教育教学中急需解决的问题。这些问题的存在，已经大大制约了职业教育迅猛发展的进程，引起了所有职业教育实践者和研究者的共同关注，这些问题的解决具有很强的应用价值。

(二)职业教育教学中的基本问题

教学是职业教育中不可忽略的组成部分，是把知识与技能、过程与方法、情感态度与价值观传授给学生的重要手段。教学中的主客关系、互动关系，课内与课外关系、理论与实践关系等，这些问题直接影响着教学质量，是职业教育教学中的基本问题，必须依靠教师在行动中加以研究解决。

(三)职业教育教学中的热点问题

随着时代的变迁，职业教育中的热点问题会有所变化，但是在特定时期，这些热点是研究者集中论述的研究话题。例如，职业教育项目教学课程开发研究就是当前的热点问题。这样的问题必须依靠职业教育专业教师，根据专业能力要求，结合本专业的课程资源和学生状况，对教学方式与课程内容进行选择和编排，使其更适合人才培养需要。以这样边行动边研究的方式，来开发项目教学课程，其本身就是一种行动研究。

---

① 李春山. 中小学教育科研应注重解决实际问题——谈行动研究法[J]. 北京教育，2005，(3)

(四)职业教育教学中有待解决的问题

职业教育实践中有待解决的问题，往往是一个专业实践的空白或纠缠不清的问题。所以，对这些问题的研究有可能具有填补空白的作用。例如，如何在职业教育中实现教育公平等问题。这些问题虽然一直也在努力解决，但至今都没有得到有效解决。

由此可知，职业教育行动研究方法，一般适合于进行具体而实际的研究领域，而在宏观的理论性研究活动中则较少应用。

第三节　职业教育行动研究的特点

职业教育行动研究在研究目的、研究对象、研究环境上，不同于其他教育研究方法，具有自身的独特性，下面就对其特点进行系统论述。

一、职业教育行动研究的特征

与其他教育研究方法相比较，教育行动研究的独特特征在于：为行动而研究、对行动的研究、在行动中研究。①

(一)职业教育研究的目的——为行动而研究

职业教育行动研究打破了传统研究在研究目的上的局限性，其根本目的不是为了理论的发现以及推广普及，而是为行动而研究，以解决职业教育中的实际问题为主要任务，通过实践者的研究和对自己实际工作的反思，不断提高行动质量，改进实际工作。它把解决问题放在第一位，强调问题来自实践中，在实践中解决问题。所以职业教育行动研究所关注的是社会实践中的独特问题、独特事件，对这些事件在社会情境中的独特表现、相关原因进行分析、阐释，揭示丰富多样的个性，使实践者了解到他的行动意味着什么，可能会碰到哪些问题。它随时会受到研究过程中各种因素的影响，需要根据实际情况的变化不断修改调整研究方法，甚至更改研究课题，具有一定程度的灵活性和开放性。

职业教育行动研究把解决实践中遇到的问题放在第一位，并不等于行动研

---

① 施良方，崔允漷．教学理论：课堂教学的原理、策略与研究[M]．上海：华东师范大学出版社，1999，381-384

究无助于"一般知识"和"理论"的发现产生。而是在研究中更强调从具体、特殊到一般和普遍；更强调已有的职业教育理论和知识；更强调渗透在行动计划中的经验和理论，都必须接受实践的检验、修正、补充；更强调知识和理论来源于实践，并在实践中体现其有效性和真理性。

(二)职业教育研究的情境——在行动中研究

"在行动中研究"指出了研究的情境和研究方式。行动研究既不是在实验室进行，也不是在图书馆开展，不同于理论工作者经常从事的书斋式研究或实验室研究，而是在教师工作于其中的实际情境中进行。

职业教育行动研究的研究环境是教育教学现场，更确切地说，它是与实际工作(行动)过程有机结合的"现场"研究。它不主张把研究和行动看作是两种相互独立的活动分别进行，而是把科学研究和日常行动合二为一，倡导在研究中行动和在行动中研究，使教学工作伴随研究，研究工作提升教学，研究和行动相互验证，相辅相成，真正把教学工作变成充满激情的创造性探索活动，这一点充分体现了行动研究来源于实践、服务于实践的务实品质。[①] 这也正是职业教育所要追求的。同时教师在行动研究中通过与其他研究者或合作者交流，不断地对自己的教学行为进行反思，加深对自己、对自己实践的理解，并在理解与反思中提高自己。

(三)职业教育行动研究的主体

开展职业教育行动研究的主体就是职业学校的教育工作者，教育工作者即研究的行动者。他们一边工作，一边研究，研究的结果又运用于改进自己的工作，从而把探索研究结果和运用研究结果结合起来。

在传统意义上的社会科学研究中，实践者是被研究者，是研究的客体或对象，然而在职业教育行动研究中的实践者成了研究的主体，而不是外来的教育专家，不是被动地接受局外人的研究成果。实践工作者不仅是研究的主体，还是被研究的客体，但以研究主体为主。行动研究强调实践工作者要实际参与研究工作，亲身投入研究过程，因而实践工作者须具备专业知识与工作愿望，通过研究与行动的密切配合，提高自己参与职业教育教学实践的能力。

---

① 荆雁凌.中小学教师怎样进行课题研究(八)——教育科研方法之教育行动研究法[J].教育理论与研究，2008(8)，39

二、职业教育行动研究的优点和局限性

(一)职业教育行动研究的优点

1. 适应性和灵活性

行动研究并不是严格的实验研究，其中实验条件的控制比较松缓，注重实际的教育环境，有利于没有接受过严格教育测量和教育实验训练的教师采用。研究者可以根据研究的进程边行动边调整方案，不断地修改方案，经过实际诊断，增加或取消子目标。

2. 评价反馈的及时性

反馈的及时性集中在两个方面：一是及时反馈总结，使教育实践与科学研究处于动态结合与反馈之中；二是一旦发现较为肯定的结果，便立即反馈到教育实践中去。

3. 较强的实践性与参与性

职业教育行动研究把研究与实践紧密联系起来，紧紧围绕职业学校的实际问题，由研究者进行研究和行动。参与性体现在由专职研究人员、职业学校的行政领导、第一线教师联合组成，研究人员直接或间接参与方案的制定和实施。

4. 多种研究方法的综合使用

理想的职业教育行动研究法应是多种科学研究方法的有效组合，并将其灵活和合理地综合使用。

(二)职业教育行动研究的局限性

自职业教育行动研究产生以来，社会就对它有着这样或那样的非议，这些非议有的是行动研究本身存在的问题，有的则是对行动研究的误解误用。综合起来有如下几个观点。

(1)研究质量不高，难以将结果推广应用；

(2)研究者本身在观念方面、时间方面和能力方面存在着限制；

(3)研究中主管人员不支持或群体间意见的不统一，造成协调上的困难；

(4)研究是自行检验效果，难以客观地诊断问题。

对于上述指责，第一点属于对职业教育行动研究的误解，职业教育行动研究的出发点并不是将研究结果扩大化，要在更大的范围内推广，而是以解决具体问题为出发点；第三点属于批评职业教育行动研究误用后产生的效果，不是

行动研究本身的弊端。第二点与第四点则是与职业教育行动研究自身的缺陷密切相关的。

由此我们可以看到，职业教育行动研究本身常以具体实际情境为研究对象，研究的样本受到限制，因此其结果不具代表性。另外，自变量的控制成分很少，而内外部效度显得都有些脆弱，因而不符合科学的严格要求。考虑到这些因素，职业教育行动研究不能完全取代其他的研究方法，只能作为其他研究方法的一种补充。

第四节　职业教育行动研究实施步骤

美国著名心理学家勒温最先提出了一个"螺旋循环程序"。20 世纪 80 年代凯米斯等将勒温的"螺旋循环程序"加工改造，形成由"计划、实施、观察、反思"四个环节组成的一个螺旋式循环过程，每一个螺旋圈都包括这四个相互联系，相互依赖的环节，其中反思环节是第一个螺旋圈过渡到下一个螺旋圈的中介。[①] 后来，虽然教育行动研究法，演变成了"四步法、五步法、八步法或九步法"等，但其操作程序都没有多少的变化，其基本模式仍然沿用了勒温确立的基本框架。

职业教育行动研究实施步骤一般可分为三个阶段，十二个步骤。第一个阶段是准备阶段，包括：选择问题、分析问题、整理资料、制定方案；第二个阶段是实施阶段，包括：提出假设、分析资料、实施行动、观察行动；第三个阶段是反思阶段，包括：检查效果、校正行动、撰写报告。

一、准备阶段

（一）选择问题

选择问题即选题。任何研究都是从选题开始的，职业教育行动研究也不例外。与其他类型的研究相比，职业教育行动研究的选题独具特色，这个特色就是：研究既不要求选题对现实的问题具有普遍代表性，更不追求职业教育理论研究选题应有高度的抽象概括性，它的主旨是随时随地研究和解决具体的问题。

---

① 刘丹. 行动研究法在《管理学基础》教学中应用初探[J]. 福建广播电视大学学报，2005(1)，41—44

从这个意义上说，职业教育行动研究的课题，应该以职业教育行动者在工作过程中遇到的真实问题为研究的起点。

选择问题是一个研究者把握问题、从事科学研究的基本能力。因此，作为一个研究者，要培养自己的问题意识。首先，研究者要以积极的态度深入观察自己身边的学生、教学效果和教学环境等；其次，教师还要学会深层次的思考，透过普通的表面现象，观察到其背后存在的问题。教师在教学实践中，通过观察、调查、测量等方法发现问题，并提出课题，针对课题进行必要的论证，从而明确问题的性质、类型、程度、范围及可能的后果。

一般来说，职业教育行动研究问题的选择，应遵循以下四个原则：

1. 科学性

就是研究要遵循一定的规范。对选题有关概念的内涵和外延，要有明确的界定，选题有一定的科学理论根据和事实根据，以保证研究最大可能地达到预期目的。

2. 实践性

即研究主题对职业教育及其教学改革有直接的应用价值，问题解决后对职业教育理论及实践有一定的贡献。

3. 创新性

创新是研究的价值所在。即选题要在别人没有过的研究领域上有所突破，是他人没有解决或没有完全解决的问题。选题的创新性还表现为观念、观点上的创新以及解决问题方法或手段上的创新。

4. 可行性

即选题必须适合研究者的实际情况，是研究者能够顺利进行研究的前提。研究者在确定选题时，注意选题不能"假、大、空"，也不宜太复杂，或太小、太肤浅。

(二)分析问题

没有分析就没有研究。因此，作为主持行动研究的研究者来说，首先要增强分析意识。与此同时，要学会用科学的方法进行分析，力求做到客观、完整、准确、有效。

关于分析问题的渠道，研究者可以与专家进行探讨，学习专家的研究经验，了解他人的研究成果，这个过程有助于自我独立地开展行动研究。当然，由于条件的限制，很多研究者可以不选择专家指导，可以选择有经验的同事合作，或查找相关的文献资料。

(三)提出假设

假设是行动的根据，是有待验证的定理。假设能帮助研究者明确研究的方向和内容，避免盲目的行动，能使课题更加明确，研究方法更加得当，资料收集更有针对性。研究实践证明，一个好的假设，是科学研究的前提，是探索教育规律的基础，是教育科学研究的核心。

提出假设时应注意以下三点：假设应该有两个或两个以上变量之间的期望关系；假设应当是陈述句的形式；假设应可以验证。提出假设的目的就是要进行研究、论证。就行动研究而言，所提出的假设必须是具体、可能操作的实践。

(四)制订计划

计划始于行动研究者对问题的认识，以及其掌握的有助于解决问题的知识、理论、方法、技术和各种条件的综合。计划应包括总体计划和每一个具体行动步骤的计划方案。

1.计划的目的性

由于职业教育行动研究工作的复杂性，因此，通过制订计划来促进工作有序地开展，从而确保研究任务按质按量完成。

2.计划的灵活性

随着对问题认识的逐渐加深，制订计划时既要考虑和包容已知的制约因素、条件，又要把始料不及、未曾认识、在行动中才发现的各种情况、因素容纳进去。从这一意义上讲，计划是暂时的，随着研究的推进是允许修改的，具有一定的灵活性。

3.计划的可操作性

计划没有可操作性就没有执行力，在行动中研究也就没法实施。因此，制订计划时弄清楚计划包括的每一个具体行动步骤，合理安排每一个步骤的人力、物力和时间，是行动研究得以实施的关键。

二、实施阶段

实施阶段是研究的关键环节。在这一阶段根据制定的计划以及建立的假设，有目的地实施行动。在行动研究的过程中，研究者可以根据收集资料和数据，对行动进行调整。

(一)分析资料

分析资料是行动研究中不可或缺的一个环节。在确定研究问题和目的之后，研究者就应深入探讨有关文献，了解前人的研究经验和研究成果，以便从他人的研究成果中获得方法和理论方面的启示，用来指导行动研究。行动研究法的特点之一是边行动边研究，在行动中可以并且应该不断地反思和改进行动，这就要根据反馈信息定期或不定期地评估结果，并根据所获得的事实资料修正原计划的缺点或失误，不断改进计划。

(二)实施行动

实施"行动"包括：

1. 有步骤的行动

当研究者获得关于背景和行动本身的信息后，经过充分的资料积累和思考，并有一定程度的理解后，有目的、负责任、按计划采取的实际步骤。这样的行动就具有贯彻计划和逼近解决问题目标的性质。

2. 共同的行动

是指实际工作者和研究者共同行动。在职业教育行动研究中，教师、家长、学生和企业界人士，均可作为合作的对象。研究者要协调多方力量，发挥多方优势，共同实施。

3. 前进的行动

职业教育行动研究不是原地不动，而应是对问题理解的逐步加深和行动逐步深入的研究。所以行动研究要重视实际情况的变化，随着对行动及背景认识的逐步加深，以及各方面参与者的监督观察和评价建议的帮助，不断调整行动，使整个研究行动获得实质性进展。

(三)观察行动

由于教育活动受到实际环境中多种因素的制约，而且许多因素又不能事先确定和预测，更不能全部控制。因此，观察在行动研究中的地位就显得十分重要。在职业教育行动研究中，观察既可以是行动者本人借助有效的技术工具对所要研究的对象进行观察，也可以是其他合作者的观察。往往采用多视角的观察，这样更有利于全面认识行动的过程和特性。由此可见，观察不是走马观花式的观看，而是带着问题去分析，是对行动研究的背景、过程、结果等方面的审视，是一种批判性审察。

观察的内容有：观察行动背景因素及其制约方式；观察行动过程，包括谁以什么方式参与了计划的实施，使用了哪些材料，安排了哪些主要活动，意外的变化、干扰，如何排除，等等；观察行动的效果，包括积极的和消极的、预期的与非预期的结果。

观察的要求是：

1. 观察主体多元

既可以是行动者本人，也可以是其他人的观察。不同的观察者可以从多元视角去观察，更有利于全面而深刻地认识行动的全过程。

2. 观察的系统性、全面性

在职业教育行动研究中，观察是反思行动、修正计划、确定下一步行动的前提条件，要运用各种已知的观察技术和数据，利用各种有效技术对资料进行采集分析，翔实记录、精确取样，以便提高行动研究的质量，使观察更加系统、全面和客观。

三、反思阶段

反思是职业教育行动研究第一个循环周期的结束，又是过渡到另一个循环周期的中介。反思的主要内容是检查效果，目的是校正行动，结果是写出研究报告。

职业教育行动研究的反思一般包含以下要点：

(一)检查效果

检查效果是整理资料记录以检查研究过程是否得出了应有的效果。通过理论抽象和经验总结的方法，检查行动方案与目标问题之间是否有因果关联。近年来，行动研究的操作过程又有了新的发展。如在研究过程中允许基本设想的游移变更，即研究人员不仅可以依据逐步深入的认识和实际情况，修改总体计划，而且可以更改研究的课题。另外，现在的行动研究更强调对行动全过程的监督和检查，注重系统的反馈性和开放性，而不仅仅是检查行动研究的效果。

(二)校正行动

校正行动是完善研究、揭示规律和提出新课题的重要环节。它包括评价整个研究过程，调整预定方案以消除遇到的困难等。在职业教育行动研究过程中，经常会发生两类问题：一是由于研究方案无效，依然存在的原有问题在研究的第一个循环结束后仍然得不到解决；二是原有的研究问题解决之后，又引发了新的问题。因此，整个职业教育行动研究过程需要应用评估测量方法，对研究方案和研究行动进行定性或定量的评价，采用观察、调查等方法再次提出问题，明确问题的根源，以便校正行动研究的行为。

通过行动校正，每一次调节与校正都对教师的教学产生积极影响。教师上完一堂课或一个阶段的课之后，对自己上过的课进行回顾与评价，仔细分析自己上课的得失成败，分析自己的教学是否适合学生的实际水平，是否能有效地促进学生的发展，在哪些方面有待改进，从而发现问题，寻求解决问题的对策，使之达到最佳效果。简单地说，行动校正就是研究自己如何教、别人如何学；研究自己如何教才能适应学生学习的需要；如何在教中学、学中教，实现教学相长的问题。

(三)撰写行动研究报告

撰写职业教育行动研究报告意味着有可能公开"发表"自己的研究过程和研究成果，这是行动研究的最后一个步骤。以文字形式总结和公开自己的研究过程和研究成果，一方面，可以更系统、更理性地总结反思自己的研究工作，同时，也能把自己的研究展示出来，更广泛地接受同行和社会的评价、批评和建议，有利于改进今后的研究工作，也便于他人分享和借鉴自己的研究成果。

目前职业教育行动研究已经创造出了不少研究成果的表达形式，大致可以分为以下四种。

1. 叙事式

研究者以日常教学工作中发生的故事为研究对象，因此这种写作形式有人称为"讲述自己的故事"，教师在讲述中各抒己见，提出自己的看法和思考。

2. 案例解读式

研究者提供自己的经历或者从其他教师那里获得教学案例，从不同的视角运用不同的理论分析同一个问题，进而提升对问题的理性思考。

3. 听课反馈式

从不同课程的角度针对一节课进行评课。这样的研究活动有助于不同课程背景、类型的老师相互交流。

4. 反思式

反思的对象是针对自我，在职业教育行动研究的反思中，教师以自己职业活动的行为以及产生的结果为思考。反思的对象实际上是将"学习教学"与"学会教学"有机结合，努力提高教师的教学实践能力，使自己成为教学与研究的主人。

职业教育行动研究强调在行动中研究，在研究中改进职业学校教师的教学实践能力。因此，职业教育行动研究使每一个教师都有可能成为研究者。但是教师只有身体力行，才能深刻地体会到它对于提高教育教学效能的妙用。只要有勇于创新行动方式、提高工作效能的信念和决心，那就不妨从现在开始尝试做一些小而简单的行动研究。①

第五节　职业教育行动研究案例

职业教育行动研究最大的特点就是研究者是真正的研究主体，研究者成为研究的主要"工具"。下面的行动研究案例，可以让读者更加直观地了解行动研究法的实际应用。

案例：在《电工基础》课程中开展理实一体化教学的行动研究

一、案例与解析

（一）准备阶段。

1. 选择问题

如何解决理论与实践脱节的问题，是《电工基础》教学亟待解决的问题。因为职业教育的实践教学性质，更加要求教学面向现实需要，讲求实践性。同时，如何提高专业理论课教学效益，使理论与实践有机的结合在一起也是许多教师所关心的问题。因此，采用行动研究的方法，来探讨"如何在《电工基础》课程中开展理实一体化教学"，无疑是一个较好的选题。

2. 分析问题

这个问题是否已成为一个问题？这是需要我们分析的。由于长期受应试教育的影响，在职业学校的教学中，教师教学的普遍缺陷就是缺乏实践性。而《电工基础》是《电子电器应用与维修》专业的专业核心课程，是专业学习的基础。由于该课程理论性较强，学生学起来感到枯燥无味，难以激发学生学习兴趣，导致教学效益低下。其二《电子电器应用与维修》专业是一个实践性很强的专业，

按照传统的理论与实践独立授课的方式开展教学，学生的技能得不到有效的提高。

3. 提出假设

针对以上分析，我们可以提出如下假设：在《电工基础》教学中开展理实一体化教学能有效提高学生学习兴趣，促进教学质量的提高。

4. 制订计划

下面我们制订一个初步的实施计划：

(1)编制《电工基础》理实一体化教学计划

(2)将理论教材与实习教材内容进行有机融合

(3)设计理实一体授课方法及教学过程

(4)制定教学效果评价标准

(5)安排理实一体教学场所

(6)实施理实一体化教学

(二)实施阶段。

1. 分析资料(略)

2. 实施与观察

(1)充分备课。备课是提高课堂教学质量的关键。大量的事实证明，备课的质量直接影响着课堂教学的质量。也就是说，《电工基础》课堂教学能否达到预定的目的要求，收到应有的效果，在很大程度上取决于课前的准备工作是否充分，是否切合学生的实际。因此，研究者在上《电工基础》课前，都要花大量的时间阅读相关知识，从多种渠道获取与教学有关的知识和行业最新信息和发展动态。并且，备教材、备学生、备教法，使其教学尽可能符合学生的实际情况。

(2)观看录像。观看录像，研究者收集了大量与专业有关的音像资料，让学生观摩，从不同角度拓展学生视野，了解制作工艺，并提出相关问题让学生进行分析，培养学生的思维能力。

(3)组织讨论。讨论中要求学生：一要注意大胆阐述自己的观点；二要注意吸取别人的意见，进一步完善自己的观点；三要注意揭示别人发言中的不足之处，与之展开讨论。

(4)放手实践。《电工基础》的所有课程都安排到实训室去上。将理论教学与实践教学有机的融合在一起，从感性认识入手，加大了直观教学的力度，提高了学生的认知能力；并且在理论学习中加入技能训练，在训练过程中加深对知识的理解和掌握，从而实现了学校与工作场景的零距离，促进了学生学习能力、实践能力、创新能力的提高。

（三）反思阶段。

1. 检查效果

通过问卷调查、学生学习表现、理论知识考试、专业技能测评等方式，发现学生对理实一体化教学方法比较容易接受，学习兴趣和技能水平都有了较大的提高。但在教学实施过程中存在理论知识受到忽略，实践活动又难以掌控的问题。同时，由于是一个老师带全班学生开展实践操作，所以对学生出现的技术错误无法及时发现和纠正。

2. 校正行动

针对以上问题，教师做出了如下调整：

（1）"理实一体化"的课程以 4 节或 6 节为一个单元，并根据专业能力要求，合理安排理论课时和实训课时。

（2）该课程的学习采取小组合作学习方式进行，通过讲授、操作示范、小组研讨、操作训练、巡回指导、技术纠正及强调安全事项等环节实现教学目标。

3. 撰写报告

根据《电工基础》开展理实一体化教学行动研究，撰写阶段性论文或报告。例如，完成了《基于应用型人才培养的教学实践改革》等论文的写作。

二、案例启示

1. 职业教育行动研究，要关注职业学校学生职业能力的培养

职业学校的培养目标是培养具有综合职业能力，在生产、服务、技术和管理第一线工作的高素质劳动者和技能型专门人才。因此，职业教育行动研究，要关注职业学校学生职业能力的培养。

2. 职业教育行动研究，研究者要使相关人员与自己达成共识

开展职业教育行动研究，离不开学校其他部门及老师们的支持和配合，如果相关人员与研究者在研究的认识上不能达成共识，这将影响其研究的效果。

3. 职业教育行动研究，要有充分的资源支持

职业学校的培养目标决定了职业学校的学生必须具备较强的动手能力，而动手能力的培养又需要足够的实验室做保障。例如，要进行《电工基础》理实一体化教学行动研究，如果没有足够的实验室供教学使用，理实一体化的教学就难以有效地开展。

第八章
职业教育叙事研究法

　　由于教育叙事研究法有着得天独厚的研究优势，因此在中小学教育研究中，成为越来越受欢迎的研究方法之一，并且产生了一系列的科研成果。然而在职业教育的教学研究领域里，教育叙事研究法的运用却很少见到。因此，本章将专门介绍什么是职业教育叙事研究法，以及如何在职业教育中运用叙事研究等问题，以供广大职业教育研究者参考。

第一节　职业教育叙事概述

一、职业教育叙事研究的概述

　　叙事研究原本属于文学理论研究的一种方法，经过不断地发展、演变、成熟，这种方法越来越受到社会科学领域研究者们的青睐。20 世纪 80 年代以来教育研究的范式发生了变化，其研究的范畴增加了对人的精神和感情的关注，更加重视多元视角下的研究方法。学者 Berk 提出"自传是教育研究的首要方法"。① 加拿大学者马克思·范梅南也提出"教师从事实践性研究最好的方法就是说出和不断地说出一个"真实的故事"。② 在这样的背景下，通过讲故事的方式来探究教育经验的叙事研究方法无疑给研究者一种新鲜感，很快这种研究方法便被引入到教育领域，并在心理学、历史学、社会学等学科的理论及应用研究上都发挥了重要作用，与观察法、调查法、实验法等一样，成为了教育科学研究的主要方法之一。

　　20 世纪 90 年代以来，教育研究与教育实践领域更加关注人的个体性、情

----

　① 康纳利．克莱丁宁．叙事探究[J]．丁钢译．全球教育展望，2003(4)，6—10
　② 康纳利．克莱丁宁．叙事探究[J]．丁钢译．全球教育展望，2003(4)，6—10

景性和主观性，强调对那些富有内心感情流露和人性经验的揭示，叙事研究逐渐成为广大教育工作者欢迎的研究形式。进入21世纪以来，我国开始大量地引入、介绍叙事研究，试图把叙事研究逐步地本土化。其中，华东师范大学丁钢教授主持编写的教育研究集刊《中国教育：研究与评论》中，率先在国内介绍叙事研究，引起了广泛的关注，并发表了大量的论文，倡导在教育科研中使用叙事研究法。经过近十年的研究和实践，教育叙事研究在一定程度上改变了教育理论研究的抽象化，脱离实践化的趋势，激发了广大教师科研的积极性，使教育科研更具有可操作性。同时也促使教师进行思考与反思，为改进教学方式，提高教学质量进行了有意义的教育探索。

"叙事研究"又称"故事研究"，是一种研究人类体验世界的方式，其借鉴了文艺理论中的"叙事学"。简单说，"叙"就是叙述，"事"就是故事。叙事研究是表达人们在教育生活实践中所获得的教育经验、体验、知识和意义的有效方式。教育叙事研究就是探究如何才能准确表达和诠释教育经验、教育意义。[①] 在本章中我们所要探究的是职业教育的研究，特指在职业教育的问题上运用叙事研究的方法。即以叙事、讲故事的方式，描述有关职业教育者生活和实践中所获得的经验、体验、知识和意义。通过叙述故事来表达和诠释蕴涵教育的思想和哲理，从而改进职业教育者行为的过程。

多种研究方法的运用，给职业教育的发展注入了新鲜的血液。其中，教育叙事研究具有方法简单、可操作性强、贴近生活等优势，是广大职业教育工作者表达个人的教育观念、讲述教育故事、反思自己的教学、解决日常的教育问题所应掌握的有效方法。

职业教育叙事研究强调与教育经验相联系，以叙事的方式来描写个人经验、行为及其教育个体的生活方式。它主张教育是一种经验表达的方式，一方面通过叙事尽可能地把职业教育中的真实的故事，通过访谈、传记、日记、照片等形式表达出来，以供研究者发现故事与理论之间的内在联系。另一方面提升叙事的理论高度，把叙事与理论相结合，揭示内隐于教育现象之中的本质属性，理解和思考教育本质与价值，成为有意义的教育探索。这样职业教育的叙事研究就不单单是指个体经验的表述，而是研究者透过现象，促进人们对经验的理解，发现职业教育中的本质特点。因此，从这个角度来说职业教育叙事研究也是一种思维的方式。

---

① 丁钢．教育叙事的理论探究[J]．高等教育研究，2008(1)，32

　　根据叙事的主体，可将职业教育叙事研究分为两大类。

　　第一类：教师述说自己的故事，即教师自身既是故事的述说者，又是记述者。目前，我国的大多数叙事研究都是由一线的老师完成的，故事中的主角"我"或者"我们"，叙述在职业教育中问题的发生、发展、结局，以及问题得以解决的教育经验等一系列的教育事件。这样的叙事研究是一线的职业教师自我剖析、反思和改进教师的日常教学和生活的手段，促使教师跳出自我的思维空间，从旁观者的角度审视自己的教育实践，自己发现问题，自己就可以解决问题，在洞察故事中的教育经验时构建自我的教育观。例如，在某省职业技能评比大赛中，当某职业学校教师上完电子电器应用与维修专业的公开课后，以自己作为研究对象，向评课专家详细地分析了课程的全过程并进行自我反思。

　　第二类：一线的职业学校教师述说，由教育研究者记录。这时教育的主角被"他"或"他们"所取代。研究者以职业学校的教师作为观察和采访的对象，观察表情、动作等外显的行为，记录心理变化等内隐的行为。除此之外，研究者也可以对职业学校老师的日记、书信等实物资料展开叙事研究，用以获取资料。这种研究形式往往是由专业研究人员来做，以某一典型的故事作为研究的主线，更关注于教育实践与教育理论的关联度，使故事拥有一个意义深远的归属。职业学校教师采用这种形式，可以和其他老师以及专业人员合作完成，以弥补个体科研水平的不足。例如，石新生《中职学校低学历教师的多元发展—— 一位实训处主任的成长叙事研究》（载《中国科教创新导刊》2008 年第 17 期）一文，研究者描写一位中专学历的教师从事职业教育后的成长经历。通过访谈、观看工作日记等手段，给我们展现了一位优秀中职教师的精神品质、人生观和价值观等多元发展的研究。

二、职业教育叙事研究的特征

（一）以质的研究为基础

　　质的研究是"以研究者本人作为研究工具，在自然情境下采用多种方法收集资料，对社会现象进行整体探究，使用归纳法分析资料和形成理论，通过与研究对象互动对其行为和意义建构获得解释性理解的一种活动"。[①] 职业教育叙事研究继承质的研究方法的基本要素，强调基于研究者本身的洞察力和在对研究

---

① 陈向明 . 质的研究方法与社会科学研究[M]. 北京：教育科学出版社，2000，12

对象互动过程中的发现、理解、升华教育现象的建构，发现蕴涵在职业教育教师的内心生活和人性特质。重视利用实地收集资料，并利用归纳的方法分析处理浩瀚的资料，最后形成职业教育的经验和理论。职业学校不同于其他的教育机构，具有其特殊性的一面，职业教育叙事研究注重研究者深入自然情景中，综合利用多种研究手段获取资料加以探究，对职业教育研究更有针对性。

(二)教师是叙事研究的主体

职业教育叙事研究不主张一味地构建抽象的理论和运用实证研究，取材则是教师的日常教学生活，研究主体应该是职业学校的教师，正是由于这一原因，决定了我们需要用职业教育的视角去观察、分析和研究。因此，要做好职业教育叙事研究，必须要到职业教育学校去发现鲜活的生活素材，职业学校的教师无疑是活化了的素材，许多第一手的资料都可以从那里获得。同时，职业教育叙事研究也是讲述、分析教育故事。无论是哪种形式的叙事研究都离不开教师的参与，教师的参与使自己个人的"生活经历"或某个"教育事件"成为一个有意义的"叙事"。职业学校的教师当之无愧地成为职业教育叙事研究的主体。

(三)教育故事是叙事研究的主要来源

职业教育叙事研究立足于职业学校，以职业学校中发生的教育故事为主要研究内容。职业学校的教育故事随时都会发生，但是未必所有的故事都是具有研究价值的。只有那些具有一定情景性、情节性的相对完整的故事，即在职业教育故事中蕴涵着教育的某一矛盾或冲突的情节，这样的叙事研究才会有价值的因子。现在从叙事教育研究成果来看，绝大部分研究取材于职业学校教师的故事，研究关注教师工作的故事、教师生活的故事、教师家庭或工作环境的故事，以研究职业院校教师工作故事的叙事研究居多。例如，姐炆炆《回归教育本质——对一位高职英语教师个人实践知识的叙事研究》(载《湖北广播电视大学学报》2009 年第 6 期)，文中就是对一位高职学校英语老师所上的一节英语课展开了叙事研究，叙述这位老师是如何在课堂上理解学生，最后得到学生的爱戴。职业教育叙事研究的对象除了研究职业学校的教师之外，还有广大的研究空间没有能很好的开发，例如，职业学校的政策、体制、管理、学生，等等。

(四)深描与反思相结合是叙事研究的有效途径

职业教育叙事研究是以故事为载体，但是绝不是简单地把故事记录下来，记录的故事需要研究者通过对人物、事件、矛盾冲突、心理变化、场景、结果等栩栩如生地深描，给读者一个真实、整体和动态的故事。描述得越详细、越细致，就越能发现其中的教育经验。同时，也给读者以身临其境的感觉。只有掌握充足的第一手资料，才能使研究者在众多的资料中归纳出职业教育本质的东西。但是，才开始从事职业教育叙事研究的新手，往往只关注事情的本身简单描述，不注重对矛盾冲突、当事人心理变化以及环境的深描，导致所叙的事，形同流水账一样，归纳不出有价值的研究成果。这样的故事只有"叙"没有"研"，只能是职业教育叙事，根本谈不上职业教育叙事研究。因此，职业教育研究工作者在进行叙事研究时，要充分地运用好深描和归纳这两大工具。

（五）教师自觉反思是叙事研究的重要保障

职业教育叙事研究的主题素材根植于职业学校教师的日常教育，贴近于日常生活，着眼于故事的矛盾冲突，能倾听一线职业学校教师的心声，探求职业学校教师的价值。

教师在日常工作中，每天都身处各种各样的教育情境，并由此逐渐积累了许多应对策略和经验。这些经验是教师在长期的教师生涯中自然地、无意识地积累的，是不断尝试的结果，具有一定价值。但是教师的经验不一定完全是正确的，也有一些是不合理的。这些不合理的经验往往会在教学中得到体现。因此，教师需要不断地反思自己的行为，从而提高自己的专业水平。教师在实践中反思是触发叙事研究的重要条件，也是叙事研究内容和材料的重要资源。因此，教师自觉地反思是叙事研究的重要基础。

美国马萨诸塞技术大学舍恩教授认为，反思是专业工作者在其工作过程中能够建构或重新建构遇到的问题，并在问题背景下进一步探究。职业学校教师是职业教育实践的主体，教师个体发展的一个重要标志就是能否具有自我反思的能力。反思起源于一线教师解决实际问题、改进教育策略的需要。职业教育叙事研究为教师审视、反思自己提供了一个全新的视角，促使教师在回顾日常的教育故事时，反思自己的教育行为和教育思想。另外教育叙事研究有了同事和专家的参与，也会极大地推动教师学习新的教育思维和理念，获得新的教育经验，为自己改变原有的教育思想，构建新的教育经验提供了新的研究范式。所以对于研究者来说，职业教育叙事研究是一种新的范式，对于一线的职业学校教师来说不仅仅是一种范式，同时也是一种对自我教学反思、改进与重建的过程。

三、职业教育开展教育叙事研究的意义

(一)职业学校的教师是教育科研的主力军

在我国职业教育领域，长期以来一直有一个问题困扰着职业学校一线教师，即所掌握的科研知识和方法与实际做出来的科研成果的期望相差甚远。究其原因很多，其中重要的原因便是掌握以往科研方法的门槛高，对于学历并不是很高的广大职业学校教师来说不易掌握，很多教师视科研为禁区。职业教育叙事研究不像其他研究那样需要具有相对比较复杂的研究程序，它易于职业学校一线教师掌握和使用，其研究的素材都是教师身边发生的事，可以说教育科学研究就在教师的身边。

职业教育叙事研究的成果的呈现是记叙文形式，比起以往的教育论文来说，教育记叙文显然是最适合一线职业学校的教师。它记录、保留了原汁原味的教育故事，这种实践性强，承载着教师的语言、动作、心理变化的论文，是以往的教育科研论文不能与之匹敌的。同时，因为这种成果的内容真实、亲切，就是身边发生的故事，这样的科研成果不仅完成难度不大，而且也易于传播和交流。更重要的是，职业教育叙事研究，使一线教师更加清楚地意识到科研并不是科研人员的专利，其实自己身边的每一桩教育事件都可能成为科研的素材。这样就极大地调动了一线教师参与科研的主动性和积极性，使一线的教师人人都有参与教育科研的机会，使每个教师都有话可说，有事可写。

(二)职业教育叙事研究把教育实践与教育研究结合起来

教育科学研究存在着研究与实践相脱节的现象，很多重视"思辨性"的研究不能走到教育实践中去，都是由闭门造车的研究范式造成的。在这样的研究范式影响下，研究者即使去了实践第一线，也是带着他们原有的思维定式和研究范式，根本不能设身处地地站在一线教师的角度去研究。所以，教育实践与教育研究就此脱节。而教育叙事研究，在一定程度上克服了这一缺陷。

职业教育作为以就业为导向的一种教育，更需要研究者走出"思辨性"的研究范式，走到职业教育教学的第一线，拓宽研究的视野。职业教育叙事研究正好迎合了职业教育的这一特点。职业教育叙事研究把研究权给了一线教师，主张让研究回到事实本身，通过把一切经验、知识、先见放在一起悬挂起来，直观现实状况，面向事实本身。在研究中，职业学校的一线教师就是研究的主角，

研究的内容就是来源于自己身边的故事,身边的环境和身边的人。研究的过程也是在一线教师轻松、快乐的环境中,自由地把自己的故事讲出来,包括一些教育理念和构想。可见,职业学校的教师足可以把教育研究和日常实践联系起来,使职业教育叙事研究有可能变成自己喜欢的研究范式。

(三)职业学校教师在研究中成长

教师通过做叙事研究可能会成为改进自己教育理念和行为的契机。对教师群体来说,形成一个随时随地都记录有价值、有意义的教育故事是一笔宝贵财富。叙事要和反思连在一起,在我们讲述故事的过程中,也就是在反思自己,变革自己行为,获得专业发展的过程。例如,叶红霞《心灵开放,完善自我——一位中职女教师走出职业倦怠的叙事研究》(载《中国教师》2009年第8期)该文就采用传记研究的方法,对一位中等职业学校英语女教师的从教经历和心路历程进行了记录和个案分析。通过被研究对象李老师的故事叙述,揭示了职业学校教师的工作现状和职业倦怠的问题。讲述了李老师是如何克服困难走出职业倦怠困境,最后获得自身提升的。

第二节 职业教育叙事研究的过程

一般讲,职业教育叙事研究的一般流程可以分为六个步骤:确定研究问题—选择研究对象—进入研究现场—进行观察访谈—整理分析资料—撰写研究报告。[①]

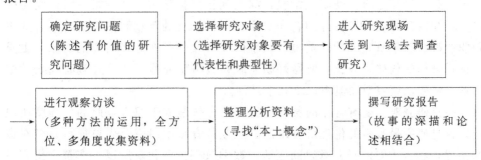

图 8-1 设计职业教育叙事研究的操作程序

职业教育叙事研究的基本操作步骤如下:

---

① 王枬.关于教师的叙事研究[J].全球教育展望,2003(4),11—15

(一)确定研究问题

确定研究问题是进行研究的前提和关键的环节。职业学校教师的叙事研究虽然已明确了总的框架是职业教育的研究。但是，职业教育的研究范围仍然很广泛，上到职业教育的政策、现代制度、教育环境、岗位培训制度、专业结构调整，下到职业学校教师个人教育观、日常教学的困惑、家庭生活情况，都可以成为研究的问题。职业教育叙事研究就是注重以"小叙事"来繁荣"大生活"，借助职业教育中微小的、普通的事件来揭示教育的真谛。

职业教育叙事研究的问题应该是有意义的问题。所谓"有意义"的问题具有两重含义，一是在职业教育领域上是研究的空白，有待于研究者去探究的。二是对研究者的生活、工作有困惑的职业教育问题，对研究者来说具有实际意义，也是教师真正关心的问题。只有当研究者确定了问题后，职业教育叙事研究才有了适当的框架，研究也才能在一定范围界限内展开。

(二)选择研究对象

职业教育叙述研究选择的对象要与研究目的相联系，是众多研究对象里最具有典型特点的。例如，要研究"某药科学校培育药学品牌专业的教学情况"，我们就需要选取该学校药学专业若干有代表性的优秀教师，可以听他们的课，也可以通过访谈、记录他们的教学故事。

选择研究对象是研究得以进行的保证，研究者需要引起足够的关注，因为叙事研究是深深地介入到职业学校，深入到教师教学和生活的第一线，就需要研究者和教师建立一种良好的合作关系，保持默契的互动和平等的对话，这也是职业教育叙事研究成功的前提。叙事研究不仅仅是在选择研究的对象，更是在选择合作的伙伴。因此，要做好职业教育叙事研究除了要选好具有代表性的样本，还要求研究对象具有以下几个条件。

一是研究对象要有合作的诚意。研究的合作是基于双方彼此的信任度所决定，这是研究最基本的伦理所要求的。职业教育叙事研究首先要征得研究对象的同意，然后才能把研究对象的生活、教学故事公开化。所以，在整个研究过程中，需要研究对象把自己的思想袒露给研究者，尽量相互信任。这样才可以顺利地进行研究工作。

二是研究对象具有研究的愿望。职业教育叙事的研究对象很多情况下是人，并不是被动地参与研究，不仅需要研究者去收集资料，同时也需要被研究者主动地配合，发掘研究所需要的素材，所以研究者要有足够的热情去尊重研究对象，研究对象也要有积极配合研究的热情和研究的愿望，这也是研究能顺利进行的保障。如果研究对象不具备这样的前提，研究者就不可能掌握充足的、真实的第一手资料，即使有研究成果也是不够具体、真实的。

三是研究对象也要具有一定的研究能力。职业教育叙事研究并不是某一个研究者单枪匹马就可以完成的，需要多个方面的配合才可以。研究对象不仅要有合作的热情和愿望，还要具有相应的科研能力。这样研究者与研究对象在讨论中，教育故事所包含的教育信念、教育认识，就会更快地清晰起来，研究对象的看法也会弥补个体研究者的不足。在彼此的理论与实践汇集下，发现教育的真谛变成了一件容易的事情。

（三）进入研究现场

研究现场是指研究者观察、了解研究对象的真实环境。这里讨论的研究现场特指职业教育叙事研究的研究现场。因为职业教育叙事研究的现场只有在职业学校的校园、老师、学生中，因此走进研究现场就意味着研究者要走进职业教育的第一线，与研究对象一起工作、生活。如果不走进研究的现场，就难以获得"原汁原味"的现场资料，也就无法把握产生教师行为、观念的深层原因。因此，研究现场是职业教育叙事研究获取真实资料的直接来源。

进入研究现场的方式是多种多样的，研究者可以在自然状态下轻松地融入，也可以创设特殊的情境快速地融入；可以直接通过他人的介绍而走进现场，也可以间接地在观察中逐渐走进现场；可以通过直接观察研究进入现场，也可以通过周围的环境间接地一点一点地进入其中。但是无论以什么方式，都必须征得研究对象的同意，得到研究对象的许可。这不仅仅只是研究伦理的要求，也是教育叙事研究需要研究对象多方面合作的要求。

研究者到达现场后，需要注意两个问题。首先，职业教育叙事研究要与研究对象（或研究的参与者）建立良好的合作关系。叙事研究重视研究双方的体验，研究者在研究过程中密切关注故事的情节和对方的情感体验。这样，才有利于研究者根据参与者之间所建立不同程度的亲近关系来记录、理解、体验、思考现场。北京大学陈向明教授认为研究者可以长时间地在现场活动，与研究对象交流，使自己逐步地成为对研究对象所能接纳的"自己人"（局内人），同时也不忘以理性的视野去审视现场。其次，研究者还要全面地观察现场。例如，要研究一位优秀中职教师的教学成长经历，仅仅研究几天是不够的，因为你没有从他成长的每一个阶段去研究，没有把他放在教育和文化的历史大背景中去研究。因此，研究者要长时间地生活在现场，频繁地与研究对象交流，通过多种方式收集叙事研究所需要的资料，这样研究才会全面，同时也会提高研究的可信度。

（四）进行观察访谈

观察为研究者做职业教育叙事研究带来了现场情景的氛围，访谈则是研究者在观察中获得的外部感受得以深化。观察访谈也就成为职业教育叙事研究收集资料的主要方式。

对于职业教育叙事研究来说，观察访谈是在研究现场收集资料的有效方法，可以理顺研究者的思路、使研究更加清晰明了，也是促使研究逐步由表及里、由外至内，从而将叙事研究推向更深处的过程。

职业教育的观察是指通过感官或辅助仪器，有目的、有计划地对在自然状态下发生的职业教育相关现象或行为进行的知觉活动。观察力求客观，尽量避免研究者先前已有的主观偏见对研究造成干扰。在职业学校的校园、课堂、行政机构里，通过观察都会给研究者提供来自视、听、嗅、触、味等五官感觉或凭借眼、耳、身、脑等多种渠道获得经验。它是生动的、形象的、活泼的，它为教师的叙事研究带来了真实感、情境感、现场感，职业教育叙事研究也因此具有了不竭的源泉。访谈则是研究者与研究对象的直接交谈来收集所需资料的调查方法，职业教育访谈需要研究者与研究对象在教室、家里、办公室等场所围绕着专门的话题有目的的谈话。访谈追求开放，被采访者在研究者设计的一系列开放性问题中轻松地回答。

职业教育观察访谈是围绕着研究的问题而进行。因而要求研究者一方面要具有敏锐的观察力，能够捕捉到有意义的事件作为研究的对象；另一方面要具有亲和力，能较快和被研究对象建立合作的关系，使访谈得以顺利进行。

（五）整理分析资料

职业教育叙事研究收集到的资料有其特殊价值，当我们把它与一定的时间、地点、环境联系起来，它才会把真实的面貌展现给我们。职业教育叙事研究离不开对所收集事件的整理分析，其主要的工作就是对一系列的资料（口述史、故事、谈话、访谈、笔记、日记、书信、档案等）做反复的阅读与思考。每一次整理资料的过程，都是研究者（也许就是教师本人）与这些事件的再次重逢，研究者每一次地阅读就是与这些事件的生命进行对话的过程，都可能让研究者产生新认识、新感悟，从而对事情产生新的意义解释。在职业教育研究中，整理分析资料特别要注意避免研究者原有偏见的影响。研究者要充分尊重被研究者以及所述的事实，尊重来自研究对象的声音，要让资料自己说话。当然，每位研究者都会拥有属于自己的价值判断，都会对所述事件有自己的看法。但是，职业教育叙事研究强调的是对事件真相本身的分析，是基于所述资料事实进行符合材料实际的分析研究。研究者切不可撇开事实而主观臆测。否则，叙事研究就偏离了研究的真正的结果。

职业教育叙事研究整理分析资料的中心任务就是要形成一个合理的故事主题，即叙事研究的结论。从这个主题我们就可以看出这个故事告诉我们什么？揭示了一个什么样的教育内涵？为了更好地突出这个主题，研究者往往要从收集到的大量资料中寻找"本土概念"。所谓"本土概念"（Native Con-cept），就是表达故事的主题的概念，但它不是用理论术语来陈述，而是用研究对象经常使用的，符合他们生活环境、文化背景、表达习惯的语言形式，因此它是"本土"的，生活化的。[①]本土化概念必须来源于原始资料，扎根于其中，在此基础上才能建构起叙事的基石。形成"本土概念"后，叙事研究便有了"独特的个性"，叙事研究成果便有了表达独特观点和真实感受的空间。例如，在研究"学生报读职业院校动机的叙事研究"时，研究者在调查中发现，当问及为什么报考中职学校时，回答重复最多的一个理由就是"有个技术可以养活自己"。于是，这句话便是研究结论最合适的"本土概念"。

研究者整理、分析资料、形成整体、寻找"本土概念"等环节，并不是由单个研究者可以完成的，这就要求研究者和研究对象在友好合作的基础上，寻找最佳的合作方式。

（六）撰写研究报告

研究报告的撰写是在前面观察、整理、分析资料等大量工作的基础上进行总结性的归纳。职业教育研究报告通常是一篇夹叙夹议的故事，既要描写详尽，又要做到从整体上分析故事。既要包括研究者通过观察所叙述的故事，更要包括研究者对故事的议论性的分析。前者为后者提供了原始的材料，后者为前者赋予了深刻的内涵。

职业教育叙事研究所呈现的科研成果一般要从这样几个部分来叙写。

---

① 刘志军．教育研究方法基础[M]．北京：人民教育出版社，2006，214

（1）介绍研究对象相关的背景知识，包括研究关注的理论问题、研究对象的基本情况、研究对象附近的相关环境、进入现场的方式等。

（2）叙述故事的全部及议论。这是研究报告的重中之重，在叙述的故事里提出故事的主题形成的过程。研究者合理地选择典型故事，并且通过收集的资料作为依据，尽可能地把被研究者的内心体验和心理活动描写出来，对故事进行合理的推理，引出教育理论观点。教育叙事研究单单对故事进行描述还是远远不够的，还要有细致的描述和深刻的分析。在具体的、偶然的、多变的现场里去分析种种关系，解释在故事表面的实证研究所看到的"想象的事实""数字臆造的事实""你所期望的事实"背后的教育意义。这使教师生活故事得以更丰富地呈现，也因此具有教育研究中不可替代的意义。除了对故事的深描以外，研究者还要把故事中的诠释和议论呈现给读者。因为教育叙事研究的意义就在于通过诠释、议论、评价等手段，把蕴藏在平凡故事之中的不平凡的意义被读者领会和把握。

（3）阐述结论，即结语。职业教育叙事研究报告在写作结尾要突出故事的主题并阐述研究者的观点。把教师的生活淋漓尽致地展现在读者面前。从而使教师的生活故事焕发出理性的光辉和智慧的魅力，使教师的生活世界走向人文的殿堂、灵魂的升华。

在结构主义叙事研究方法中，宾夕法尼亚大学的威廉·拉博夫（William Labov）认为叙事研究具有形式的属性，所述的故事也具有一种功能，具有"完整形式"。所以，可以将故事结构分为六个因素或部分。

①"摘要"，在研究报告的前面，包含故事的主题及其简单的介绍。

②"定向"，介绍时间、地点、人物、环境等。

③"纠纷"，叙事研究的主题部分，主要是介绍某一复杂矛盾冲突为中心的一系列事件。

④"评价"，即故事的重要性和意义，叙事者的反思、态度。

⑤"解决"，即最后的结果是什么，是对故事发生结果的描述。

⑥"尾声"，一般出现在故事的结尾，表示故事的结束并用"语言视角"回到现在。

第三节　职业教育教师如何做叙事研究

在国家大力发展职业教育浪潮的推动下，职业学校教师专业化发展显得尤为重要，职业教育叙事研究成为教师反思教学、革新观念、提高专业水平、促进教师专业化成长的有效途径。就职业教育科研来看，职业学校教师开展叙事研究却微乎其微，还没有认识到教育叙事研究的价值，因此，职业学校教师在教学和科研实践中做好教育叙事研究非常必要。这对于教师积累教学经验，共享教学智慧，改进教学质量，增进研究能力起到了积极的作用。

从教育行为涉及对象看，可以分为教学叙事、生活叙事（管理叙事或德育叙事）、自传叙事；从叙事内容看，叙事研究可以分为：教育行为者的教育思想、教育活动、教育行为对象；从叙事主体看，叙事研究可以分为个体叙事和群体叙事。

一、职业教育叙事研究的内容

职业教育研究中的叙事研究，立足于职业教育学校及日常的课堂教学实践。换句话说，学校和课堂成为职业教育叙事研究的主要内容。现在的叙事研究集中在对课堂教学的研究，除此之外还有很多教师、学校管理、班级管理等事物，这些都是值得研究者所关注的。一般来说，职业教育叙事研究包括以下几个方面。

（一）教学叙事研究

教学叙事研究是以师生在课堂教学的行为作为研究内容，教师在课堂上通过言语、行为举止来展现自己，全面地展示自己的教学技术和教育智慧。教师的教育认识、看法、见解、理念等渗透于日常的教育活动中。研究者（也可以是教师本人）将某节课的所有的教学过程或细节记录下来，成为一个相对完整的教学故事，其中在教学故事中，对研究者有价值的信息则集中反映在教育中的智慧和教学中的矛盾冲突。所以，研究者要特别关注课堂中的细节，关注师生的表情、言语交流和非言语交流（如体态语）。

教学叙事研究初步成果是通过研究者的课堂实录方式，把整节课或某一些重要的片段完整地记录下来，其写作方式是夹叙夹议的直录形式，教师可以用第一人称来叙述教育故事。例如，"我想……""我那时想……""我好想……""如果用这种方法去教课，我会……"等句式。这样的叙事就把教师的理念和思考附加在具体的故事上，更能鲜明地突出教育故事的主题。

教育叙事研究并不单单是一个人单枪匹马搞研究，职业学校教学叙事研究可以根据自己的科研力量采用多种形式。在职业学校比较流行的"公开课"制度，就是一种教师自己来做研究，通过其他老师的观摩，课后以集体讨论和教师自

已反思的形式相结合，教师在听取众多老师的意见后，最后总结分析写成属于
自己的教学叙事研究报告。一些职业学校为了提高教学质量、交流教学经验，
专门成立了"教学教研室"，把同一学科的教师组织在一起，集体备课、集体讨
论问题，这样教师们在一起集体讨论问题往往会引出许多教学故事，各自发表
自己的想法，彼此交流经验与分享资源。教师们的各种思想交汇更容易产生新
思想和新方法。职业学校教学叙事研究不仅要组织本学校的教师联合来做叙事
研究，而且鼓励教师和专家合作，有了专家的合作，弥补了各自在理论和实践
上的不足，更能创造出高质量的研究成果。

职业教育教学叙事研究的根本目的是通过教师参与写自己的教学故事，以
便为教师的行为寻求到足够的理论支撑，为教师的教学建构起思想的框架，最
终达到反思自己的不足。由于教师的反思总是以某一教学理念的标准去审视自
己的教学行为，所以教师的个人化的教学理论，以及教学行为将经由这种"反
思"发生转化。

(二)生活叙事研究

生活叙事研究是对课堂教学之外所发生的生活事件而展开的叙述研究，涉
及教师日常生活、班级管理工作、班主任工作，等等。在课堂之外的生活中，
每时每刻都有可能会发生各种各样的故事，很多故事都充满着矛盾冲突，并蕴
涵着解决矛盾的教育智慧和自我反思。有学者建议把可生活叙事称为"德育叙
事"和"管理叙事"[①]，一起构成"生活叙事"。

1. 德育叙事

职业教育德育叙事研究是针对教师的德育工作为研究对象。当前，职业学
校的德育工作日益成为全社会所关注的焦点，因为职业学校学生的年龄正是形
成世界观、人生观、价值观发展的关键期，职业学校学生德育工作的好坏直接
影响着是否能培养千千万万社会主义合格技术人才的任务。在德育这方面，叙
事研究有着不可替代的价值。除了日常的授课，教师的德育活动广泛地存在于
师生之间的接触中，教师组织的专题德育课、参加社会实践、党团工作会议等
事件都可以作为叙事研究的素材加以记录，形成德育成果。在叙事中体现出教
师德育的观念，教师的工作艺术，师生和谐关系的协调能力和教师饱满的精神
面貌。因此，德育叙事是教师尤其是班主任记录、分析、提升、交流德育经验

---

① 刘良华. 校本教学研究[M]. 成都：四川教育出版社，2003，120

的最佳方式之一。

职业教育德育叙事研究按素材来源来分可以有两种途径。一种是在职业学校突发的事件。研究者看过整个事件后，把事件的来龙去脉详细地记录下来，重点记录职业道德的要求与学生的行为之间的矛盾冲突。不同的教师运用不同的德育理念就会有不同的处理方法，因此事件的记录凸显出不同教师的教育智慧、教育艺术、教育风格。另外一种是对教师组织的主题德育活动的记录。其主要的形式是"主题班会""先进事迹报告会""党团会议"等，在这种有主题的会议活动中，学生会广泛地参与其中，发表自己的看法和观点。这样的教育叙事研究则体现出教师引出问题，学生则成为主题讨论的主体。例如，本章第四节教育叙事研究案例《德育之人生叙事》就是属于这种研究内容。

2. 管理叙事

职业教育管理研究一般包括宏观和微观两个层面的研究内容。职业教育宏观层面的研究包括职业教育的政策制定、实施，职业教育的规划等。职业教育微观层面的研究包括某一职业学校的课程改革、校园管理、班主任管理等。对于职业学校的教师来说，班级管理是叙事研究最主要的材料来源，教师坚持把每天在班级管理中发现的事件记录下来，反复地阅读材料，不断地反思已经发生的事件。这就需要教师要有研究者的意识和毅力，除此之外，还要有一双敏锐的眼睛去发现班级里有价值的管理事件。例如，本章第四节教育叙事研究案例《班级管理的趣事》就是属于这种研究内容。

（三）自传叙事研究

自传叙事是教师个人以自传的形式记录、整理、思考自己的职业经历。教师的劳动不是日复一日地重复劳动，而是每一天都有新发现，每天都有新体会。自传叙事研究把教师的自我研究领域提到了一个较高的水平，即教师把自己的教育经历作为研究的背景，系统地、全面地把生活的点点滴滴汇集起来，发现平淡的生活里有研究、也有反思。自传叙事研究要求教师对自传中自己的言行做出合理的解释，这样教师能认真地回忆自己当时的心理状况，凸显矛盾冲突，促使教师更能深刻地自我剖析与反思，从而产生新的教育感悟，直到教师教育思想的自我升华。在研究过程中，强调老师们以"我认为……"或"我不认为……"等方式提出自己所相信的教育理论。老师们以这种说话的方式学会"自我反思"，并经由"自我反思""自我评价"而获得某种"自我意识"。所以说，我们通过教师的自传叙事研究，从中不仅可以看到教师的教育轨迹、教育信仰和教育思考，还可以看到教师自己对教育的深刻剖析和重新认识。

教师有意识、有目的地把自己日常教学的故事以研究的形式编写，或者通过研究日记、日志、书信等资料，比较准确地反映当时某一时间发生事件的缘由，以及教师对事件的感受和态度。这样教师就成为了研究真正的主人，由自己去研究自己的教育实践，更有利于形成个人对教育的新认识，提升从事教育活动的理性思维，获得自我的提高。例如，《交流—词汇教学》(载《高职英语任务型教学法探索的叙事研究》2008 年)就是属于自传叙事研究的例子。

二、职业教育教师如何做叙事研究

如何在职业学校的研究中进行叙事研究呢？现总结如下：

(1)职业教育叙事研究立足于学校，根植于日常真实的教育教学实践。可以是教学智慧的记录，也可以是意外的事件，甚至是教学冲突，但是真实性是研究得以继续开展的前提。既使为了研究对故事进行了技术性的调整或补修，也不能虚构故事的情节。真实性是开展研究的前提，更是研究的根本。

(2)职业教育叙事研究的记录不是流水账，不是教学教案，而是有教学事件、有心理活动、有教学冲突的完整故事，是具有描述记录、深刻反思的夹叙夹议的叙事散文。

(3)完整的职业教育叙事研究必须包含一个或几个教学事件，这样的教学事件需要具备两个条件。第一，故事中要有一个突出的主题，或是有意义的教学问题，或是很意外的教学冲突，但是都要突出一个主题。第二，故事必须具有典型的特征，体现在教师能用相关的理论自圆其说，有较强的代表性和说服力。

(4)职业教育叙事研究采集资料要多元化，除了去现场获取资料外，还要尽可能收集到日记、口述、书信、日志、照片等，这些资料往往会揭示许多意想不到的有价值的信息。

(5)职业教育叙事研究需要深描与反思的结合。深描强调尽量描写教学事件发生时的心理活动，这就会使叙事时常常用到"我当时想……""我那时候想……""我猜想是……"，这种描写可以看到附着在教师背后的教育理念、教学思想。好的深描也为反思做好了思想转变的基础，在事件发生后，教师的反思也出现了，所以往往在叙事报告中常常用"事后想想……""其实这件事情可以这样办……""我做的真的很好吗?""以后遇到这种事情，我会……"等的句子。有了深度的描述，促使教师在遇到教育事件时显露、转化自己的教育思想，提高自己驾驭教学的能力。

（6）在职业教育叙事研究过程中，必须要提炼一个主题。主题就是在故事中需要解决、思考的问题，是整篇文章的眼睛。这个主题是源于教师在实践中某个或几个事件产生的，在实践中引起反思。因此，主题不是将一个理论、观念作为"帽子"，然后拿几个教学案例作例证。恰恰相反，它是源于实践，在思考、反思中得到升华的教育经验。

（7）职业教育叙事研究是一个循环往复的过程。对教育的探索与追求是没有终点，叙事研究在发现问题之后，提出解决问题，通过思考、反思，最后达到自我的提高与升华。但是这不是我们职业教育叙事研究所要追求的最终目的，我们想要的是教师不断地发现问题，直至不断地自我提高与升华。这种循环往复的过程如图 8-2 所示。

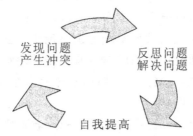

图 8-2　职业教育叙事研究是循环往复的研究过程

整体来说，教育叙事研究是比较新的研究范式，其研究标准和规范还处于摸索阶段。研究者还要继续深入理解教育经验，提高叙事研究的质量。所以，职业学校的教师仅仅知道叙事研究的方法是远远不够的，还必须要有发现问题、反思问题的思维习惯，在故事中挖掘教育的意义，以提高职业学校教师的研究水平。

三、职业教育叙事研究的局限

职业教育叙事研究具有简单、灵活、便于理解等优点，特别是对于一线搞研究的教师来说帮助很大。但是，我们也应该看到每一种研究都有其研究的范围和缺陷。

（一）主观性强

职业教育叙事研究的形式，多是简短的记述文、日志、故事等，这就意味着叙事研究很容易受研究对象的情感和个人倾向的影响，随意性较强，导致研究者的错误判断。这就需要研究者有敏锐的洞察力和合理的判断能力。

(二)缺乏普遍的推广性

职业教育叙事研究大多是在小范围内进行的研究，其研究对象或是单个的人，或是一个小团体。由于研究过多地关注细节，往往这些单个的故事都是个案研究，依赖于具体情景中的特殊情况，不一定能得出一般的规律。因此，叙事研究的结论只适合一个小的范围，难以推广。

(三)没有统一的评价标准

在我国，职业教育叙事研究还没有统一的评价标准，评价什么？按什么标准去评价等一系列问题，都需要进一步去探讨。

在我国，职业教育叙事研究算是刚刚起步，但已有一定的研究成果，不仅涌现了一批理论专著，而且在教育实践上也出现了可喜的成果。借助现代信息技术的发展，教育叙事研究传播的载体也有了新的趋势，以建立了许多有代表性质的网站为标志。例如，刘良华主持的以"教育叙事研究"命名的网站；黎家厚建立的名为"东行记"的网站。

为了使职业教育叙事研究健康的发展，职业教育研究者需要明确以下几个问题。

(1)职业教育叙事研究一定要树立伦理观的意识。

(2)职业教育叙事研究者要具有合作的意识和精神。

(3)职业教育叙事研究有其使用的范围，它作为质的研究方法的一种，可以和量的研究一起使用，研究效果将会更好。

(4)职业教育叙事研究是一种刚刚起步的研究范式，缺乏一定的评价标准，不能按照自然科学的标准和定量研究的要求来衡量叙事研究的科学性。

(5)职业教育叙事不同于职业教育叙事研究，教育经验的表达也不同于教育理论的表达，所以从事职业教育叙事研究，要提高学术能力，注意构建学术理论。

第四节　职业教育叙事研究案例

职业学校的教育已经向普及型和大众化的方向发展，原来入学者的入学条件正被逐步淡化。但是，职业学校的学生出现了年龄偏小，身心发展不成熟，容易受外界干扰等心理特点，其中绝大多数学生是因为中考的失利才选择了中职学校，自卑心理重，自信心不足是其显著特征。有些学生则表现出法律意识淡薄、讲义气、遇事冲动、逆反心理强等特点。因此，在职校学习生活中常常会发生我们始料未及的事情，它足可以成为我们叙事研究的素材。下面的两个案例，就为我们提供了解决这类问题的行动研究的榜样。

案例一：德育之人生叙事[①]

我是一所中等职业学校班级的班主任，我所任教的班级是直升班，刚接班的时候，班级里打架斗殴，上课因吵闹而教师无法顺利上课的事件时有发生，面对这些令人头痛的事件和学校的压力使我在处理这些问题时对学生过于严格和态度粗暴，导致我与学生间的距离越来越远，并使学生产生了逆反心理，使班级管理陷入失控状态，经过了几个不眠之夜后，我反省了自己存在的问题，于是我在全班同学面前真诚地反省了自己在处理问题时的简单和急躁，并请同学们原谅。此举赢得了同学们的谅解和掌声。接着我又讲述了发生在我曾任过班主任的往届班级中的一个故事：那个班级我连任了3年班主任，同学们和我关系非常融洽。在我眼里，他们是全校最棒的学生，按照他们的话说："我们班级既有人才又有鬼才。"无论学校的什么活动，我们班级都是遥遥领先。毕业后，我对他们寄予了厚望。可是过了几个月后，却传来一个令人震惊的消息：我一向非常看重的、一个为班级在运动会上立过汗马功劳的体育委员和另一个在画画方面很有特长的宣传委员，因有预谋地抢劫所在公司的2000元钱而被判刑3年。我在悲伤之余，也深深地感到内疚：或许是因为自己的管教不严和宠爱而导致了他们的犯罪。因为，其中的那个宣传委员在校时曾有过打架的事件，但当时学校教导处在调查时并没有找出"真凶"，而我知道他是打架的主谋，但出于对他的偏爱没有向学校汇报，而是进行了一番说服教育后，不了了之。也许就是由于我当时的包庇而导致了他的胆大妄为以致犯罪。如果我当初对他严格要求，也许他会从中吸取教训，而不至于触犯刑律。听了我的叙述，同学们都陷入深思，对以上两位同学的事件表示非常的惋惜，也对我的严格要求表示了理解。事后，同学们都纷纷向我打听这两位同学的现状。当这两位同学出狱后，我又把他们请到了班级，用他们的亲身经历给全班同学上了一堂生动的法制教育课。经过这件事后，几个爱打架的学生状况明显好转，而且经过我的多次鼓励，他们成了我管理班级的左膀右臂，并且对我教的课也表现出了特别的爱好。通过这件事使我感悟到：只凭简单的批评和指责并不能解决问题，如果用自己

---

① 张俊梅. 德育之人生叙事[J]. 中国职业技术教育，2004(32)，47—48

的真心去打动他们，用发生在自己身边的故事去说服教育他们，其效果远远胜过"灌输"和"处分"。此后，我经常留意班中及周围发生的一些有教育意义的事件，然后以故事的形式，有时让学生讲，有时自己讲，以此达到班级教育和管理的目的。经过一桩桩的生活叙事，在班级中起到了潜移默化的作用，我班由原来的"问题班"成为高二年级的先进班集体，各项评比均名列前茅。

作者的思考：略

反思或评析：略

案例之二：班级管理的趣事

我是一所中等职业学校的老师，2007年毕业就在这所学校教汽车运用与维修技能，说到我所教的班级，就不得不说旷课的问题了，谈到这个问题就不得不提起那些帮人答到和帮人请假的"英雄"了，有时候点到某一个缺席的同学时，便会有几个人帮他喊到。刚当他们的老师时，我还真被他们骗住了，随着我对他们一天一天的了解，他们的诡计便被我识破了。

有一次，几个学生熬夜上网玩游戏，因此没来上课，我便开始点名了。"到!"其中有男同学，也有女同学同时喊到，这时我便意识到同学们又在和我玩捉迷藏，我就反问一句："×××是男人还是女人啊?"这时全班哄堂大笑。

还有一次，是我从教以来非常难忘的，那天是给电子信息工程系的同学上汽车运用与维修技能，刚到教室我就发现班级的同学三三两两在一起聊天，并且班级里的同学明显少了很多，我开始点名了，"×××"，"他去参加比赛了"同学们答道。这样下来足有十多个同学没有来，这时我很生气，根本没有考虑到他们是不是真的参加比赛了。我大喊道："他们这节课不来上就永远别来了，我没有这样的学生，"这时整个教室都沉浸在安静之中，没有一个人敢说话了，就这样在安静中我顺利地上完了课。

当天晚上我回到寝室上网，意外中突然发现一则今天的新闻，新闻上说电子信息工程系的同学代表学校参加比赛获得了冠军，看到这则新闻我陷入了久久的深思。我真的错了，我都没有调查清楚就乱下结论，我应该相信我的学生。其实，今天上课之前我接到父亲的电话说母亲生病住院了，所以心情不好也是导致没有克制自己情绪的一个原因。作为老师我有必要反思这件小事，我把自己生活的情绪带到了课堂是错误之一，没有调查就乱下结论是错误之二，还有什么错误，是不是我的教育观有不对的地方了?

经过一夜的考虑，我觉得我应该去勇敢地面对我的错误，第二天，我便找到了那几个"旷课"的同学，告诉他们老师为他们昨天在赛场上的表现而感到自豪和骄傲，还说欢迎他们能来上课。上课的时候他们都来了，我也在全班同学面前向他们道歉。最后全班在热烈的掌声中原谅了我。

经过这件事情后，我想如何才能从根本上杜绝旷课了？让点名成为师生拉近距离的手段而不是单纯为了杜绝旷课。

作者的思考：略

反思或评析：

其实，课堂点名是教师维持教学秩序的一种方法，同时也是拉近和学生距离的一种手段。本文的作者从旷课这一老生常谈的矛盾入手，由故事来突出矛盾，在矛盾中反思自己的行为。最后，提出了一个更大的思考，这样的叙事研究就成为教师不断发展、进步的有效途径。

第九章
职业教育研究的定量分析法

在前面几章，我们学习的职业教育实验研究法、观察研究法、调查研究法等都属于定量研究。那么我们如何对上述研究所取得的数字、文字、图形、声音、录像等进行分析，这就是本章所要解决的问题。

第一节　定量分析的概述

要全面、准确、快速地掌握定量分析方法，必须先了解定量分析的概念、特征、意义等基本的定义和原理。

一、定量分析的概念

在教育研究方法中，关于定量分析的定义历来说法不一，尤其是在职业教育研究中，至今也没有确切的定义。但是，要进行定量分析研究，还是需要明确定量分析研究的概念，这样才能有一个明确研究的起点。

有人这样定义：定量分析是对社会现象的数量特征、数量关系与数量变化的分析。其功能在于揭示和描述社会现象的相互作用和发展趋势。[1] 孙建军等人在其编著的《定量分析方法》中这样认为：定量分析是在理论思辨的基础上，对科学现象内外部关系进行"量"的分析和考察，寻找有决策意义结论的方法。[2] 裴娣娜在《教育研究方法导论》中把定量分析定义为：是教育研究中另一个基本的分析方法。它赋予研究对象一种纯形式化的符号以反映事物的特征。[3] 在上述定量分析的定义中，我们不难发现，他们都强调"量"在定量分析中的重要性。那么，在职业教育研究中，这个"量"到底包含哪些内容，"定量分析"到底是如

---

① 资料来源：http://baike.baidu.com/view/180744.htm? fr=ala0
② 孙建军等．定量分析方法[M]．南京：南京大学出版社，2002，2
③ 裴娣娜．教育研究方法导论[M]．合肥：安徽教育出版社，1995，344

何定义的呢？

在职业教育研究中，关于"量"的词汇，我们首先联想到数量、质量等，这是从"量"的表面意义来说的，从"量"的深层意义来说，数字、文字、图形、声音等也包含了许多关于"量"的信息。那么在职业教育研究中，到底什么是"定量分析"呢？我们知道，在职业教育研究中，经常要做一些实验、调查、观察等，在这些实验、调查或观察研究中需要对一些实验的数据、调查的资料、观察的结果等做一些具体的可操作性的分析，以便更好地分析事物或问题的特征，从而找出解决问题的方法和策略。

二、定量分析的特征

上面我们介绍了定量分析的定义，那么在职业教育研究中，定量分析具有哪些特征呢？总的说来，定量分析主要具有以下几个特点。

（一）技术性。定量分析的技术性是相对于定性分析来说的。因为定性分析大多倾向于问题的解释、批判等，而定量分析则是对问题最直接、最透彻的描述和分析，是需要借助一定的工具或手段才能实现的，这种工具和手段就具有了技术性的特点。

（二）操作性。由于进行定量分析时要借助于一定的方法和工具，比如 SPSS 软件、Microsoft Excel 等工具，这就要求分析者具有一定的操作基础知识。因此，定量分析也就具有了操作性特点。

（三）逻辑性。研究者在进行定量分析时，一般可以沿着一条科学、理性的线路，就可以完成定量分析的过程。也就是说，如果研究者针对研究的问题设计了一套完整的步骤和程序，他按照这套步骤和程序就可以完成问题的定量分析。这种线性的步骤和程序体现出了逻辑性的特点。

（四）客观性。定量分析要求分析者要诚实、道德、不带有任何的偏见。因为定量分析是用数字化、符号化的形式出现的，容不得分析者在里面掺杂任何的成分。如果研究者在分析中不遵循客观事实，弄虚作假，这就使定量分析的结果失去了价值，也就失去了进行定量分析的意义。

三、定量分析的意义

（一）定量分析法是职业教育研究科学化的重要途径

数学是研究数量与形式的工具，而成熟的科学都致力于揭示研究对象之间的数量或形式的关系。只有在一门科学能对研究对象之间的相互关系及其基本规律，作出数学的(定量的或形式化的)描述之后，它才能算是一门精密的科学。教育科学研究对象的复杂性并不能否定它的研究对象的某些内在规律也必然通过量的关系存在。考虑到人的思维特点，甚至可以说正是因为教育现象的高度复杂性，教育科学可能更需要定量分析方法。至于采用哪一种数学形式，则是具体的技术问题，它是由具体教育现象本身的性质和研究需要的目的决定。

(二)定量分析法是职业教育研究方法中的主要范式

马克思哲学曾告诉我们，世间一切事物都具有质和量的规定性。事物的质与量是同在一定的"度"中的，人们对事物的认识是首先获得一定的质的认识，然后在此基础上，上升到量的方面，以求对事物的认识更准确、更科学。因此，在职业教育的研究中，由于我们面临的问题错综复杂，对各种问题的认识也缺乏统一和准确的观点。定量分析法综合采用数学、统计学、逻辑学等方面的知识、方法和思维方式，可以使我们在职业教育研究中，对问题的解决更加简便，说服力更充分，思维更加严密。因此，定量分析法在职业教育研究中起着重要的作用。

(三)定量分析是多学科综合研究发展趋势的必然结果

现代科学发展的一个重要特征是，各学科都在融合，向综合化迈进。由于数学方法在物理学中表现出卓有成效的作用。于是，它的成功唤起并鼓舞了自然科学家在自然科学之外的其他领域作出各种尝试，并取得了一个又一个的成功。

第二节　定量分析的过程和步骤

在定量分析中，一个完整的、系统的、灵活的、科学严密的分析过程和步骤是十分重要的，它不仅关系到对所要研究的对象或问题的明确程度，同时还关系到研究结果的信度和效度。

一、数据收集

定量分析的第一步就是必须收集到翔实、准确的数据资料，这样才能对定量分析打下坚实的基础。数据资料收集越充分、越全面，得到的结果也就越准确、越可靠。在职业教育研究中，数据的来源一般有以下几种途径：

(一)查阅文献资料

在日常的教学中，职业学校教师不可避免地会遇到这样或那样的问题，比如广西中职专业设置与所在市产业结构调整的对应状况，各专业招生人数多少？当面对这样的问题时，首先应该想到的是通过查阅文献资料。因为查阅文献资料是获得数据资料最直接、最有效、最方便、最快捷的方式。查阅文献一般适用于职业学校教师在研究某一课题的演变、形成历史和需要大量信息的时候。

(二)实验、调查、观察所得资料和数据

通过实验收集的数据，一般包括实验的目的、过程、结果等文字性信息，在定量分析时，必须"量化"这些信息。问卷调查在职业教育研究中，是主要的调查方法，譬如说针对学生兴趣爱好的调查、对农村职校学生生活补助的调查等。通过观察所获得的数据和资料一般是处于自然状态的，我们对其进行量化分析时难度比较大。

(三)其他途径

除了查阅文献、实验、调查、观察所得数据外，我们还可以通过网络、新闻报纸等方式取得研究课题或任务的数据和资料。这些资料有时也需要进行定量化的分析，以便科学、准确地获得研究的结论。

二、数据分类

数据分类是指按照所研究对象的属性和特点，根据研究目的的需要，采用一定的方法，将特点、类别、属性等相同或相似的数据放在一起，使数据条理化、系统化，并能准确、科学地反映出事物的本质特征和发展规律。一般来说，数据的分类方式主要有两种：

(一)按事物的品质标志分类

品质标志就是按照事物所具有的性质和特点，用不同语言名称来对事物的各种类别进行标志，它不能用数值来表示，也不能表明事物之间数量上的差异。比如在职业学校的类型中，可以分为高等职业学院、中等职业学校及各级各类的技工学校等；在中等职业学校中，可以分为一年级、二年级、三年级三个年

级；等等。

(二)按事物的数量标志分类

数量标志，顾名思义就是用来说明事物的数量特征，表示事物具体的数值。按数量标志进行分类一般采用按照大小进行排列。

三、数据统计分组和汇总

所谓统计分组就是根据所研究事物的特点和研究的目的，将所得到的数据按照某一标志划分到各个组别中去的一种统计方法。统计分组是数据整理中重要步骤。

(一)分组原则

在统计分组开始的时候，要确定好分组的标志和划分好分组的界限，且要坚持以下几个原则：

(1)要选择能够反映事物本质或主要特征的标志。

(2)应根据研究的目的与任务选择分组标志。

(3)根据现象所处的历史条件或经济条件的变化选择分组标志。

(二)分组方法

数据统计分组，按照不同的方法可以分为不同的组别，下面就介绍几种分组方法：

1. 按品质标志分组

按照品质标志分组就是用来反映事物的属性、性质的标志作为分组标志，就可以将总体单位划分为若干性质不同的组成部分。例如，在职业学校中，按照学生所获取能力类型，可以分为专业能力、社会能力、方法能力和综合能力等；按照课程类型，可以分为通用课程、专业课程等。

2. 按数量标志分组

按数量标志分组就是用反映事物数量差异的标志作为分组标志，将总体各单位划分为若干。

3. 按选择分组标志的多少分组

简单分组是指将研究的总体只按照一个标志来进行分组。例如，学校的学生按性别不同，分为男生、女生两组；学校按照类别的不同，分为普通学校、成人学校、职业学校。

4. 复合分组

复合分组是用两个或两个以上分组标志重叠起来对总体进行的分组。例如，将人口先按"性别"分成男、女两组，然后在男性和女性两组中分别按照"文化程度"划分为大学生及大学以上、高中、初中、文盲及半文盲。

（三）分组步骤

1. 确定组数

数据分组的多少，取决于数据的特点和数据的多少。如果数据分组过多，数据的分布就会过于分散，就不能凸显出规律性；如果分组过少，数据的分布就会过于集中，又会隐蔽数据的特点。因此，准确地确定组数，对于数据的统计和分析都是十分重要的。在实际分组时，人们可以按照斯特格斯提出的公式确定组数：

$$K = 1 + LgN/Lg2$$

其中，N 为数据的个数，对结果用四舍五入的办法取整数即为组数。例如，在对 100 名学生成绩分组的组数应为：$K = 1 + Lg100 \div Lg2 = 1 + 2 \div 0.3 \approx 8$，即应分为 8 组。

2. 确定各组组距

组距为每组下限与上限之间的距离。即：组距＝上限－下限，也就是组距＝（最大值－最小值）/组数。

例如，对于 100 名学生的成绩，最大值为 98，最小值为 52，则组距＝$(98 - 52) \div 8 = 5.75$。

这里特别说明的是，为了便于计算，组距一般取 5 或 10 的倍数，而且第一组的下限应低于最小变量值，最后一组的上限应高于最大变量值。

3. 根据组数与组距，把数据整理汇总成频数分布表

在上述我们对 100 名学生成绩的统计整理中，若以 5 分为组距，对 100 名学生的成绩进行分组，可以得到下面的频数分布表，见表 9-1：

表 9-1　100 名学生数学成绩频数分布表

分数	50—	55—	60—	65—	70—	75—	80—	85—	90—	95—	合计
频数	2	5	7	13	12	30	14	8	5	4	100

数据经过分组汇总后，可以采用统计表（见表 9-1）和统计图的方式展示或发布结果。

四、资料编码

所谓资料编码（coding）是指系统地将原始资料重新组织成为机器可以读取的格式（即便于计算机分析）。[①] 在职业教育研究中，当我们对收集到的数字、文字、图形、图像、声音等经过简单处理后，现预将其输入计算机进行分析，必须先对这些资料进行编码，因为计算机识别的是机器语言，也就是一些数字符号形式的语言。如果在研究中，我们收集到的资料是一些数字符号形式的信息，那么编码就非常简单，直接输入计算机即可；如果我们收集的信息是一些文字形式的信息，比如人的性别分为"男性"和"女性"，那么我们需要把"男性"编码"1"，把"女性"编码为"2"。再比如对某地区居民对农村职校培养目标的了解程度的抽样问卷调查中，有"很了解""了解""一般了解""了解很少""不了解"这几个选项，对其编码是把"很了解"编码为"1"，"了解"编码为2……"不了解"编码为 5，等等；如果我们收集到的信息是一些开放性的答案，那么我们必须按照定量分析的完整的步骤和过程。首先收集资料，其次对资料进行整理和分类，最后对其进行编码。对于开放性的答案的编码是一项非常烦琐和复杂的过程。

五、数据录入

数据录入是数据进行定量分析的一个前提。一般来说，Microsoft Excel、SPSS 等软件都可使用于对数据进行定量分析，SPSS 是教育研究中最常用的统计分析软件。在这里，我们就以 SPSS 软件为例来介绍。

（一）SPSS 概述

SPSS 是 Statistical Package for the Social Science 的缩写，是专业的通用统计软件包，它是一个组合式软件包，兼有数据管理、统计分析、统计绘图和统计报表功能，界面友好，使用简单，广泛用于教育、心理、医学、市场、人口、保险等研究领域，也用于产品质量控制、人事档案管理和日常统计报表等。SPSS 统计软件采用电子表格的方式输入与管理数据，能方便地从其他数据库中

---

① 劳伦斯·纽曼. 社会研究方法[M]. 郝大海译. 北京：中国人民大学出版社，2007，419

读入数据(如 Dbase，Excel，Lotus 等)。

(二)SPSS 的安装、启动和退出

安装：安装 SPSS 有多种方式，常用的有两种：一是从光盘安装；二是从互联网上直接下载安装。在这里，需要说明的是 SPSS 的版本有多种，我们这里以 SPSS11.5 为例。

启动：SPSS 安装完成后，下一步就是启动 SPSS。SPSS 的启动可以从桌面上的快捷方式"双击"鼠标左键，即可打开；或者单击 Windows 的"开始"按钮→选择"所有程序"→单击"SPSS11.5 for windows"文件选项→单击"SPSS11.5 for windows"即可打开。

退出：当数据统计分析完毕后，保存完所有数据后，退出 SPSS 窗口的方法有两种：一是用鼠标单击屏幕窗口右上角的"×"符号；二是用鼠标单击 SPSS 窗口中的"File"，从下拉菜单中找到"Exit"，单击该项或者使用该项的快捷键"Alt+X"。

(三)SPSS 窗口介绍

SPSS 数据编辑窗口如图 9-1 所示。

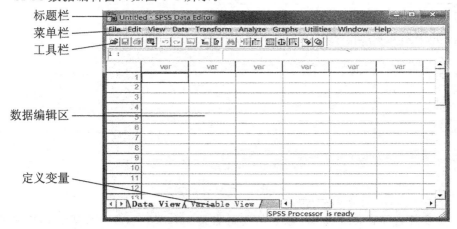

图 9-1 SPSS 数据编辑窗口

标题栏：主要显示所要编辑数据的文件名，如"某职业学校学生就业情况"等。

菜单栏：列出了 SPSS 的命令菜单，每一组菜单中的下拉菜单包含了一系

列的功能。主要有：File(文件操作)；Edit(数据编辑)；View(用户界面设置菜单)；Date(数据文件的建立和编辑菜单)；Transform(数据基本处理菜单)；Analyze(数据统计分析菜单)；Graphs(统计图形菜单)；Utilities(相关应用和设置菜单)；Window(窗口切换菜单)；Help(帮助菜单)。

工具栏：列出了一些常用菜单选项的快捷键。

数据编辑区：主要用于输入数据(Date View)，定义变量(Variable View)。

其他：如状态栏等。

(四)定义变量

定义变量主要包括定义变量名、变量类型、变量长度、变量标签和变量格式等，在 SPSS 窗口中(见图 9-1)，点击"Variable View"，打开定义变量窗口，如图 9-2 所示。

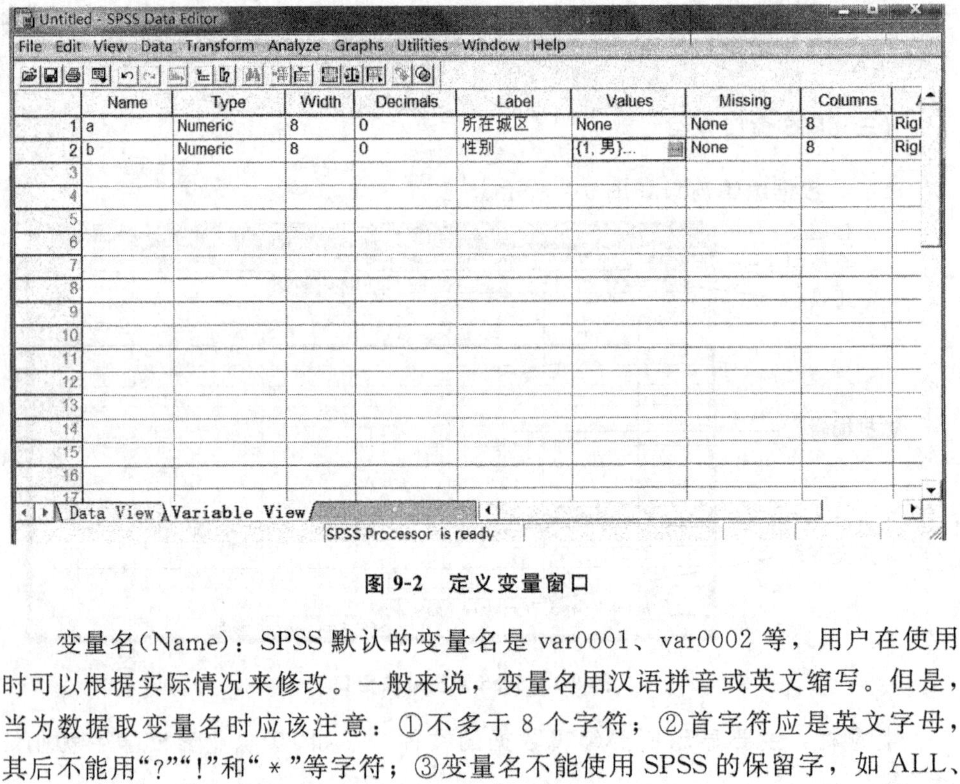

图 9-2　定义变量窗口

变量名(Name)：SPSS 默认的变量名是 var0001、var0002 等，用户在使用时可以根据实际情况来修改。一般来说，变量名用汉语拼音或英文缩写。但是，当为数据取变量名时应该注意：①不多于 8 个字符；②首字符应是英文字母，其后不能用"?""!"和" * "等字符；③变量名不能使用 SPSS 的保留字，如 ALL、AND、OR、NOT、RQ、GE 等；④变量名不区分大小写；⑤变量名必须唯一，不能使用相同的变量名。

变量类型(Type)：数据的变量类型选项中，主要包括 8 个选项：Numeric(数值型)、Comma(整数部分每隔 3 位加一个逗号，即加显逗号型)、Dot(3 位加点型)、Scientific Notation(科学计数法)、Date(日期型)、Dollar(美元标记)、Custom Currency(用户自定义型)、String(字符串型)。

变量长度(Width)：设置变量长度，当变量为日期型时无效。

变量小数点位数(Decimals)：设置变量的小数点位数，当变量为日期型时无效。

变量标签(Label)：是对变量名的进一步描述。如变量名命名为 a，变量标签是：城市居民的文化程度。

变量值标签(Values)：用于对变量进行赋值。点击"Values"即可出现，如图 9-3 所示。例如，我们对城市居民的性别进行变量值标签，把"男性"赋值为 1，"女性"赋值为 2。

其他：缺失值的定义方式(Missing)、变量的显示宽度(Columns)、变量的对齐方式(Align)、变量的测试尺度(Measure)等，一般选择为默认。

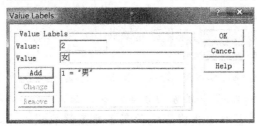

图 9-3　"Value Labels"对话框

(五)录入数据

定义完变量，下一步就是录入数据。录入数据很简单，把 SPSS 窗口切换到"Date View"。依次输入即可。

六、数据或结果分析

定量分析中最关键的一步就是对收集到的数据进行分析，在这里我们不再做详细的介绍。

七、书写定量分析报告

书写定量分析报告是定量分析的最后一个步骤，因为对问题分析结束以后，给读者或研究者是以书面形式呈现。因此，书写定量分析报告在定量分析方法中起到了画龙点睛的作用。在书写定量分析报告时要注意以下几点：

（一）完整性。一份完整的定量分析报告应该包括背景、目标、方法、过程和结果分析等。

（二）简约性。应把定量分析的结果用简约的语言呈现出来，使研究者一目了然。

（三）科学性。书写定量报告要遵循效度、信度等科学性原则。

（四）客观性。书写定量报告要正确、客观，不带有任何的个人偏见、态度、爱好等。

第三节　一个具体的定量分析案例

为了给广大一线的教师、研究者提供一个更加明确、更加清晰的职业教育的定量研究的思路、方法和过程，选择一个案例来详细地介绍定量分析的选题、资料收集、结果分析、报告撰写等，显得尤为重要。

下面这个案例为我们进行量化研究提供了优秀范式。

一、确定定量分析的问题

近几年来，随着经济社会的发展，社会上急需一大批掌握专门技术、关键技能等技术技能型人才。"以服务为宗旨，以就业为导向"的职业教育如何培养适应生产、建设、服务和管理第一线的高素质高技能型人才，其中教学质量是关键。教学设计代表了教师所要讲授知识或技术技能的思考过程，其设计的成功与否直接关系到教学质量的好坏。因而，一个成功的教学设计，已经成为职业教育教师能否把握课堂，能否取得优异教学效果的关键。针对这一背景，本研究确定以"职业学校教师教学设计能力"为定量分析的问题。

二、确定定量分析的目标

发现职业学校教师在教学设计方面存在的问题，从而对职业学校教师设计能力作出科学、客观和准确的定位。

三、确定定量分析数据的收集方式

定量分析的资料和数据收集方式有很多种，比如实验、观察、调查等。在这里，我们采用问卷调查的形式，问卷内容如下：

职业学校教师教学设计调查问卷

尊敬的老师：

您好！为了更好地了解您对教学设计的看法、观点或意见，我们设计了此份问卷。本问卷采用匿名方式，没有任何评价功能，完全保证您的隐私，请放心填答，谢谢！

注：请在下面的"□"内打"√"！

1. 您的性别：□男　　□女

2. 您从教年限：□2 年以下　　□2—5 年　　□5—10 年　　□10 年以上

3. 您所教学科属于：□专业基础学科　□专业技能学科　　□通识学科　□其他学科

4. 是否确定教学目标：　　　　　　　□是　　　□否

5. 是否分析教学目标：　　　　　　　□是　　　□否

6. 是否分析学习者特征：　　　　　　□是　　　□否

7. 是否分析教学内容：　　　　　　　□是　　　□否

8. 是否分析教学情景：　　　　　　　□是　　　□否

9. 是否搜集资料信息：　　　　　　　□是　　　□否

10. 是否制作课件：　　　　　　　　　□是　　　□否

11. 是否采用提问方式复习旧课：　　　□是　　　□否

12. 是否采用案例法导入新课：　　　　□是　　　□否

13. 是否采用问答法导入新课：　　　　□是　　　□否

14. 是否采用兴趣法导入新课：　　　　□是　　　□否

15. 是否采用集体班级形式上课：　　　□是　　　□否

16. 是否采用小组形式上课：　　　　　□是　　　□否

17. 是否选用讲授法上课：　　　　　　□是　　　□否

18. 是否选用案例法上课：　　　　　　□是　　　□否

19. 是否选用问答法上课：　　　　　　□是　　　□否

20. 是否选用演示法上课：　　　　　　□是　　　□否

21. 是否选用实践练习法上课：　　　　□是　　　□否

22. 是否选择教学媒体上课：　　　　　□是　　　□否

23. 是否设计形成性评价环节：　　　　□是　　　□否

24. 是否设计和实施总结性评价环节：　□是　　　□否

25. 是否布置作业：　　　　　　　　　□是　　　□否

26. 请结合您所教的学科，简要设计一个完整的教学设计流程。

问卷回答完毕，谢谢您的合作！

四、确定定量分析的方法

根据定量分析的目标，我们确定本次调查的分析方法主要有：频度和比例分析、相关度分析(此外还可以进行回归分析、预测分析等)。

五、选择定量分析的工具

我们针对上面的分类、汇总可知，我们可以通过两条途径实现问题的量化。一种是，传统的数学的方式，这种方法的特点是统计难度、资料烦琐、且容易出现疏漏；另一种是，借助一些软件，诸如 Micrsoft Excel、SPSS 等电脑软件来实现研究问题的量化。

六、资料、数据的整理

根据回收回来的问卷，为了方便对回收回来的问卷进行定量化的分析，需要对原始材料进行分类、汇总，并确定指标体系。

针对问卷的内容，对于问卷的客观题部分，我们直接赋值录入 SPSS 即可进行分析，本问卷把"是"赋值为 1，"否"赋值为 0。对于最后面的主观题，即"第 26 道题"采用统计汇总→整理分类→赋值录入 SPSS，也可在 SPSS 中实现对问题的量化分析。

如果我们要准确地分析和评价教师教学设计的能力，这时就需要对我们调查的指标构建评价标准和量化指标体系，在这里我们对上述问卷内容构建指标体系如表 9-2 所示。

表 9-2 职业学校教师教学设计能力评价指标体系

一级指标	二级指标	评价标准	单项得分	指标权重
备课(35)	确定教学目标	教学目标、教学内容等要具有科学性、针对性、符合学生身心发展需要、符合职业教育的教学目标；课件制作符合教学内容、交互性强、利于学生知识技能的掌握；……	5	0.35
	分析教学目标		5	
	分析学习者特征		5	
	分析教学内容		5	
	分析教学情景		5	
	搜集资料信息		5	
	制作课件		5	
复习旧课(2.5)	提问方式	提问结果很好地显现学生对知识技能的掌握情况	2.5	0.025
导入新课(7.5)	案例法	所采用方法要有利于提高学生的兴趣；有利于学生更好地进行下一环节学习；……	2.5	0.075
	问答法		2.5	
	兴趣法		2.5	

（续）

一级指标	二级指标	评价标准	单项 得分	指标 权重
上课(45)	集体班级形式	教学组织形式要体现时效性、节约型；教学方法选择要符合学生特点，体现全面性、全程性、发展性、真实性、综合性；教学情景选择要体现真实性、可模拟性等；教学媒体选择要遵循最小代价原则，有利于学生学习兴趣和动机的培养；……	5	0.45
	小组形式		5	
	讲授法		5	
	案例法		5	
	问答法		5	
	演示法		5	
	实践练习法		5	
	选择教学媒体		5	
	设计形成性评价		5	
课堂小结 (10)	设计和实施总结性评价	布置作业要适宜；评价方式要客观、公正；……	5	0.1
	布置作业		5	
合计			100	10

七、定量分析过程及结果分析

如果说上面我们所做的工作是一首乐曲中的前奏的话，那么现在我们进行的工作——定量分析过程就是这首乐曲的高潮了。关于定量分析的具体步骤和过程，我们已在本章第二节中介绍过，这里就不再赘言。针对本次定量分析的目标，我们进行以下几个方面的分析，结果整理分析如下：

1. 频数和比例分析

表 9-3 频数和比例分析表

所属类别	分析类别	出现频数	所占比例(%)
备课	确定教学目标	6	4.7
	分析教学目标	6	4.7
	分析学习者特征	24	18.9
	分析教学内容	19	15.0
	分析教学情景	4	3.1
	搜集资料信息	8	6.3
	制作课件	13	10.2

（续）

所属类别	分析类别	出现频数	所占比例（%）
复习旧课	提问方式	3	2.4
导入新课	案例法	15	11.8
	问答法	6	4.7
	兴趣法	6	4.7
上课	集体班级形式	84	66.1
	小组形式	15	11.8
	讲授法	78	61.4
	案例法	34	26.8
	问答法	18	14.2
	演示法	26	20.5
	实践练习法	60	47.2
	选择教学媒体	42	33.1
	设计形成性评价	31	24.4
课堂小结	设计和实施总结性评价	51	40.2
	布置作业	34	26.8

从表 9-3 中我们可以看出，职业学校教师在备课环节的设计能力薄弱。比如说，作为教学设计重要环节的分析学习者特征占 18.9%，分析教学内容占 15.0%，设计课件占 10.2%，所占比例都明显偏低。而作为教学设计的灵魂——确定和分析教学目标，竟只有 4.7%。在正式上课环节的设计中，采用班级集体授课方式的占到了 66.1%，采用小组形式的只占到 11.8%，采用案例法、演示法、实践练习法的占到了 20% 以上，分别为 26.8%、20.5% 和 47.2%，等等。

2. 相关度分析

从表 9-4 中可以得出，讲授法与问答法（$P=0.019$）、案例法与实践练习法（$P=0.042$）、演示法与实践练习（$P=0.000$）、问答法与实践练习法（$P=0.022$）相伴概率 P 均小于 0.05，故认为他们两两之间存在显著性的相关关系。而在剩余的，如讲授法与案例法（$P=0.081$）、讲授法与分组法（$P=0.561$）等中，相伴概率 P 均大于 0.05，故认为它们之间不存在显著的相关关系。

表 9-4 教学方法之间相关系数及显著性检验

分析类别　　分析类别　相伴概率	讲授法	案例法	分组法	演示法	问答法	实践练习法
讲授法		.081	.561	.286	.019	.292
案例法	.081		.065	.636	.641	.042
分组法	.561	.065		.530	.495	.254
演示法	.286	.636	.530		.669	.000
问答法	.019	.641	.495	.669		.022
实践练习法	.292	.042	.254	.000	.022	

八、书写定量分析报告

职业学校教师教学设计能力分析报告

分析问题：职业学校教师教学设计能力

分析背景：在全国职业教育如火如荼进行的时候，职教教师教学设计能力成为提高教学质量的关键。在信息化、知识化、科技化的今天，职教教师如何适应时代发展的需要，对教学进行精心的设计，使学生更好更快地学好知识技能。

分析目标：发现职教教师教学设计中存在的问题

分析过程：略

结果分析：通过对职业学校教师教学设计能力的调查、统计和分析，我们发现在职业教育中，职教教师的教学设计能力不强。

第十章
职业教育研究成果的表述与评价

对职业教育研究成果进行适当的表述，是职业教育研究工作极其重要的组成部分，也是研究的最后环节。对职业教育研究成果进行恰当的表述有益于应用和推广成果，从而产生出更大的社会效益和经济效益；同时为新的研究工作提供理论依据、建议和方案，进而推动教育改革的进程；更是我们向评审专家介绍自己成果，展示研究特色的关键所在，一定程度上影响着申请奖励的级别高低。因此，务必高度重视研究成果的表述与评价。

第一节　职业教育研究成果形式概述

职业教育成果的表述形式多种多样，根据研究成果产出的时间来划分，可以分为阶段性成果和终结性成果；根据成果的不同形式划分，一般有设计方案、实施方案、调查报告、研究报告、实验报告、总结报告、论文、著作、软件、教具等。其中，软件和教具等成果，可以通过制作光碟来呈现，而其他成果最终的呈现方式则是以职业教育研究论文或教育研究报告的形式表述出来。因此，职业教育研究论文、研究报告是职教成果表述研究的重点所在。

一、职业教育研究报告

职业教育研究报告是对职业教育研究中通过观察、实验和调查等实证性方法所收集到的职教研究实际材料以及研究结果等，以事实和数据方式呈现，并进行理论上的成果表述形式。其最为显著的特点是拥有客观事实材料和确凿的具体数据。

(一)职业教育研究报告与学术论文的区别

(1)职业教育研究报告以向主管机构(教育厅职成处、职业教育指导中心及教科所等)领导、专家和其他有关方面报告职业教育研究工作的进展情况，陈述研究所取得的成果为主要目的。而教育学术论文则是以阐述作者的学术观点、主张和创新见解为主要目的。

(2)职业教育研究报告的内容更广泛，既可反映职业教育研究成果，又可反映教育研究工作的进展、过程，还可以反映研究工作中存在的问题。而教育学术论文内容单一、专深，要求集中论述创造性的研究成果和所作出的科学性的结论。

(3)职业教育研究报告一般在职业教育研究各个阶段都可以灵活自由表达，力求以最快速度及时将研究情况和阶段性成果通报各方。而职业教育研究论文一般要在一个教育研究课题完成后，取得最终研究结论时才动笔。在国外，同一研究成果科研报告往往比论文早刊载一年左右。

(4)在表述方式上，职业教育研究报告更注重描述和说明，而科研论文则更注重论证和推理。

职业教育研究论文比较简洁精炼，突出地叙述某项教育研究工作中最主要的具有创造性的内容，而不包括一般研究过程的叙述。职业教育研究论文必须是对新的职业教育研究成果的反映，对职业教育有一定的推动作用，也具有学术上的价值。

职业教育研究报告是指关于职教调查、实验等研究工作的报告。它包括研究的对象、采用的方法和研究的全部过程以及对研究结果的分析，都要比较详细地叙述。职业教育研究报告的基本要求是所依据的事实确实可靠，研究和论证严谨、合理，得出的结论正确科学，但不一定必须有新的创造性的内容。

(二)职业教育研究报告的分类

职业教育研究报告的分类方法主要有以下两种：一是根据时间序列分类，职业教育研究报告可分为可行性研究报告、开题报告、初级报告、阶段性(进度)报告、结题报告等。二是根据研究中所采用的不同方法分类，可将研究报告分为观察报告、调查报告、实验报告以及经验总结报告等不同的类型。

(1)课题立项申请报告。职业教育课题申请书又称立项评审书，一旦立项获得成功，在举行开题报告前要撰写开题报告，其主要内容和结构基本与课题申报书差不多，主要是多出开头段的立项说明和结尾部分的子课题及组织机构安排和课题实施的阶段计划。为节约篇幅，下文中只以课题申报书的方式加以陈述。

(2)调查报告。调查报告是对某种职业教育现象进行调查，并将情况加以整理分析，以探究教育规律，找出解决问题的方法和途径的一种教育科学研究报告。

(3)实验报告。实验报告是在每项职业教育实验之后，对整个实验过程进行全面总结，从而提出客观的、概括的、能反映研究全过程及其结果和结论的一种职业教育研究报告。

(4)经验总结报告。经验总结报告是在职业教育实践过程中，通过积极探索，将积累起来的经验，经过筛选加工，分析研究，寻找规律，得出有指导意义的结论，并提升到一定的理论高度，使其具有更为广泛应用性的一种职业教育研究报告。

(5)职业教育课题结题报告。结题报告是职业教育课题完成后，项目承担单位或个人向课题主管部门递交的申请结题的文书。与调查报告、实验报告相比，结题报告是一种更为特殊的研究成果表述形式，它不仅是对整个课题研究的工作总结，也是课题主管部门对研究成果进行鉴定、评审、验收的依据。

二、职业教育研究论文

(一)职业教育研究论文的含义

教育研究论文是用概念、判断和推理等思辨的方法来证明和解释教育研究中的现象和问题，并从理论上对现象和问题加以分析和讨论，对研究成果进行文字表述的产品。论文要向读者展示研究者明确的论点以及其理论形成的思维过程。教育研究论文要求研究者能够提出较新的观点或较新的理论体系，并阐述新旧观点之间的关系，揭示一定的教育规律，实现教育理论的升华。

(二)职业教育研究论文的类型

职业教育研究论文是以理论分析为主要方式，以阐述对职业教育中某一事实和问题的理论性认识为主要内容的表述形式。职业教育研究论文有不同的基本类型，根据研究内容的不同，可将职业教育研究论文分为评论性论文和说明性论文。评论性论文是就职业教育领域中的一个问题或观点，对大量的文献资料或问题进行评价和讨论，从而得出有意义的结论。比如后文的《"非经济因素影响欠发达地区中等职业教育发展的研究"研究成果述评》就是由全国教育科学规划领导小组办公室对其研究成果进行评论的论文。说明性论文是就职业教育中的某些具有典型性的现象，进行理论分析和讨论，对复杂的现象进行深入的探讨，从而给予科学的解释和说明。例如，《树立专业纵深发展思路促进职教质量新突破——以广西职教专业设置为例》一文，就广西职教专业设置存在的问题和需要改进的方向进行理论层面的分析和探讨，就属于说明性论文。

在职业教育研究领域，无论是应用研究、发展研究还是基础研究，只要对所研究的教育问题提出了新的见解或新观点，或采用了新材料，或运用了新的研究方法，或得出了新的结论，或站在新的高度对原有理论作出新的解释和论证，将获得的科学研究新成果写成的文章就是学术论文。它展示的是一个新的论点及理论体系的形成，是一个创造性的认识活动过程。因此，研究论文范围不仅包括论述创新性研究成果的理论性文章或学术专著，也包括某些实验性或观测性的新知识和科学记录，某些科学原理应用于职教实验取得新进展的科学总结。

第二节　职业教育研究报告的撰写

严格来说，在职业教育科研中，职业教育成果表述不应包括课题申报书和开题报告。然而，在职业教育科研的实际工作中，课题申请书却是决定课题能否立项的关键。然而，许多中职教师对怎样写好课题申报书还不是很清楚，开题报告又是开展教育科研的起始标志，是课题工作正式开始的必要环节。因为二者的内容基本一致，只是格式上有所不同，所以将课题申报书和开题报告合在一起进行表述方式的说明。相比之下课题申报书更为重要，因此主要以申报书的形式进行讲述。

一、职业教育研究立项申报书的写作

课题立项申报书是职业教育研究课题承担者向有关部门或委托单位陈述申报开辟这一课题研究的理由和意义，并用书面的形式表述出来。它的主要作用有两点：一是为求得上级主管部门和委托部门对研究项目的批准立项，在经费、设备、人力上给予积极支持，并以此供主管部门或委托部门检查科研进度、经费使用和人员安排等情况；二是完成研究项目的总体设计，是研究者顺利进行科学研究的重要依据。开展一项研究，争取上级支持和有关部门立项，使申请的课题能顺利通过立项，就必须重视撰写课题立项申请书。

课题申报书有两种表达形式：一是表格表达式。即有关主管部门依据课题研究所要了解的主要情况及相关内容而制定成固定的表格形式，研究者只要依

表填写即可。这是广西中职研究课题申报书所采用的格式，这种格式简洁明了，一眼便能知道研究的对象、方法和意义，了解研究的重点和难点。二是文字表述式。就是研究者依照有关要求用文字依次表述有关内容，这是教育科学规划课题常常采用的方式，其优点是相对可以较为充分的发挥，对问题的阐述比较充分，但填写这样的申报书比较费时、费力。无论采用何种形式，申报书的基本结构和写作要求都是一致的。

1. 封面

申报书的封面（首页），应依次写明课题名称、承担单位、协作单位、主要承担人（项目负责人）、主要合作者、起讫时间、填报日期等内容，要注意字体和字号的统一，封面形式要美观、大方，尤其是标题是课题研究的眼睛，其准确、集中地表达研究内容，凸显研究的新颖性、可行性，是吸引评委的关键。可以说，看一眼标题，就会给评审专家留下深刻印象，对能否立项产生重要影响。所以，取好课题研究的标题极其重要，课题组要下一番苦工夫认真探讨，最后敲定。

2. 目录

只有大型、复杂的研究课题，由于项目众多，内容繁杂，才需要按正文的章节编排一个目录，以便查询。对于小型、简单的研究课题，此项一般可以省略。只要填写一个基本信息表，包括研究人员及其联系方式、研究专长等，必须真实、准确地填写。

3. 正文

这是申请书的主体部分，一般应包括以下内容：

（1）课题介绍和课题论证。这一部分主要介绍课题的研究方向、内容和关键理论或技术，介绍课题研究的目的、意义和国内外相关研究的基本情况。

课题论证是申报书最核心的部分，是关系课题研究有无意义、课题能否得到审定并批准立项的关键工作。因此撰写申报书时，一定要下大力气搞好课题论证，简要而深刻地讲清楚进行这一课题研究的必要性和紧迫性。

课题论证主要讲清三个问题：一是介绍本课题研究的基本内容，研究的重点、难点，阐明为什么要选择这个课题进行研究，它对教育改革与发展有何理论与实践意义，能产生什么样的影响，课题本身的科学依据和理论基础是什么等。二是简明介绍所选课题国内外的研究现状、学术前沿、进展程度、发展趋势、相关研究的动向等，并附上主要的参考文献。三是对课题实施与完成条件进行必要介绍。

　　课题论证要充分表现课题研究的创新性、科学性和可行性，要突出课题研究的主要特色；突出课题研究的新思想、新理论、新观点和新的研究方法和手段；突出课题研究与国内外相关研究的不同之处。为此，在已有研究成果综述中，一是要对已有研究成果进行分类，以明确其发展趋势，因为趋势中一是有必然因素的成分，课题研究确定的方向大多是与国内外大趋势一致的，是站在前沿向前的推进；二是要探明已有研究成果与即将开展的研究之间的继承和发展关系。三是指明本研究课题与国内外已有研究成果相比较的创新点所在。

　　(2)预期研究成果和考核目标的介绍。按研究的时间序列将预期的阶段性研究成果和最终研究成果的名称、成果形式及成果主要完成人一一列出，并对成果的应用前景及效益进行预测性描述。

　　(3)主要研究方法的选择、比较和论证。

　　(4)准备工作情况介绍。本项目包括以下内容：研究的地点、对象、规模和进度安排；课题研究经费的预算及来源；主要的仪器设备及解决途径；研究时间及主要研究条件的分析；其他准备工作和主要保障措施。

　　(5)课题负责人和主要协作者(课题组主要成员)的姓名、性别、年龄、民族、行政职务、最后学历、最后学位、工作单位、通信地址、电话、邮编等基本情况和研究能力的介绍。

　　(6)课题负责人和课题组成员近期取得的与本课题有关研究成果的介绍。要注明成果名称、成果形式、成果主要完成人、成果评定单位、发表的刊物或出版单位和日期等。这一点决定了在组织课题组成员时，尤其需要考虑其已有研究的相关性，不要把无关的人员和无关的成果塞进来，这样会削弱论证的力度。当然，对于那些担任领导职务，对课题推进起着关键作用的人员，也有必要纳入课题之中，以便课题能有效展开。

　　(7)课题主要负责人正在担任的其他渠道下达的研究课题的名称、课题类别、批准时间、批准单位或委托单位。

　　(8)课题承担单位和协作单位各自的主要责任和分工。

　　(9)专家的评议意见。本栏目应由专家填写。专家评议应从课题提出的科学性、价值性、可行性等方面对课题进行评价，提出肯定、否定或修改意见。

　　(10)课题负责人所在单位意见。主要从以下四个方面签署意见：开题报告所填写的内容是否属实；主要承担者和课题组主要成员的政治素质和业务素质是否适合主持和参加本课题研究；所在单位是否能提供完成课题必需的时间和其他条件；所在单位能否提供研究所必需的经费、仪器和设备。

总之，立项申请书的写作要力求具体、实在，应实事求是地表现研究者的研究思想、研究条件和研究能力、水平，来不得半点虚假和浮夸，表达要明确、周密、完整，使人看了一目了然，力求给专家和课题立项审批者留下良好的印象。

二、职业教育阶段性研究报告的写作

(一)职业教育阶段性研究报告的含义

职业教育阶段性研究报告也称进度报告，是课题研究组或课题承担单位或承担人向上级教育主管部门、课题管理部门或课题研究资助(委托)部门如实汇报某一阶段课题研究进展情况的报告，是一种以叙述、说明为主要表达方式的纪实性文体。它的主要作用是：

(1)向上级有关部门，即教育行政管理部门、科研课题管理部门或委托部门等汇报研究工作情况，以便接受检查、监督和指导。

(2)向课题研究的协作单位和合作者通报研究信息，以加强相互间的联系和协作。

(3)积累资料，为写结题报告和研究论文准备材料。

(二)职业教育阶段性研究报告的基本格式

职业教育阶段性研究报告一般采用三种编写方式：一是时间法，即以时间为主线，按照时间的先后顺序汇报课题研究的主要情况；二是任务法，即以课题研究的任务为主线，用小标题或序号的形式，对各项任务的完成情况进行综合汇报；三是综合法，即将时间法和任务法有机地结合在一起，汇报研究工作情况的编写方法。

职业教育阶段性研究报告一般由以下三大部分组成：

1. 标题

标题一般由研究课题的名称加文种组成。例如，"工作过程导向教学改革的理论与实践"阶段性研究报告。

2. 正文

正文要比较全面、具体地反映课题研究过程中的有关问题，一般又可从以下几个部分来汇报。

(1)科研任务的来源、起止时间和课题要求；

(2)课题计划的完成情况；

(3)已取得的研究成果及评价；

(4)课题研究中存在的问题；

(5)下一阶段研究工作的计划部署等。

3. 署名和日期

一般应署上课题组主要研究人员的姓名和职称；另起一行填上报告的写作日期。

(三)职业教育阶段性研究报告的写作要求

1. 文字要简洁明了

科研进度报告具有例行公事的性质，上级主管部门、委托资助部门较多关心的是课题进展情况和研究任务的完成情况，而对研究过程及细节不会有很多兴趣。因此，在写作时，应做到主题鲜明、中心突出、层次分明、言简意赅。有些内容还可以用表格形式表达，以节省篇幅。

2. 内容要真实可靠

对研究工作的成绩要客观、公正，评价要留有余地。因此写作时一定要坚持实事求是的科学态度。

3. 纪实与评价适当结合

职业教育阶段性研究报告是一种纪实性文体，它的主要阅读对象是有关领导和协作者，为了帮助他们更深刻地了解课题研究情况，报告中的一些内容应尽力做到纪实与分析评价相结合，使有关部门能更好地了解相关研究的进展情况及意义。

4. 内容要新颖

每次阶段性研究报告都要有新的内容，绝不应是前次阶段性研究报告的简单重复。

三、职业教育研究调查报告的写作

(一)职业教育研究调查报告的含义

职业教育研究调查报告是根据研究需要和预期目的，运用观察、测量、采集、询问等调研手段，对有关职业教育问题进行调查后写出的书面报告。

(二)职业教育研究调查报告的基本格式

职业教育研究调查报告与实验报告的结构格式大体相同,只是调查报告主体部分的写作结构比实验报告要自由灵活。一般来说,调查报告从提出问题、分析问题到解决问题,由题目、前言、正文、总结及附录五部分组成。

1. 题目

用一句话点题,反映主要研究问题。可加副标题,副标题是对主标题的补充,用来说明在什么范围内或基于什么问题的调查。

2. 前言

调查报告前言必须开宗明义地交待清楚调查目的、意义、任务和方法、结果和总评价等。第一,简要说明调查的是什么问题,调查此问题的缘由和背景,调查的筹备过程,主要调查的内容,国内外对同一课题的研究概况以及此次调查的意义和价值。第二,要说明调查的基本情况,包括调查的时间、地点、对象、范围、取样及调查的方式方法等。第三,对此次调查的有利因素和不利因素作简单分析。调查的前言应写得简明、概括,文字不宜过多。

3. 正文

正文部分即调查内容。主要介绍调查的过程,采用的主要调查方法和工具,调查的结果和对结果的分析研究等。主要通过文字叙述、调查图表、统计数字及有关文献资料的方式,用纲目、项或篇、章、节的形式,较为详细地介绍调查对象的情况,观察到的现象和获得的事实材料,并从中总结规律,得出结论。

这部分的写作强调用事实说话,对所得材料进行认真科学的整理、鉴别、分析、综合、归纳,提炼出科学的认识。调查报告正文部分写法多种多样,一般有两种不同写法。一是按问题的性质分类并进行叙述。例如,对一个地区职业教育状况的调查,分为该地区经济发展水平、技术水平、职业教育发展现状等几个方面。职业教育又可分为高职和中职教育,在职业教育中又可以分为学校规模、教育经费、课程设置、教学设备、师资队伍等不同项目。最后,将有关的材料分别加以组合,使问题的论述相对集中,形成专题。二是将调查的基本情况按照事物发展的逻辑顺序和演变过程加以排列,分成互相衔接的几个部分,层层深入地写。也就是说,按所调查的教育现象产生、变化、发展的过程来写。如总结先进典型,就可对其成长过程进行调查,而后分阶段予以说明,以反映先进学校成长的规律。在观点和材料处理上,可以先列出材料,然后进行分析和推论;也可以先摆明观点,然后用调查得来的事实材料分析说明。总之，不要变成"流水账"式的报告，而应将记录、叙述、分析、综合、提炼等有机结合起来，才能使报告达到较高的学术水平。

4. 结论和建议

在对整个调查内容进行总体的定性、定量分析基础上，概括出事物的内在联系和规律，并提出新的见解、新的理论和参考意见，即是调查结论。无论是验证已有的理论，还是为寻求新理论，为实用目的而寻找解决问题的办法，向实际工作部门提供参考意见、改革方案，其结论都必须客观、真实。提出的观点、建议要谨慎、严肃，观点要从事实中引出，同时又要考虑其他社会因素的影响，要全面衡量理论或建议的合理性和可行性，不要轻率地下结论和提建议。结论部分应写得简洁、精辟，有时也可以省略，特别是正文中综合、归纳的结果能代表研究者结论的情况下，尤其如此。

5. 附录

必要时要把调查工具或部分原始材料附在调查报告后面。这不仅是使正文内容集中，更主要的是为读者提供可供分析的原始资料，以便让人分析鉴定所调查的材料和方法是否科学、可靠，并供其他的研究人员参考。附录包括：各种调查表格、原始数据、研究记录等。附录的编制要防止杂乱和过于简单。

(三)职业教育研究调查报告的写作要求

1. 要努力占有第一手资料

要写好调查报告，研究人员必须尽可能亲临现场进行调查，运用各种手段来获得第一手资料。调查中要认真做好调查记录；要深入了解调查对象，准确把握作为研究对象的事物、现象的本质和变化规律；要突出主旨，努力做到观点与材料的有机统一。

2. 要广泛阅读文献资料

调查前和动笔写作前要尽可能多地阅读有关文献资料，了解他人在这方面的研究情况。只有尽可能多地掌握这方面的信息，才能把调查工作做好，也才能将调查报告写好。

3. 重视多种表达手法的综合运用

作为调查报告，一般以叙述为主，但也离不开必要的议论与评价。因此，报告既要有切实的叙述和说明，又要有画龙点睛式的议论和证明。还可以结合图、表、照片、公式等表现手段，并借助适当的文学技巧将报告写得生动活泼，引人入胜。

四、职业教育实验研究报告撰写

(一)实验研究报告的定义

职业教育实验研究报告是以书面形式反映职业教育实验过程和结果的一种研究报告，它最显著的特点是客观性。虽然其他研究报告也强调客观性，但没有实验报告那么严格。实验报告中所反映的实验结果，完全是实验过程中所获得的东西，不允许有丝毫外加的成分。不管实验结果能否达到研究者最初的愿望，能否验证实验假设，实验报告都必须如实地反映真正的实验结果。此外，实验报告对问题的阐释，对结论的表述，要求十分准确、朴实、简明，没有过多的形容和富于情感性的描述，它多数是就事论事，以一种通俗易懂的语言与读者交流实验情况，表明研究者的意见。

(二)实验研究报告的结构

实验研究报告的基本框架结构包括题目、前言、研究的基本内容、研究方法、结果、讨论等部分。

1. 题目

实验报告的题目应当是通报性的，让人能够看出是关于哪一个方面的研究并把研究的独创性显示出来。行文要简洁、鲜明、确切，避免笼统、抽象。因此，实验报告的标题常常直接采用研究课题的名称，指明所研究的主要变量，使人对研究问题一目了然。

题目要简练具体。一般来说，学术性强、理论价值较大的，准备发表于职教研究杂志或学报上的研究报告，标题应精确严谨，逻辑性强。实践性较强的、准备发表于普及性报刊杂志上的研究报告，标题则应具体明确，引入注目，能引起读者对报告的兴趣和注意。如有必要，可以再以副标题的形式列出。

2. 前言

前言也称引言、导语，是实验研究报告的正文开头部分。主要内容包括：

(1)问题的性质及其重要性。作者在文章一开始就必须说明他所研究的是一个什么样的问题，做这样的研究有什么意义和价值。譬如，可以指出所研究的问题是众所关心而迄今尚未解决的问题，以说明其重要性与研究价值；也可说明其所研究的问题，是已有理论而待验证的问题，以说明其实验研究的学术价值；还可以说明其所进行的实验研究是教育实践中亟须解决的重大问题，以说明其实验研究的现实意义。总之，要实事求是地阐述所进行实验研究的理论价值或对教育实践的意义，以引起读者对该实验研究的重视。

(2)以往研究评述。以往研究评述也称为文献探讨，目的是使读者更好地了解该项实验研究的背景，或来龙去脉，了解实验问题是怎样提出的，有什么理论和实践的依据。在文献评述时，应选择不同观点和不同方法的研究以及近期最新发表的研究成果，要指出以往的研究曾经采取过哪些方法，取得了什么成果或解决了什么问题，留下未解决的问题是什么。撰写时，篇幅不宜太长，不要堆砌资料。

(3)目的与假设。目的与假设是一个问题的两个方面。一般说来，是先有目的，而后在研究目的之下提出假设。但是，有时也可以先有假设后有目的，因为在教育研究中有些问题也许早已有了假设，只是等待实验验证而已。例如，智力因素对学生学习成绩的影响问题，早就假设学生的智力因素与学习成绩有密切相关，只是等待教育实验去验证而已。像这种情况，要研究这个问题时，就可单纯地以验证假设为目的。

(4)重要名词阐释。作者在说明研究问题的性质、意义、假设之后，重要名词必须给予界定，有的还要写出操作性定义。

前言部分应提纲挈领地显示该项研究的直接目的，在教育理论与实践中的价值以及在国内外同类研究中所处的学术地位。文字要简洁明了，字数不宜太多，表述要具体清楚。

3. 实验研究内容

该部分基本内容包括：(1)研究对象。从事教育实验时，其研究对象为人。作者在研究方法部分须说明研究对象是什么样的人，是从什么样的群体中选取的，用什么方法选取的，有多少人，他们的年龄、性别、文化程度、经济地位、家庭情况等。如果实验是分组进行的，则应说明按什么方法分组。(2)研究工具。研究工具是指用来收集资料的量表、测验、问卷等工具。研究工具分为两大类，一类是定型且已众所周知的工具，作者只需列出名称，无须另外详加解释；另一类是鲜为人知或是作者自行设计的工具，特别是作者自编或修订的测量表、问卷之类，在此必须详加说明，必要时，还应把它们编列在附录内。(3)研究步骤。研究步骤的陈述，要对实验设计与实施程序作详细说明，要说明该项实验研究是怎样进行的，或者说明研究资料是经过什么程序搜集的。

4. 研究方法

研究方法的阐述，主要目的是强调该项实验研究的客观性和科学性。该部分要阐明实验研究所使用的研究方法，要让别人了解研究结果是在什么条件和情况下，通过什么方法，根据什么事实得来的，以评价实验研究的科学性和结果的真实性、可靠性。同时，也便于他人用同样的方法进行重复实验。该部分基本内容包括：(1)被试的条件、数量、取样方法；(2)实验的设计，实验组与控制组情况，研究的自变量因素的实施及条件的控制等；(3)实验的程序，通常涉及实验步骤的具体安排，研究时间的选择；(4)资料数据的搜集和分析处理，实验结果的检验方式等。

5. 结果

这是研究报告的主要部分，要求简要说明每一结果与研究假设的关系，将研究结果作为客观事实呈现给读者。

基本内容包括：(1)对研究中所搜集的原始数据、典型案例、观察资料，用统计表、曲线图结合文字进行初步整理、分析。既有对定性资料的归纳，又有对定量资料的统计分析等。(2)在对资料进行初步整理分析基础上，采用一些逻辑方法或统计手段，得出研究的最终结果或结论。

结果部分的撰写，要注意以下要求：

(1)叙述的是作者本人的实验研究结果，以准确无误的数据资料说明问题，以陈述事实为主，不应夹杂前人或他人的工作成果，也不应外加研究者的主观议论和分析，从而保证结果的纯洁性、客观性和准确性。

(2)定量与定性分析相结合。对数据资料，不仅要严格核实，注意图表的正确格式，而且要采用一定的统计分析技术，从数量变化中揭示所研究对象的内在必然关系，而不是简单地罗列事实。

(3)资料翔实，层次清晰，前后连贯，文字准确简明。

6. 讨论

讨论是对研究结果的含义和意义的评价。研究者根据研究的客观事实和结论，结合自己的认识与理解，通过分析思考，讨论和分析与实验结果有关的问题，对当前教育理论或实践的发展提出自己的认识、建议和设想。

(1)讨论部分的作用有：①从理论上加深对研究结果的认识，为本研究的结论提供理论依据。从结果出发，紧密围绕课题的设想，用已知经验或理论加以解释，以显示结果的价值和意义，并指出研究的局限和需要进一步研究的问题。②对结果中不够完善之处进行补充说明，从而为得出结论铺平道路。讨论什么问题，要由研究者决定。可以说，凡是与研究课题有关的问题都可以提出来讨论。

（2）讨论的基本内容包括：①对实验结果进行理论上的分析和论证。不仅可以用摘要的形式概述研究结果，阐明研究结果的意义以及对本实验多次研究结果的综合分析，而且在与前人所作研究结果的比较分析中，将自己的研究纳入某一理论框架以建立或完善理论。②对本实验研究方法的科学性和局限性的探讨。如对误差、显著性的分析等，进行必要的反省，对研究成果的可靠程度和适用范围作进一步说明。③提出可供深入研究的问题以及本实验研究中尚未解决或需要进一步解决的问题，对未来的研究以及如何推广研究提出建议。

7. 参考文献和附录

报告的末尾，应注明研究报告中所直接提到的或引用的资料来源。参考文献的排列，在期刊的参考项目中，包括作者的姓名，文章标题，期刊刊名和期号。在书籍的参考项目中，包括作者姓名，书名，出版社名，出版时间及页数。

五、职业教育研究课题结题报告的撰写

撰写结题报告是任何一项课题研究都必须经历的环节，结题报告撰写的好坏直接关系到课题能否结题，对职业教育课题能否获奖、获奖级别的高低都具有重大影响。因此，必须高度重视结题报告的撰写！

（一）结题报告的基本结构

一般而言，不同类型、不同级别的课题结题报告要求不尽相同，但大体相似。

1. 前置部分

（1）封面。包括项目类别、学科门类、课题名称、课题负责人、承担单位。

（2）署名。包括课题负责人与主研人员名单。

2. 主体部分

（1）成果结题验收申请审批书。主要包括以下内容：①基本情况。包括课题名称、提交鉴定成果目录、申请鉴定的形式、课题负责人及主要参研人员的基本情况。②研究总报告。具体结构和主要内容参照第五节案例。③阶段成果。要列举课题研究的重要阶段性成果的发表情况，并将阶段性成果的复印件附在结题报告后面或单独装订成册。④建议需要回避鉴定的专家名单。课题组对可能影响评价公正性的专家，可以建议其回避鉴定本成果，并说明理由。建议回避鉴定的专家人数不得超过 2 人。⑤申请免于鉴定的理由。需要例举富有说服力的证据，详细陈述该课题免于鉴定的理由。⑥课题使用经费总决算。列出课

题经费收支情况表，尤其要分年度、分类别列出课题经费的使用情况，以便于课题主管部门审查课题经费的合理和有效地使用。⑦课题负责人所在单位科研管理部门的审核意见。包括课题研究成果是否达到鉴定要求；课题管理和经费使用是否符合规定；是否同意鉴定（或同意免于鉴定）；鉴定所需经费是否有保障。⑧科研主管部门领导小组意见。结题报告送审后，由课题主管部门签定对课题研究的审核意见。⑨最终成果简报。最终成果简报是结题的必需材料，主要提供课题成果介绍、宣传、推广及转化使用等。其内容主要包括：课题名称、批准号、课题负责人、主要成员、正文内容等。⑩科研主管部门验收及结题审批意见。

（2）研究总报告。研究总报告是结题报告的核心内容，它要具体阐述课题研究的基本情况、研究过程、研究结果以及研究成果等。

①研究过程的基本情况。主要包括研究计划的执行情况；研究的主要过程和活动；研究的变更情况（包括课题负责人、课题名称、研究内容、成果形式、管理单位、完成时间等）。

②研究内容与结果。主要包括研究的主要内容、观点和结论；研究方法的主要特色与创新；研究的突破性进展；学术价值的自我评价；成果的社会影响；研究中存在的问题；今后的研究设想。

③研究成果情况。主要包括成果的出版、发表的情况；成果的转载、采用及应用情况；成果的代表作等。

（3）阶段性研究成果。课题研究阶段性成果的复印件必须附在结题报告中，这样既有助于研究成果的学术交流，又便于课题主管部门进行审核。如果课题组有已发表的成果，须将该书刊、杂志的封面、版权页、目录以及课题成果所在页码的版面全文附上；如果没有公开发表的成果，要附上课题成果已被院系、学校、行业协会或其他学术组织采用、交流的证明。

3. 最终成果简报

最终成果简报是结题的必需材料，主要供课题成果介绍、宣传、推广及转化使用。主要内容及格式如下：

（1）简报封面。包括课题名称、批准号、课题负责人（姓名、专业技术职务、工作单位）、主要成员。

（2）正文。正文内容主要包括以下六个方面。①课题研究的目的、意义、指导思想、理论基础。②课题研究的主要内容及研究方法。③课题研究取得的主要成果。包括成果的主要内容、重要观点、主要结论与对策或建议。④研究成果的价值。包括成果的学术价值、创新之处或特色、实践意义、推广的范围和取得的社会效益。⑤主要研究成果目录。包括成果名称、形式、字数、出版单位或发表刊物名称等。⑥需要进一步研究的问题。

4. 评价部分

(1)专家鉴定表。课题项目研究的成效如何，不是由研究者自我判断，而是由相关领域的专家对其研究成果给出鉴定意见和等级评定。一般要求相关专家对课题研究的科学性、创新性、理论性、效益性和规范性等进行评估。对研究成果存在的不足及其修改与完善提出具体意见和建议。并对该项目能否通过鉴定以及鉴定的等级作出明确的判断。最后还需鉴定专家亲笔签名。

(2)成果鉴定等级评价表。成果鉴定等级评价表的内容是基于专家(个人)鉴定表而成的。它是对各位专家鉴定意见及评定的汇总，集中反映了鉴定组对课题成果的鉴定意见。在成果鉴定等级表上，需要鉴定组组长及全体成员的亲笔签名。

(二)结题报告撰写的基本要求

结题报告的内容既要具有表现性与可读性，又要具有创新性和可行性。这就要求撰写结题报告时必须注意以下两个方面。

1. 结题报告要有严肃的态度，严谨的学风，严密的方法

严肃的态度是指研究者要以高度的责任感对待结题报告的撰写，要以负责的态度阐述自己的研究结论；严谨的学风要求研究者以实事求是的精神对待自己的研究工作；严密的方法要求结题报告逻辑要严密，条理要清楚，论述要完整。

2. 结题报告必须体现科学性、创新性、理论性、效益性、规范性

一是科学性。即是否符合教育科学理论、遵循教育规律；是否符合逻辑，条理清晰，令人信服；论点、论据、论证是否正确。二是创新性。即是否"独、特、新"；独，人无我有，即常说的"填补空白"。但这种表述一定要实事求是，不能随意夸大研究成果的价值；特，大家都有的，但我有自己的特色；新，在别人的基础上有所创新。三是理论性。即得出了什么新观点、新见解、新技术、新结论等，并阐明这些观点、理念、理论反映了什么水平，是否发展了当代职业教育、教学的最新成果；是否探求了教育现象发生、发展、变化的规律；能否用来指导新的职教实践等。四是效益性。即课题研究的效果有什么社会效益和经济效益；研究成果有什么指导意义和推广价值等。五是规范性。即研究的

具体操作是否规范，文字表述是否准确等。

第三节 职业教育研究论文的撰写

职业教育研究论文的发表，是课题研究取得成果的硬件，更是理论研究取得富有说服力成果的重要标志。因此，对于课题研究人员而言，必须尽可能地在职教专业刊物上发表紧扣研究主题和领域的研究论文，这是提高课题研究档次的一个途径。所以，写好职业教育研究论文，就显得非常重要，必须予以高度重视，认真研究其与经验总结等在写作方法上的不同。

一、职业教育研究论文的含义

职业教育研究论文是专门讨论和研究职教领域中的问题和表述研究成果的理论文章，是学术研究和职教改革实践的结晶。它不是某些现象的直录、材料的罗列、事件经过的描述，而是对职教领域科学规律的揭示；不是他人研究成果的重复，而是对某一职教理论的探求、发现、发展和阐述。由此可见，职教研究是学术论文的写作基础，而学术论文则是职教研究的书面成果。因此，在职教研究论文的写作过程中，一定要十分重视科学研究，这样在反映科研成果时更具有理性的论述，突出创新的内容，彰显学术价值。

二、职业教育研究论文的特点

(一)通过概念、判断和推理论证问题、阐明道理

记叙性的文章，运用叙述和描写的手法以情感人，论文则运用议论的表达形式，要求观点和材料统一，强调运用论据证明观点，做到以理服人。论文要摆事实，讲道理，这就要求具有严密的逻辑性。只有这样，才能准确地揭示出客观事物的本质和规律。因此，运用逻辑思维的规则、方法、正确地揭示事物之间的内在联系，洞察事物的本质，使自己的思路符合客观事物的规律，是写好职教研究论文的必要条件。

(二)严密的逻辑性

论文要摆事实，讲道理，这就要求具有严密的逻辑性。只有这样，才能准确地揭示出客观事物的本质和规律。因此，运用逻辑思维的规则和方法，揭示

事物之间的内在的联系，洞察事物的本质，使自己的思路符合客观事物的规律性，是写好论文必须具备的条件之一。

(三)语言的准确性、概括性

论文的语言要求准确，尤其是一些结论性的语言更是如此。绝不能用"大约""大概""可能""也许"等这一类模棱两可的词语。论文的语言虽然不排除使用生动、形象的语言，但它更注意强调概括性，用比较精炼的文字，表现出丰富的内容，力求言简意赅，科学地反映出客观事物的真理。

(四)学术性

所谓学术是指较为专门的、有系统的学问。职业教育研究论文是学术成果的载体，它是作者在课题研究中获得的科研成果，具有系统性和专门性，而不是一般的经验体会。因此，学术性是职教研究论文的特点之一。如果没有学术性就不能称之为研究论文了，正是基于这一点，它要求文章有一定的深度。作者要在专业上有深厚的功力，对所研究的课题有全面的了解，既要准确地把握研究的现状，又要知其历史，还要熟悉学术动态，把握好自己的主攻方向，解决在学术上遇到的问题。

一般议论文都必须摆事实、讲道理，以理服人。学术论文尤其应做到这一点。但是，一般议论文只需要在占有部分材料的基础上，选取足以证明自己观点的材料作论据，比较自由地展开议论。而学术论文则应具有一定的理论价值，要揭示事物的本质，反映客观规律。在写作中，作者必须用大量的、可靠的材料，运用科学的方法、对本质的东西加以剖析，对规律性的问题进行探讨。这就要求作者不仅要对所研究的对象有全面的认识，而且还要通过论证、阐发，将自己的发现和认识提高到理论的高度。在论述过程中，要广征博引，多方求证，全面阐述自己观点。无论是纠正谬误，还是补缺引申，或是开拓创新，都应具有较浓的理论色彩。理论来自实践，又反过来指导实践，理论的高度是人类认识发展的标志。因此，它要求作者不仅对本专业的理论知识有良好的修养，而且对相关的理论也要掌握，要有较高的理论思维能力，并能在正确的观点指导下开展研究，进行写作。

(五)科学性

所谓科学性，就是研究论文的形成过程要实事求是，即从客观存在的条件出发，经过分析、研究找出规律性的东西。研究论文中所提出的观点、主张和看法，所做出的判断和结论，是从丰富的、真实的材料中提炼出来的，而不是主观臆断。科学性是研究论文的灵魂，没有科学性的"研究论文"，研究便是没有生命力的。它要求作者以辩证唯物主义和历史唯物主义的科学态度和方法，对待研究工作，要尊重客观实际，坚持实事求是。因此，科学性要求论文应该严谨完整，无懈可击，富有逻辑性和说服力。

(六)创造性

学术论文的创造性主要表现在选择的课题新，研究的方法新，展开的角度新，取得的成果新。作者能够站在某一学科的前沿，以自己的远见卓识捕捉住合适的研究对象，并能灵敏地发现需要解决的问题，取得突破性的成果，提出富有创见的看法和观点，在理论上、实践上较之前人有创造性的进展。学术论文能写出自己的新发现、新创造、新见解，能在学术上有所突破，当然是十分可贵的。但是这对一般的研究者来说，并不是轻而易举的事。我们不能用过高的标准来要求中职教师的学术论文。中职教师的学术论文，只要能够对前人的研究成果，对别人所做出的结论进行实事求是的补充和修订或者加以捍卫或否定，而且有理有据，能够自圆其说，都可以算是一家之言，都应予以肯定；只要观点上有新的突破，材料上有新的发现，论证上有新的进展，选题上有新的角度，或者在认识上比前人有新的提高，就应该受到称赞。

三、职业教育研究论文的基本结构

无论哪一类学术论文，形式规格基本上要遵循"绪论——本论——结论"的逻辑顺序。规范性学术论文的框架结构，一般包括六个主要部分：题目、署名、摘要、前言、正文、结论、注释(或参考文献)等。

(一)标题

一个好的学术论文题目，一般应符合三个方面要求。一是准确概括论文内容，能反映研究方向、范围和深度；二是文字简练，具有新颖性；三是便于分类，也就是说，不仅使人从题目上能判断研究属于什么学科范畴，而且能抓住该研究课题在这一领域有关问题研究发展过程中的位置及特点。因为，只有把自己的研究放在一定的背景上，纳入一个系统，才能显示出研究课题的重要性。

（二）内容摘要

摘要是研究的主要内容与结构的简介，并略加评论。它不是整个论文的段落大意。其作用在于使读者通过这段概括简洁的文字，了解全文主题及主要内容，从而决定是否值得读全文。为期刊文章或研究报告写的简短摘要，字数一般为二百字左右，独立成篇，要求准确简练，结构严谨，逻辑性强。

（三）前言

前言是研究论文的序言。前言部分要简单扼要，开门见山，直接了当地阐明研究的目的和意义。对一些较长的学位论文，前言还可以增加历史回顾和背景材料，课题所涉及的问题分析和研究范围，基本理论和原则，研究材料和资料等方面的内容。

（四）正文

一般研究论文的论述方法有两种类型，一种是实践证明，即用实践的结果来检验、证实某种理论的可靠程度，这是职教研究所经常采用的。比如《非经济因素影响欠发达地区中等职业教育发展的研究》就是用调查研究的实证方法来说明非经济因素对欠发达地区职业教育的影响。另一种是逻辑证明，逻辑证明是用一个或几个真实判断来论证、确立另一个判断的真实性。

逻辑证明由论题、论据和论证三个部分组成。逻辑证明按推理形式可以分为归纳证明和演绎证明。归纳证明是以个别和特殊事实为依据，以归纳推理为论述方式，来证明论题的论证方法。运用归纳推理作为论证方法来证明论题，最典型的方法是例证法，有人把它称为事实论证法，就是通过列举一个或几个典型事例来说明观点的方法。演绎证明是以一般原理和原则为论据，以演绎推理为论述方式，来证明论题的一种论证方法。这种论证方法，是用已知的道理来推论和分析未知的问题，从而得出新的结论。运用演绎推理作为论证方式来证明论题时，常用的具体方法有引证法。它是通过引用经典著作、名人名言、已被证实的科学原理、定义等来证明个别性观点。除引证法外，分析法也是运用演绎推理的形式进行论证的一种方法。所谓分析法是通过分析解剖、阐发事理、揭示论点与论据之间的内在关系（整体与部分、因果关系等），从而证明论点的正确，达到论证的目的。论证方法是多种多样的、除了上述讲到的归纳和演绎方法外，还有类比法、反证法、对比法、递进法等，在实际的论文撰写中，论证的方式常常不是一种论证方法的单一运用，而是几种方法彼此交融、相互依赖、紧密联系地运用于研究论文的写作之中。

(五)结论与讨论

结论是围绕正文(本论)所作的结语，将研究成果进行更高层次的精确概括。这部分应简要地归纳为论证结果，形成明确的观点；也可以对研究成果加以概括，提出推广的建议；还可以提出今后要进一步解决的问题和方法。有些论文，并不专门写一段总结性文字，而是将论点分散到整篇文章的各个部分。

讨论，往往用于职业教育实验研究类论文。讨论是从理论上对研究结果的含义和意义进行分析解释和评价。讨论的内容一般包含以下几个方面：阐明结果是否支持了研究的假设，讨论研究结果的有效度和理论意义、实际意义，指明该研究的局限以及进一步需要继续探讨的问题。

(六)引文注释与参考文献

注释与参考文献，不仅便于读者了解该领域的研究情况，而且参考文献的多少与质量，也反映了作者对本课题的历史和现实研究水平的了解程度，同时体现作者的科学态度和求实精神。引文注释分为页末注(脚注)，文末注(段落或篇后注)，文内注(行内夹注)以及书后注。无论采用哪种类型注释，引用文字一定要注明出处。如果是转引，一定要说明是"转引自"或"参见"，要说明是采用了别人的某理论观点或事实材料。参考文献的呈现应按照规范的格式要求。一般是作者姓名，文献标题(加书名号)，书刊名称或出版单位，卷数、册数或期数，出版版本年代日期，页码。参考文献可按时间顺序，或按内容重要程度，或作者姓名标以序号。未公开发表的资料不要直接引用。

四、职业教育研究论文写作应注意的问题

(一)拟好标题

拟定标题的要求是：①准确。就是要求标题能确切地反映论文的主题，恰如其分地反映研究的范围和深度，使读者看一眼，就能了解论文论述的内容。②简明。标题是作者给文章起的名字，它是文章的代表，一定要用最简洁、最精炼的语言概括文章的内容。拟定标题也要求有独创，不落俗套，给人以新鲜感，达到吸引读者的效果。

(二)编写提纲

1. 提纲的作用

论文的提纲是撰写论文的依据，是论文的骨架。动笔之前，拟定一个较为详细的提纲是写好论文的必要条件。编写提纲的好处有以下三点：

(1)可以帮助作者树立对论文的整体观念。拟定提纲的过程是构思的过程，是对论文的决策过程。构思是为拟订提纲打腹稿，写提纲是把构思的腹稿做文字记录和整理。经过反复思考，就会对如何谋篇布局，如何使用材料，做到胸有成竹。

(2)可以帮助作者发现问题，对不足之处，及时进行修改补充。

(3)对全文章节篇幅的分配要有整体的计划，而不至于出现有的段落畸轻畸重的现象。

2. 怎样编写提纲

编写提纲的原则是：围绕主题、完整统一、适合论文的题材。

编写提纲的具体方法与步骤，大体可以归纳为以下几点：

(1)先拟标题。

(2)以论点句写出论文的基本论点。

(3)考虑全篇的总体安排，也就是考虑全篇分几个方面，按什么顺序阐明基本观点。这是论文全篇逻辑构成的骨架。

(4)大的项目安排妥当之后，再逐个考虑大项目下一层次的观点，最好能写到段一级。写出每段的论点句，依次考虑各个段的逻辑安排。

(5)全面检查提纲，做必要的增删、调整或补充工作。

(三)突出主题

写论文时，一定要围绕主题，前后连贯，一气呵成。要围绕主题来选择和组织材料。对平时收集的素材，一定要经过筛选、研究，量材使用。主题好比一根红线，要用巧手慧心，把盘中五彩纷呈的珍饰串缀起来。写论文的技巧，就在于把素材有机地集中起来，使主题更鲜明。论文的整个叙述过程，都必须服从它的中心内容和基本的主题思想。不说或少说与中心无关的话。

(四)分清层次

论文要求结构严谨、层次分明、逻辑性要强。既不能烦琐冗长、东拉西扯，也要防止三言两语说不清问题，一切以把问题论述清楚为原则。

论文的结论必须是绪论中提出的，本论中论证的，自然得出的结论。论文最忌在论证不充分的条件下，而妄下结论。一定要前呼后应，首尾一贯，形成一个严密的、完美的逻辑结构。

(五)注意修辞

论文的语言文字以准确简练，明白清晰，文理通顺为原则。在准确的前提下再考虑生动形象。一定要注意文字的简洁，宁可将写成长篇论文的材料写成短篇论文，也不要将写短篇论文的材料拉成长篇，要毫不吝惜地删去那些可有可无的句子和段落。论文写好后，一定要反复地不厌其烦地进行修改，重要的论文不妨修改它十遍八遍。有些论文不妨放一段时间，等头脑冷静下来之后，再进行修改定稿。一定要精雕细刻，任何一点粗心大意，都会造成论文的失误。

第四节　职业教育研究成果的评价与推广

一、职业教育科研成果的评价

职业教育科研成果的评价是对职教课题研究成果做出的价值判断，这是职教课题获奖的重要依据，其重要意义有：一是有助于社会承认课题研究成果，有利于推广研究成果；二是评价职教科研成果有助于相关科研单位之间相互沟通科研信息；三是正确评价职教科研成果有利于充分调动科研人员的积极性。

(一)职教科研成果的评价内容

对职教科研成果进行评价，必须完成"确认事实"和对"被确认事实的评价"这两项工作。

1. 对研究成果进行资格鉴定

所谓资格鉴定是对被评价对象是否属于职教科研成果进行鉴别，鉴定的指标一般有四个方面。

(1)在科学研究的基础上，揭示了新的职教规律等，提出了新的职教改革技术、方法或理论；

(2)发现职教过程中的新事实，提出新观点、新见解，或是对原有事实作出新的解释；

（3）提出职教工作中新的内容、途径和方法，或从实质上对原有的做法加以改进；

（4）通过职教实践，对原有的教育理论提供新的例证、补充和修改。

2. 对职教科研成果进行评价

职教科研成果所产生的影响和效益有大小之分。因此，通过资格鉴定后的职教科研成果，还应给予价值判断，进行成果评价工作。对教育科研成果的评价一般从两个方面进行。

（1）理论价值。所谓理论价值，主要考虑科研成果在整个职业教育体系中所处的学术地位，诸如理论观点的创新、研究方法和技术上有突破，在某些做法或理论研究上填补空白以及成果对其他专业有借鉴和启迪意义等。

（2）应用价值。所谓应用价值，主要是指科研成果在职教系统中的推广及其使用价值，适用范围和可行性大小。

（二）教育科研成果的评价标准

对教育科研成果的评价，要对其理论价值和应用价值进行综合评价。这里既要考虑科研成果自身的科学性、理论性和应用性。又要考虑表达成果的论文及研究报告（录像、多媒体课件的制作）写作技巧，即论文或研究报告的可读性。因此，对职教科研成果进行评价时，必须坚持科学性、理论性、应用性和可读性。就中职教改成果评价而言，主要是看其改革的实践效果，即使是创新型的成果，也是主要看其物化成果和改革领域的创新、理论创新不是其主要追求，成果的推广范围、应用前景是其评价的重要指标。一般在具体评价时专家组按照评价指标列表（见表 10-1）进行评分，汇总各项分数后根据总分做出等级评价。

表 10-1　2009 年广西职业教育科研成果初评表

序号	教改成果名称	成果描述	成果形式	成果价值（科学性、先进性、推广性）	是否评奖及小组排序	初评小组专家
1						
2						
3						

（三）职教研究成果的评价方法和操作程序

根据教育研究成果的性质不同，采取的评价方法也不同。

1. 自我评价和他人评价

自我评价是成果获得者根据职教研究成果的评价标准进行评价，自我评价是他人评价的基础，他人评价是成果获得者将研究成果送给同行专家进行评价。凡是经过自治区教育厅批准立项的课题，均应在研究工作完成后对成果进行鉴定，并由相关部门组织专家进行验收，对达到结题要求的课题发给结题证书。

2. 鉴定的方式和程序

对教育研究成果的鉴定，主要是由专家组成鉴定组进行评议。专家人选由课题负责人与课题主管部门共同商定，而后由课题主管部门向诸位专家发出邀请函，原则上鉴定组应包括 3 名以上(含 3 名)课题主管单位指派的相关专家。

教育研究成果的鉴定，应遵循一定的程序。

(1)课题负责人及其所在单位，在课题完成后，应及时向主管单位委托的结题验收部门提出结题申请，并根据结题要求填写相关结题报告和表格，向结题部门提出申请，并预约结题时间，以便相关部门做好安排结题的工作。

(2)鉴定组专家本着科学的精神，坚持实事求是的原则，对课题组研究成果提出客观、公正、全面的评价意见，经讨论后形成鉴定组的集体意见，由鉴定组组长签字盖章。

(3)鉴定完成后，课题负责人应将完整的研究成果两套、研究工作总结报告一份及研究经费决算表、成果鉴定书(最好是原件或复印件)一并送交课题主管部门存档。

(4)鉴定所需费用由课题组从研究经费中开支。没有研究经费的项目，费用自筹。

二、推广职业教育研究成果的意义

一个完整的课题研究应由"提出问题－解决问题－推广成果"的闭合程序系统而构成的。没有推广成果这一环节，系统就处在不完善的开路状态，这样的研究也便成了不完整的研究。成果只有通过推广才能转化为生产力，把成果的推广工作置于科学研究的程序系统之中，这便使研究人员、课题承担单位和上级主管部门认识到各自在推广研究成果工作中的责任，有利于提高各方面的认识，加强推广成果工作的力度。

当前，我国职教科研成果转化率低，大量先进职教理论、职教思想、职教方法、教育技术难以推广，这虽然有许多方面的原因。但无可否认，职业教育研究领域中已长期存在的那种"重研究、重成果、轻推广"的功利思想，及相当多的单位和研究者未将成果推广视为研究工作的必然环节，是造成这状况的重要原因。因此，重视职业教育研究，就必须重视推广职业教育的研究成果。否则，任何教育研究都只能是毫无意义的无效劳动。

三、推广职业教育研究成果的几种方法

(一)文字型

将研究成果用文字表述(研究报告、论文、经验材料)在报刊、杂志发表或在某种场合交流。这是一种最常用、最重要的推广成果手段。

(二)讲座型

由课题承担单位或教育行政部门组织研究人员深入基层学校，向基层教师介绍课题研究的目的、意义、内容、方法、成果形式及特点和操作要领等，以讲座形式传输、推广成果。

(三)研讨型

邀请有关专家和同行，对课题研究的情况及成果进行深入研讨，这是完善和深化课题研究，提高研究水平，吸引更多的研究者参与研究，推广研究成果的有效办法。

(四)培训型

举办课题研究培训班，对参与培训的人员就研究成果的内容和方法进行全面、系统培训。这是重点推广某项研究成果，集中解决某一问题的比较扎实的办法。

(五)现场型

以有说服力、扎实的成果和活动现场推广研究成果，这是一种气氛浓、见效快的推广方式。

(六)现代传媒型

利用互联网、广播电视、教育电视等现代传媒传播和普及职业教育研究成果，这是一条高速度、高效率、大规模的职业教育研究成果的推广之路。

第五节　职业教育研究成果表述案例

在所有的成果表述中，结题报告是最为关键和重要的成果表述方式，因此选择结题报告作为成果表述案例，有利于让读者学习写好结题报告的基本结构和方法。这里选出来述评的研究成果，是全国教育科学规划办根据课题组的结题报告及专家鉴定意见，整理而成的对研究成果的系统评论。其内容和基本结构与结题报告一致，只是没有向结题单位申请结题的相关叙述，因此把它作为学习撰写结题报告的学习典范。

案例：国家课题"非经济因素影响欠发达地区中等职业教育发展的研究"研究成果述评①

由江苏省职教科研中心庄西真助理研究员主持的全国教育科学"十五"规划教育部青年专项课题"非经济因素影响欠发达地区中等职业教育发展的研究"（课题批准号：EJA010455）已通过全国教育科学规划办公室组织的课题通讯鉴定。鉴定专家为中央教育科学研究所副所长徐长发、中国职业技术教育学会副会长刘来泉、教育部职业技术教育司原司长杨金土、北京联合大学副校长高林、华东师范大学教授石伟平。现将成果公告如下。

一、课题研究的指导思想、理论基础

职业教育成为当今世界关注的焦点，这是因为大量的科学技术不断被应用于生产过程中。发展中国家为了参与日趋全球化的经济和政治，也不断寻求在生产中采用和引进更多的技术。前工业社会中培养技能人才的以师傅带徒弟的方式，以及后来把个别技术骨干调去参加专科院校的长期脱产培训的方式，都难以适应大规模的生产技术的变革。因而延伸出通过正规职业技术教育为社会大规模的培养未来工人，为他们做好工作技术准备的一种方式。但是正规中等职业教育的扩展在各国同时出现的问题，使得正规职业教育在社会发展中的功能和角色受到了质疑。不管怎么说，职业教育在提高劳动者的知识和能力水平、为企业培养初中等技术人才方面的作用是不可低估的，尤其是中国这样一个人口众多、教育普及的数量和质量都不高的发展中国家，职业教育更是有不可替代的作用。这一点在欠发达地区表现得更加明显。

---

① 全国教育科学规划领导小组办公室."非经济因素影响欠发达地区中等职业教育发展的研究"研究成果述评[J].当代教育论坛，2005(10)上半月刊。

人们都认为，在欠发达地区之所以发展缓慢甚至处于停滞状态的原因里面，人的素质低下是最重要的原因，由于人的素质低下，一些新的生产技术不能被推广，一些不好的生活习惯得不到纠正等。人们在下述观点上基本上达成了共识，那就是为了改变欠发达地区的落后面貌，首先就要提高人口的素质，而提高人口的素质，只有大力发展教育，不仅要大力发展针对欠发达地区少年儿童的"九年义务教育"，还要大力发展适合当地实际的、为人们容易接受的、确实能见成效的中等职业教育。当前在欠发达地区的农村（县及县以下的乡镇和村庄）最普遍的教育形式是属于普通教育的义务教育和初、中等职业教育。前者是国家规定的所有适龄儿童都要接受的旨在提高全民素质的一种普及性质的教育；后者是指1985年中等教育结构改革以后大量发展起来的中等职业学校教育，目的是为各行各业培养有良好职业素质的劳动者，是一种与工作和就业直接联系、以传授实用知识和培养操作技能为主的教育。中等职业教育主要有三种类型的学校，分别是行业办的中等专业学校（包括师范学校）、劳动系统办的技工学校和当地教育部门开办的职业高中，它们都招收初中毕业生，主要培养初、中级技术员和技术工人，以及进行实用技术推广和应用等，学生毕业以后很快就能工作。在这三类中等职业学校里，只有职业高中是位于县城或者乡镇上的，其他两种一般位于城市里。根据一些教育经济学家的研究，中等职业教育与劳动生产率之间的关联最大，回报率也较高。也就是说接受了中等职业教育的人，比不接受中等职业教育的人的单位时间内的劳动生产率高。农村里接受了职业教育的学生也更容易接受生产上的一些新技术、新方法、新信息，他们就比一般的人有门道，家庭也相应的富裕，这也被一些地方的实证研究所证明。

既然如此，在欠发达地区中等职业教育的发展一定很好，起码不会出现大的萎缩。但情况却出乎人们的预料，欠发达地区中等职业教育非但没有出现令人欣喜的发展局面，反而出现了连续的滑坡，中等职业学校的数量和在校生人数都有了不同程度地下降，即使说欠发达地区（尤其农村）中等职业教育几近崩溃的边缘都不为过。到底是什么原因导致了这样的现象发生呢？常见的观点可以概括为"经济因素影响论""高校扩招影响论""职业教育无用论"等，应当承认这些因素确实是重要的影响因素，但是光有这些因素还不足以令人信服地解释当前我国中等职业教育存在的问题，也不能解释为什么贫困地区或者并不富裕家庭，而又考不上大学的学生表现出的强烈的普通高中偏好和选择行为。在对现实的观察中，我们每每可以发现，上述影响因素不能解释，或者说不能完全解释的情况。可是，如果不能找到影响人们不选择职业教育、或者影响职业教育发展的因素，我们就不能有针对性地提出解决办法。因此，受"社会文化理论"的启发，我们提出了非经济因素的概念。文化理论认为，人们的日常生活时刻都发生、发展在特定文化氛围和社会情景之中，每个人的行动时时处处都要受到文化的内在指引和制约。我们的设想是欠发达地区中等职业教育的发展是一个综合的事情，一个人、一个家庭是否选择职业教育，也不是纯粹经济因素能决定的。我们可以把初中生选择这样而不选择那样看作是一种人的一种主体行为，这种行为是受什么支配的呢？社会心理学研究发现，人的行为是受他的思想支配的。特别是人们主观的信念、态度和价值观，这些意识形态的东西影响着人们对一些问题的根本看法，进而影响人们的行为。由此推之，文化、人们对职业教育的态度、价值观、同辈群体的看法等因素深深地影响着他们对职业教育的取舍，影响着欠发达地区中等职业教育的发展。

总结起来，本课题的指导思想就是坚持实事求是的科学精神，运用现代社会学、社会心理学和教育经济学的有关文化理论、行为理论、人的发展的理论，努力解释欠发达地区中等职业教育的真实状况。

二、课题研究的主要内容和方法

1. 在前期文献分析的基础上对课题有关概念进行界定

欠发达地区：所谓的"欠发达地区"是结合地域和经济、社会发展水平等多项指标进行划分的，着眼于一般情况，并不具有绝对的意义。借鉴经济学的说法，我们说的欠发达地区指我国一些经济不发达、甚至贫困的地区，从区域分布上来说主要集中在中西部省份的农村，包括一些"老（革命老区）、少（少数民族）、边（边疆）、穷（贫困）"地区。这些地区一般都是交通不便捷、信息流通不畅、经济落后的地区。非经济因素：非经济因素是与经济因素相对应的概念，是针对经济因素提出的概念，正如经济因素也不只一种一样，非经济因素也是由许多种因素组成的一个复合体。比如说偏好、态度、价值观和社会心理、教育政策等。我们把影响欠发达地区中等职业教育发展的因素分为经济因素和非经济因素，又根据这些因素对中等职业教育发展影响的直接与否分为四类（见表 10-2）。

表 10-2　影响欠发达地区中等职业教育发展的因素

影响因素	直接	间接
经济因素	直接的经济因素	间接的经济因素
非经济因素	直接的非经济因素	间接的非经济因素

直接的经济因素包括：投资到中等职业学校的经费和各种财物，如支付教师工资、教室、教学设备、实验室、实习基地等；个人用于职业教育的费用，如

学费、书本费等；职业学校的创收情况等。

间接的经济因素包括：经济体制、国家或地方经济发展水平、产业结构、就业结构、劳动力市场化程度、家庭收入和支出情况等。直接的非经济因素包括：国家关于职业教育发展的政策、法规和条例；教师和学生对职业学校的态度；学生接受职业教育的意愿和偏好等。间接的非经济因素包括：政治制度、社会的教育文化传统、教育价值观、就业观念、人口变化趋势、人们的职业观和成才观等。

中等职业教育：当前中国的职业教育，是指 1985 年以后大量发展起来的中等职业学校教育和早就存在的中等专业学校(俗称中专)，目的是为各行各业培养有良好职业素质的劳动者。中等职业学校在学生具备初中文化的基础上，对他们进行职业教育及技能训练。同一层次的职业教育还有技工学校的技术工人培训，其目的是为一些专门的工业技术操作岗位训练操作工人。技工学校对有初中学历的学生提供技术操作训练，进入工作岗位后可获得工人初级技术职称。还包括一般的技术培训，泛指各种职前和职后的短期技能训练和职业培训，对参加者的文化基础没有特殊的要求，岗前培训、再就业培训、农业新技术推广、农村劳动力转移培训等均在其中。本研究中的中等职业教育主要是针对农村地区的初中毕业生的中等职业学校。

教育偏好：偏好，在一般的意义上是指个体对于自己的喜好或"嗜好"的一种主观的选择或取向。然而，这里(在行动分析中)我们将偏好定义为个体做出的有关行动目标和手段取向的一种主观选择。毫无疑问，这一观念的选择是由人的动机、价值观、态度等因素决定的，并且成为个人进一步做出行动方式选择或决策的依据。教育偏好是对教育的一种选择性意向，是人的教育需求、教育态度和教育价值观的一种呈现。人的教育偏好表现在两个方面：教育的种类偏好，即偏好接受普通教育还是接受职业教育；教育的数量偏好，即接受多少年教育，教育的时间偏好等。

教育偏好作为表层的教育需求对人们的教育决策、教育行为有决定性的重要影响。教育选择空间：我们是从社会文化的角度界定教育选择空间的，教育偏好得以满足或实现的各种条件的集合。一定的教育行为总是在一定的"教育选择空间"中进行的，而任何一种教育行为的背后又有教育需求和教育偏好的推动。20世纪八九十年代在"计划经济体制"的状态下，"教育选择空间"是十分狭小的，人们选择职业教育是一种没有办法情况下的无奈选择；相反，在"市场经济体制"的状态下，随着个人在社会行为中的主体性增强，"教育选择空间"变得十分宽松。

2. 确定非经济因素的种类、调查地点，进行有关问卷设计因为非经济因素是一个包容十分丰富的概念，考虑到本课题的类别以及主客观的一些因素，本研究中非经济因素只包括文化、社会心理、分流意向、就业模式转变、职业教育政策等。

为了说明价值观、态度、信仰等社会心理因素对欠发达地区人对中等职业教育的影响，我们确定了三种调查对象：职业学校教师、在校初中三年级的学生、学生家长。因为他们与中等职业学校的生存和发展密切相关，他们的态度和观点基本代表社会对中等职业教育的看法。

调查的地点我们选了三个，一个是甘肃省的通渭县、贵州省的惠水县和安徽省的金寨县，选这三个县的首要原因是因为课题主持人与上述三县有过合作，有认识的人可以帮助我们实施研究。调查主要采用问卷的形式，问卷内容因对象不同而有所不同。此次调查共发放问卷1000份，其中教师问卷、学生问卷、家长问卷分别占200份（职业学校的教师数量少）、400份、400份，回收有效教师问卷191份、有效学生问卷395份、有效家长问卷384份，回收率在96%以上。我们还组织了几次小型的座谈会和非结构性访谈，对问卷设计的问题进行调查，以便对问卷结果进行印证。

3. 研究收集的资料，分析非经济因素对欠发达地区中等职业教育发展的影响以及非经济因素和欠发达地区中等职业教育之间的关系，是通过欠发达地区与职业教育有关的人的行为表现出来的。在这个问题上，我们遵循的逻辑顺序是，非经济因素影响人们的思想和行为，人们的行为又影响中等职业教育的发展。我们想，如果一个人对职业教育没有好感，或者没有信心，他就不会选择接受中等职业教育。没有人来学习，这个职业教育就不能说发展是好的。

4. 提出发展职业教育的政策建议

5. 研究的思路和方法

(1)课题研究的主要思路是：

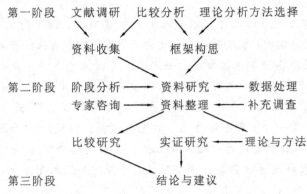

（2）本课题具体运用了文献研究法、问卷调查法、实地观察法。

三、课题研究取得的主要成果和学术价值

（主要结论、创新观点、突破性进展）

通过研究，课题组得出了以下的结论：

（1）在欠发达地区，中等职业教育的现状是令人担忧的，有三个方面的指标可以说明这个问题，就是在校生、学校数和人们对职业教育的态度。在我们调查的三个县中，都各有一所在师资、设施、实习条件都不好的职业高中，而且在校生的数量都比较少，职业中学学生占整个中学阶段的学生的数量非常低（有的学校如果去掉形式是综合高中，实际是普通高中或高复班，就难以为继）。人们普遍并不看好职业教育。这种现状与全国职业教育不景气的情况是一样的。这与当地经济发展对人力资源的需求，以及教育发展的要求是不相适应的。

（2）影响欠发达地区中等职业教育发展的因素笼统地可以分为经济因素和非经济因素。经济因素是非常重要的，比如欠发达地区家庭的收入很低，没有能力支付子女在职业学校就读的费用（职业学校的费用高于普通中学的费用），当地财政紧张没有经费拨给职业学校添置教学设施和实习设备（职业学校的办学成本高于普通中学的），又如当地的经济结构单一，职业学校毕业生无用武之地等。除此以外，非经济因素也是一个很容易被忽视、但非常重要的因素。它是通过影响人们的教育行为，即人们为什么选择接受普通教育而不选择接受职业教育来影响职业教育发展的。

（3）宏观的教育文化影响和支配着人们的教育需求、教育偏好和教育行为。偏好普通教育还是职业教育是文化影响教育的一个主要的表现形式，对人们的教育决策、教育行为有决定性的重要影响。职业教育偏好使人们选择到职业中学学习，普通教育偏好使人们选择到普通中学就读。欠发达地区背景下的教育偏好，主要是一种"偏普行为"，表现为一种普通高中偏好。在当下宽松的"教育选择空间"里面，强烈的"普通教育偏好"，使欠发达地区的学生纷纷选择到普通高中就读。

（4）在欠发达地区的农村，在人们心目中职业教育的形象也发生了变化，这种变化不是朝向好的方面，而是走向反面。不管是职业学校的老师、中学里的初中学生还是学生家长都不认同职业教育，表现出对职业教育的冷漠，与对普通教育的热情恰成鲜明的对比，这一点用经济因素是解释不通的。欠发达地区的家长和学生，在做出教育决策时，并没有从自身和家庭的实际出发，而是更多地受同伴群体的影响。这在社会心理学理论中叫做"参照群体效用"，也被我们的研究所证实。

（5）我国教育分流过程中出现的一个严重问题就是教育资源分配不平等和教育机会不均等现象。就中等教育分流来说，教育资源分配不均主要表现在中等职业学校和普通高中之间、城市的职业学校和农村的职业学校之间。结果是中等职业学校成为"群众不愿办、教师不愿教、学生不愿念"的"二流教育"。不同的学校在师资素质、教育经费、教学设施、实习条件等方面存在很大的差异。在不同学校就读的学生，占有的教育资源差异悬殊，这是教育机会不平等的一个主要方面。教育分流客观上造成了社会阶层的分化。

（6）我国就业模式从"正规就业"向"非正规就业"转变。非正规就业不仅是解决我国严重失业问题的必由之路，也符合未来人们选择就业模式的发展趋势。"非正规就业"将成为我国就业的主要方式。技术和职业教育与培训作为与就业密切相关的教育类型，要适应这一就业模式的变化趋势，积极促进非正规就业的发展，为劳动力的就业服务。

（7）教育政策是国家和政府制定的调整教育领域的社会问题和利益关系的公共政策，它是国家整体政策的一环，是国家意志的表现。不同的国家有着不同的教育政策，即使在一个国家内，由于经济社会形势的变化，教育政策也会有所变化。国家通过制定教育政策来规范、引导人们的教育行为，指导教育事业的发展。从我国职业教育50多年的实践来看，教育政策在总体上担当了积极的主体角色，发挥了重要的导向性作用。但不可否认的是教育政策的制定、执行等过程主要是从经济因素出发，经济因素绝对的优势作用使教育政策在无形中向经济发达地区倾斜，从而在某种程度上对欠发达地区中等职业教育的发展产生了消极影响。

（8）国家在制定欠发达地区中等职业教育发展的政策时，必须既要注意经济因素，也要注意非经济因素，从改变整体的文化环境出发来发展职业教育。本课题的创新观点和突破性进展表现在：在关注欠发达地区职业教育的时候，以往的研究大多关注经济因素，主要强调经济因素（经济结构调整、经费投入、家庭收入）对中等职业教育的影响，这种观点的前提是经济学上"理性人"假设。本课题基于"文化人""社会人"的假设，提出非经济因素、教育偏好、教育选择空间等概念，并鲜明地指出非经济因素对欠发达地区的中等职业教育发展有重要的影响作用，这在课题组掌握的职业教育研究成果中是很少见到的。另外，本课题不仅停留在提出一个概念，而且尝试把这个概念进行操作化处理，用实证研究的方法分析非经济因素与欠发达地区中等职业教育发展之间的关系，研究的结果证实了我们一开始提出的假设。这些不仅是本课题的创新之处，也是本课题有所突破的地方。

四、研究成果推广的范围和取得的社会效益

在课题研究过程中，不断地通过论文的形式把课题研究的成果发表出来，课题主持人也充分利用参加各种会议和讨论的机会，宣讲课题研究成果。一些看到过文章的研究者和农村地区职业学校的校长在与课题主持人的交流中，也表示认同课题研究的观点，在一定程度和范围内产生了影响。

五、主要研究成果目录

（1）"影响欠发达地区中等职业教育发展的非经济因素分析研究"，《职教论坛》2003（7）。

（2）"影响欠发达地区中等职业教育发展的文化因素分析"，《职业技术教育》2003（4）。

（3）"就业模式的改变与职业教育改革"，《教育科学》2003（5）。

（4）"欠发达地区中等职业教育发展的社会心理因素的调查与分析"，《河南职业技术师范学院学报（职业教育版）》2003（5）。人大复印资料《职业技术教育》2004（1）全文转载。

（5）"教育分流与中等职业教育的发展"，《河南职业技术师范学院学报（职业教育版）》2003（1）。

（6）"影响欠发达地区职业教育发展的政策因素分析"，《职教论坛》2003（23）。

（7）"试论职业教育在农村人力资源开发中的作用"，《职教论坛》2003（16）。

六、需要进一步研究的问题

课题研究中分析非经济因素对职业教育的影响才刚刚开始。在研究的过程中，深感研究课题内容本身的艰辛，但由于主观客观原因又一时难以解决的问题，以下几点是课题组在后续的研究中要进一步探讨的。

（1）非经济因素的定义问题，非经济因素是一个非常宽泛和模糊的概念，用什么样的标准区分经济因素和非经济因素，是一个棘手的问题，而且也是一个非常重要的问题，不解决这个根本问题，课题就不能顺利进行。已经结束的研究只是一个初步的尝试，还远远不够。

（2）非经济因素里面包括一些无法量化的内容，它对人的教育选择行为、进而对欠发达地区中等职业教育发展的影响机制是一个很复杂的问题，如何更加科学地、令人信服地通过研究找到他们之间的因果关系，是课题组以后要下大工夫的地方。

（3）概括地说，欠发达地区中等职业教育的发展是由经济因素和非经济因素共同作用的结果，问题是这两种因素的影响程度是否一样，两种因素之间又是一种什么关系，这也需要继续探讨。

（4）欠发达地区也不是同一的，它们也表现出不同的特点，比如少数民族地区和汉族聚居区就不一样。在研究中如何处理研究对象的特殊性和普遍性的矛盾问题，提升研究结果的解释力也是课题组以后要不断用力去解决的。

后　记

　　进入 21 世纪，随着职业教育的迅速发展和教师专业化的提出，对职业教育教师提出了很大的挑战，教师的角色较之以前发生了根本性转变。"教师成为研究者"正是对教师角色转变的一种回应。

　　教育研究不是高深莫测的神秘领域，也不是单纯的理论想象。教师开展教育研究固然需要具有开拓精神、理论勇气、严谨的治学作风以及执著的奉献精神，也需要掌握教育科学研究的基础知识和基本方法。万事皆有法，教育研究也是有法可循的。教育研究是一个发现问题、分析问题、解决问题的过程，在解决问题的过程中，方法与工具十分重要。因此，教师要想从事教育研究工作，提高科研能力，解决教育教学中遇到的诸多问题，必须掌握一些实用的研究方法。这样有利于我们转变观念，打破教育科研的神秘感，树立和增强从事科学研究的意识和自觉性；有利于运用科学的研究方法，解决研究工作中出现的种种问题，获得预期研究成果。正是基于以上思考，我们捧出这本《职业教育研究方法》，以期待为职业教育教师提供一个教育研究的理论方法和实践借鉴。

　　本书的编写由职业院校教师、职业教育研究人员等组成，来自一线教师之手的教育研究案例立足于职业院校的实际研究和教学工作。同时，为尽可能广泛地吸收现有研究成果，本书编写过程中参阅了很多职业教育著述和论文，多数作了注释，但难免有所遗漏，特别是网上的一些资料，更是难以一一注明，在此一并表示感谢。

　　本书由广西师范学院王屹教授主编。各章具体分工如下。第一、九章：王屹；第二、七章：李志萍；第三章：苏福业；第四、五章：叶桂中；第六、十章：曾茂林；第八章：方绪军。王立高、王忠昌参与了部分编写与审稿工作，全书由王屹、曾茂林统稿。由于作者水平有限，本书难免有不足之处，恳请广大职业教育工作者、专家、学者和读者赐教指正。

　　本书得到了广西壮族自治区教育厅高枫厅长、黄宇副厅长、师范处何锡光处长、师资培训中心刘冰主任、职成处张建虹处长的指导和帮助，在此一并致谢！

编　者

2010 年 3 月

主要参考文献

[1]徐国庆. 职业教育原理[M]. 上海：上海教育出版社，2007

[2]马庆发. 中国职业教育研究新进展·2007[M]. 上海：华东师范大学出版社，
2008

[3]刘春生，徐长发. 职业教育学[M]. 北京：教育科学出版社，2002

[4]马庆发. 当代职业教育新论[M]. 上海：上海教育出版社，2002

[5]姜大源. 职业教育学研究新论[M]. 北京：教育科学出版社，2007

[6]李蔺田，王萍. 中国职业教育简史[M]. 北京：北京师范大学出版社，1996

[7]孟广平. 面向 21 世纪 我的教育观 职业技术教育卷[M]. 广州：广东教育出
版社，2000

[8]祝怀新. 封闭与开放——教师教育政策研究[M]. 杭州：浙江教育出版
社，2007

[9]黄政杰，李隆盛. 技职教育概论[M]. 台北：师大书苑，1996

[10]教育部师范教育司. 教师专业化的理论与实践[M]. 北京：人民教育出版
社，2003

[11]孙祖复，金锵. 德国职业技术教育史[M]. 杭州：浙江教育出版社，2000

[12]陈慎仪，杨福生. 职业技术教育评价[M]. 长沙：湖南师范大学出版
社，1994

[13]裴娣娜. 教育研究方法导论[M]. 合肥：安徽教育出版社，1995

[14]陶保平. 学前教育科研方法[M]. 上海：华东师范大学出版社，2006

[15]郑金洲. 学校教育研究方法[M]. 北京：教育科学出版社，2003

[16]贝弗里奇. 科学研究的艺术[M]. 北京：科学出版社，1979

[17]温忠麟. 教育研究方法基础[M]. 北京：高等教育出版社，2004

[18]李方. 现代教育研究方法[M]. 广州：广东高教出版社，2004

[19]陈桂生. 到中小学去研究教育——"教育行动研究"的尝试[M]. 上海：华东
师范大学出版社，2000

[20]刘志军．教育研究方法基础[M]．北京：人民教育出版社，2006

[21]袁振国．教育研究方法[M]．北京：高等教育出版社，2000

[22]丁钢．声音与经验：教育叙事探究[M]．北京：教育科学出版社，2008

[23]杨晓明．SPSS在教育统计中的应用[M]．北京：高等教育出版社，2008

[24]胡新生．物流管理定量分析方法[M]．北京：中央广播电视大学出版社，2005

[25]陈力君，张霭珠．定量分析方法导引、题解与案例[M]．上海：复旦大学出版社，2003

[26]劳伦斯·纽曼．社会研究方法[M]．郝大海译．北京：中国人民大学出版社，2007

[27]栗方忠．统计学原理[M]．大连：东北财经大学出版社，1999

[28]范晓玲．教育统计学与SPSS[M]．长沙：湖南师范大学出版社，2005

[29]张厚粲，徐建平．现代心理与教育统计学[M]．北京：北京师范大学出版社，2009

[30]张宝臣，李志军．学前教育科学研究方法[M]．上海：复旦大学出版社，2007

[31]李方．现代教育研究方法[M]．广州：广东高等教育出版社，2004

[32]朱德全．教育研究方法[M]．重庆：重庆出版社，2006

[33]卢明德．中小学教育科研方法与论文写作[M]．天津：天津人民出版社，1996

[34]华国栋．教育科研方法[M]．南京：南京大学出版社，2000

[35]蒋乃平．文化课应该让中职生"学得会"——来自一线的报告[J]．中国职业技术教育，2008(14)

[36]华康清．一个职业学校校长的教改观[N]．中国教育报，2007－11－25(3)

[37]秦虹．中等职业教育教学方法现存的主要问题[J]．天津市教科院学报，2001(2)

[38]王秋海．师范生教学技能微格训练研究[J]．上海教育科研，1996(9)

[39]王枬．教育叙事研究的兴起、推广及争辩[J]．教育研究，2006(10)

[40]丁钢．教育叙事练习：从生手到熟手[J]．中国教师，2009(15)

[41]丁钢．我们如何做叙事研究？——写给教师们[N]．中国教育报，2004－10－21(8)

[42]周国韬．略论教师叙事研究[J]．中国教育学刊，2005(12)

［43］赵明仁，王嘉毅．教育行动研究的类型分析［J］．高等教育研究，2009(2)

［44］单本荣．中小学教育科研范式的转换［J］．江苏教育研究，2003(8)

［45］王屹，王忠昌．对中职教师教学方法设计的调查［J］．职教论坛，2009(30)

［46］王忠昌，王屹．中职教师教学设计现状调查报告［J］．职业教育研究，2010(1)

［47］北京师范大学《教育科学研究方法》(主讲：马建生)来源：中华学习网网络
学习课程［http：//www.1000jy.com/Detail.aspx? id＝262215］